Les 60 Tours de France
de Raymond Poulidor

Raymond Poulidor
(1936-2019)
avec la collaboration de
Serge Laget et Jean-Paul Vespini

Les 60 Tours de France de Raymond Poulidor

Mareuil
Éditions

Chez Mareuil Éditions

Poulidor, par Raymond Poulidor, Raymond Poulidor et Jean-Paul Brouchon, rééd. 2014

Poulidor intime, Raymond Poulidor et Jean-Paul Brouchon, rééd. 2014

Le Poulidor, beau livre, Raymond Poulidor et Jean-Paul Brouchon, rééd. 2014

Raymond, Bd, Raymond Poulidor, Jeff Legrand, Christophe Girard, 2018

Mon Tour 64, Bd, Raymond Poulidor, Jeff Legrand, Christophe Girard, 2019

Le Roman de Poulidor, Daniel Pautrat, 2020

Poulidor, by Laborde, Christian Laborde, 2021

Pour vous tenir informé des prochaines publications de Mareuil Éditions, rendez-vous sur : www.mareuil-editions.com

SOMMAIRE

NOTE DE L'ÉDITEUR

Plus de trois ans après sa disparition, Raymond Poulidor continue de cristalliser toutes les attentions !

L'édition 2023 du Tour de France lui rend hommage en passant dans son village natal à Saint-Léonard-de-Noblat, en Haute-Vienne. Il nous a semblé judicieux à cette occasion de publier le manuscrit *Les 60 Tours de France de Raymond Poulidor* à partir de l'ouvrage déjà écrit par le champion, *Mes 50 Tours de France*, qui était paru en 2012 et qui n'est plus commercialisé depuis 2014.

Avec la collaboration de ses amis et écrivains Serge Laget et Jean-Paul Vespini, Raymond Poulidor avait raconté il y a dix ans les Tours de France de 1962 à 2012 qu'il avait suivis sans en manquer un seul !

Dans ce nouvel ouvrage, en complément des cinquante éditions déjà racontées, ses deux coauteurs font le récit des Tours de France de 2012 à 2019 auxquels Poupou avait assisté, soit, depuis 1962, quatorze en tant que coureur – l'une des carrières les plus longues sur le Tour – et quarante-six en tant que commentateur et membre de la caravane du Tour de France. Pour ce faire, ils se sont appuyés sur le témoignage notamment de Sophie Moressée-Pichot qui était au plus près de lui dans la voiture publicitaire de LCL, sans oublier ses amis ou sa famille proche, etc.

Nous tenons à cet égard à remercier particulièrement Mme Gisèle Poulidor, l'épouse de Raymond, qui a bien voulu se replonger dans la magnifique carrière de son époux au travers de cet ouvrage actualisé, ainsi que ses deux filles, Corinne et Isabelle.

C'est aujourd'hui soixante Tours de France effectués par Raymond Poulidor qui sont offerts à lecture grâce à

Serge Laget et Jean-Paul Vespini. Un récit exceptionnel qui permet de ne pas oublier ou plutôt de redécouvrir la longue et passionnante histoire de Poupou avec le Tour de France.

Bonne lecture !

Louis de Mareüil

AVANT-PROPOS

Dans cette mise à jour, faite sans Raymond, hélas, nous n'avons pas touché à la première partie. Les jugements de Raymond sont ce qu'ils sont... Les enquêtes, les contrôles ont montré que Lance Armstrong ne méritait peut-être pas la confiance et le crédit que lui accordait Poupou. Nous n'avons pas voulu tout chambouler, ni évoquer le vélo électrique, et le reste.

Ici, vous sentirez quand même le temps passer. Sur le plan familial, par exemple, car à ce moment-là, en 2012, Raymond fonde de gros espoirs sur David, l'aîné des deux petits-fils que lui a donnés sa fille Corinne, épouse d'Adrie Van der Poel... Mathieu éclipsera ensuite David, et ici donc vous découvrirez le deuxième souffle que cette révélation et cet épanouissement procurèrent à Raymond. Il embellit l'art d'être grand-père dans notre troisième séquence. Mais avant, vous l'avez déjà compris, vous aurez droit aux Tours que Raymond a vécus au sein de l'équipe Crédit Lyonnais puis LCL. Comme il n'est hélas plus là pour vous raconter ces Tours de 2013 à 2019, nous avons demandé à la championne Sophie Moressée-Pichot de nous délivrer son témoignage. Quel compagnon était Raymond ? Comment cela se passait entre les deux champions ? Était-il toujours aussi heureux malgré la fatigue et le poids des ans ? Ses inconditionnels étaient toujours au bord de la route, aux séances de signatures. Sophie nous raconte tout ça avec bienveillance et affection, car on ne passe pas quasiment un an et demi de vie ensemble sans tisser quelque lien d'estime et d'affection, puisque leur collaboration commence en 2002... Presque 20 Tours ensemble, ce n'est pas rien... Ici donc vous trouverez, si l'on peut dire, l'intégrale des œuvres de Raymond sur la Grande Boucle... Ici, elle se noue et se dénoue... 60 Tours, oui, 58 de 1962 à 2019, et les 2 derniers sans lui, mais où il est encore tellement présent que sa place est encore chaude près de la table de dédicace de LCL... Tout à l'heure, Corinne sera discrètement là pour répondre et remercier les amis qui se manifesteront encore... Sophie nous dit qu'un panneau avec « Merci Raymond » saluera le souvenir, la mémoire de cet ambassadeur extraordinaire qu'il fut tous azimuts, lui, le petit gamin de Masbaraud-Mérignat, qui, à force de vaillance, a su transformer le Tour et la caravane en ascenseur social, le rêve de Desgrange, le père du Tour... Raymond a eu 87 ans le 15 avril...

Serge Laget et Jean-Paul Vespini

PROLOGUE

Je m'appelle Raymond Poulidor, mais je suis devenu « Poupou » sur la route du Tour. C'étaient les sixties, comme on dit aujourd'hui. Je suis donc né en 1936, l'année du Front populaire, un 15 avril, dans un petit village de la Creuse nommé Masbaraud-Mérignat. Mon éditeur m'a demandé de faire ce livre parce que, mine de rien, je viens de boucler mon cinquante et unième Tour de France. Il paraît que c'est un record. Pour moi, qui n'en ai jamais battu, il était temps, non ? Un record de quoi ? De longévité, d'assiduité, de notoriété ? Peut-être. Seuls trois journalistes ont fait mieux, et, si on parle un peu exagérément de record, c'est que mes Tours, je les ai faits tantôt à vélo (14), tantôt comme caravanier (36), et même un comme éclaireur, en 1971, pour RTL. J'y tiens, à celui-là, car je l'ai aussi fait à vélo, un jour avant Merckx et Ocaña. Mais 51 Tours, ça veut tout dire et rien dire. Il paraît que, dans mon cas, ça veut dire quelque chose, parce que moi, je n'étais que coureur, et que personne n'a pu rester aussi longtemps dans la caravane. Il faut dire que je suis entré dans le Tour à 26 ans en 1962, et que j'ai terminé troisième, comme lorsque j'ai arrêté en 1976, à 40 ans. Oui, le « quadragêneur », comme disait M. Antoine Blondin, c'est moi. C'est moi, le Maillot violine, qui étais à côté du Maillot jaune, à côté de Jacques Anquetil, lors de l'ascension du puy de Dôme, le dimanche 12 juillet 1964. Côté ravin, c'est bien moi. Ce jour-là, il y avait 500 000 spectateurs sur les flancs du vieux volcan, et des millions à la télévision, ce fut ma chance. Car, depuis, il ne se passe pas une seule étape sur le Tour sans que je rencontre trois, cinq, dix témoins de cette folle journée où j'aurais pu prendre le maillot jaune, si Anquetil n'avait pas été un immense champion.

* * *

Demain, en 2013, on va célébrer la centième édition du Tour de France cycliste. Je ne crois pas qu'il y ait un exemple de longévité équivalente pour une épreuve aussi dure et aussi longue. Le Tour a vu le jour en 1903, et c'est devenu un rendez-vous majeur du calendrier sportif international. D'ailleurs, pour ma part, je le place à égalité et même peut-être un cheveu devant – il faut bien montrer que j'ai aussi été un peu coiffeur – les Jeux olympiques et la Coupe du monde de football. Le Tour est annuel, gratuit, il va au-devant des spectateurs et, vous le savez, je lui dois ma bonne fortune. Car dans mes 14 Tours de coureur entre 1962 et 1976, j'ai tout connu, des places d'éternel second (3) aux lointains accessits, en passant par les sifflets, les places de troisième (5), la maladie, les désillusions, les chutes, la sorcière aux dents vertes et même l'homme au marteau, chers à Pellos, pourtant je suis toujours là pour vous en parler. Oui, je suis tombé plusieurs fois ; oui, j'ai déçu ; oui, j'aurais pu être paralysé, et pourtant demain je bouclerai mon cinquante-deuxième Tour. Comme suiveur, certes, mais j'y serai.

C'est bien pour cela que je parle de bonne fortune. Comment appeler cela autrement ? Vous vous rendez compte, il y a eu 100 éditions de la Grande Boucle, et moi, le petit Limousin, j'en ai disputé, vécu, animé, suivi plus de la moitié dans la course ou dans la caravane ! Je me pince. Je me vois toujours au départ du Tour à Nancy, auriculaire gauche cassé, plâtré jusqu'au coude, valise en carton à la main. C'était en 1962, j'avais le dossard 148 pour entrer dans la carrière. J'ai l'impression que c'était hier. Comme le chante Jean Ferrat, le regretté poète : « Je n'ai pas vu le temps passer… » MM. Jacques Goddet, Jacques Augendre et Pierre Chany, les maîtres qui, en qualité de patron ou de journalistes de grand talent, ont couvert 52, 53 ou 55 Tours, disaient, comme pour s'excuser de cette omniprésence : « Le Tour conserve. »

Aujourd'hui que je suis dans leur roue, je compléterai un peu et me risquerai à dire ce qu'ils n'osaient pas dire ou n'ont pas eu le temps de dire : si le Tour conserve, c'est parce qu'il développe un microclimat parfaitement unique. Pendant trois semaines, la passion peut s'y déployer à cœur joie. C'est unique. On a l'impression d'être sur un petit nuage. Mon ami, l'écrivain Antoine Blondin, qui connaissait le Tour par cœur, et le racontait comme personne, disait du Tour que c'était « [son] manteau et [sa] maison ». Pendant longtemps, ça m'a paru un peu curieux, un peu excessif, et maintenant je ne suis pas loin de comprendre. Le Tour réussit ça. Ceux qui n'ont pas vécu une fois l'aventure à l'intérieur du peloton ou de la caravane, comme moi, auront du mal à comprendre ce sortilège, et pourtant, je vous le dis, ce compagnonnage de juillet est parfaitement unique. Ici, les rides et la poussière n'existent pas, ne comptent pas : on a l'impression d'avoir toujours 20 ans ou presque. Le Tour sublime. MM. Henri Desgrange, Jacques Goddet, Félix Lévitan, Xavier Louy, Jean-Pierre Courcol, Jean-Marie Leblanc ou Christian Prudhomme croient tenir un drapeau quand ils donnent le signal du grand départ de chaque Tour, en réalité, ils brandissent plutôt une baguette magique.

Vous allez dire : « Ça y est, Poupou a bu. » Non. D'ailleurs, je buvais très peu, et je ne bois guère plus aujourd'hui. Je n'ai pas besoin non plus de Jouvence de l'abbé Soury, tant que je baigne dans le Tour, et ma bonne fortune a voulu que, grâce à quelques exploits, un peu de courage et de chance, je touche tellement le cœur des spectateurs, que cinquante ans après ils ne m'ont pas oublié. Je ne mérite pas ça. Et, je ne me l'explique pas. Quand je pense que des admirateurs ont même appris à leur perroquet : « Vas-y Poupou ! » Étonnant, non ? Et pourtant, quel bien ça fait de voir encore aujourd'hui en 2012 au bord de la route des écriteaux « Reviens Poupou ! », « Poupou, on t'oublie pas ! », « Merci Poupou ! »… Nostalgie ? Peut-être. En tout cas, j'arrête alors un instant, quelques minutes, ma voiture jaune, même si j'enfreins la consigne, et je serre des mains, et on me raconte quand on m'a vu pour la première fois, quand, quand… C'est magnifique.

Dans ce livre, que j'ai donc écrit pour des amis, et non des lecteurs, comme le disait joliment M. Frédéric Dard, je raconte ainsi quelques histoires touchantes : celle de l'ardoisier qui me fait cadeau d'un cendrier, celle du monsieur âgé, pour qui notre rencontre est, selon sa fille, le plus beau jour de sa vie. Ils sont de plain-pied avec moi, comme je le suis avec eux, comme je l'ai été avec M. Antonin Magne, quand on s'est vus pour la première fois. La France profonde, c'est notre pays. La France simple, naturelle, souriante, de bonne humeur. C'est aussi ce qui me rapproche de Mme de Fontenay, que je vois régulièrement dans la caravane. Elle a son irremplaçable chapeau, et moi, maintenant, depuis douze ans, j'arbore le tee-shirt jaune du Crédit Lyonnais, le sponsor du maillot symbolique. Je sais bien que ce n'est pas LE MAILLOT, mais ça me fait quand même quelque chose après avoir couru derrière en vain pendant quatorze Tours. Pas une revanche, non, une toute petite satisfaction.

La France profonde, c'est aussi ce qui me rapproche de toutes les personnalités, écrivains, journalistes, hommes politiques, chanteurs, que le Tour m'a donné la chance de rencontrer. En fait, nous sommes tous des passionnés, et le Tour met en valeur cette passion, car cent dix ans après sa création, il déclenche toujours la même recherche d'excellence et de dépassement que partageaient Géo Lefèvre et Maurice Garin, Georges Briquet et Gaston Bénac, Albert Baker d'Isy et Jacques Marchand, Robert Chapatte et Léon Zitrone, Gabriel Hanot ou Jean-Paul Brouchon. Et je ne parle même pas des vainqueurs moraux comme Eugène Christophe ou René Vietto. Nos points communs sont multiples, eux ont pourtant porté le maillot jaune et moi jamais. Il s'est toujours refusé à moi, parce que mes adversaires étaient meilleurs, parce que j'étais malchanceux, pas assez méchant, parfois distrait, rêveur, négligent.

Mais 51 Tours, c'est douze ans et demi de vie, et 170 000 km. Parfois, chez moi à Saint-Léonard-de-Noblat, quand je passe à la maison en coup de vent, je me demande si Gisèle, mon épouse, ne me prend pas un peu pour un pigeon voyageur. Serge Lama et Enrico Macias, deux immenses chanteurs, fêtent leurs cinquante ans de carrière. Ça me fait drôle. Je ne peux pas comparer ma trajectoire avec la leur et pourtant... Eux chantaient, moi je pédalais, et maintenant je ne fais pas du service après-vente, mais je suis dans la queue de la comète, comme aurait dit mon ami Jacques Anquetil, qui aimait beaucoup l'astronomie. Non, je n'ai pas chanté, même si, au fil des ans, j'ai aussi été impliqué dans plusieurs disques ou chansons. En dehors du Tour, du tour de chant du cycliste, j'ai d'abord vendu des vélos pour Mercier ou pour France Loire, parfois 250 et plus en une journée. Après, je suis passé aux livres, et là, grâce à cette relation unique que j'ai avec les spectateurs du Tour, puisque c'est grâce au Tour que s'est créé ce lien exceptionnel, se continuent toujours d'aussi belles rencontres et retrouvailles. Dans les librairies, les grandes surfaces, au Salon de l'agriculture, du livre ou ailleurs, il n'est pas rare que je dédicace 300 ou 400 livres, voire plus. À côté de moi, j'ai parfois des personnalités comme l'académicien Jean d'Ormesson, ou la romancière Nicole Avril, qui tous deux aiment et connaissent le Tour de France, et on échange des sourires complices. Et je n'en reviens toujours pas. Je sais bien que je ne traite pas d'égal à égal avec eux, je ne suis pas dupe, mais je suis là, et mes supporters avec moi. Et des centaines de personnes viennent alors passer un moment avec moi. Et alors, je me revois toujours dans ma petite école avec M. Vialleville, mon instituteur d'Auriat, en train de préparer le certificat d'études.

Depuis 1962, avec mes supporters, nous avons beaucoup partagé ensemble. Ils m'ont encouragé, soutenu, écrit, et je leur ai répondu. N'oubliez pas qu'après certains Tours, je recevais plusieurs milliers de lettres ou de cartes ! Multipliez ça par 14 et ça fait du bruit, du bonheur. Sans parler des quelque 40 000 cartes et bien davantage que j'ai reçues pour mon quarantième anniversaire en 1976. Sans oublier non plus ce Tour 1971, que j'ai fait en solo, et en reconnaissance pour RTL. Un Tour d'honneur où, partout, j'ai été reçu et fêté comme un ami, comme quelqu'un de la famille. Cette fois-là, on avait calculé que ça faisait des kilomètres de cartes dédicacées. Comme je le dis dans ce livre, ce n'est pas chez Mercier que j'aurais dû être, mais chez BiC. Et, à présent, je ne vous parle pas des 20 000 cartes que je signe bon an mal an depuis 2001 pour la banque du maillot jaune. Calculez, ça fait 1 000 par jour.

Tout ça, ça crée des liens, un tissu affectif peut-être unique. D'ailleurs depuis 1962, j'ai des supporters fidèles qui m'adressent leurs vœux tous les ans. C'est beau, non ? Et pourtant, je n'ai pas gagné le Tour. Est-ce que ce serait plus fort si c'était le cas ? Pas sûr. J'ai été attaqué à terre, blessé, et ça, les gens le savent, comme ils savent que je n'ai jamais triché dans mes Tours avec Anquetil, qu'on s'est toujours tiré une bourre terrible. Alors, à chaud, on ne pouvait pas s'entendre. On a dit qu'on aurait pu se partager les Tours et les victoires pendant dix ans. Peut-être. En tout cas, cette rivalité a quand même fait le bonheur de nos supporters respectifs et suscité des épisodes uniques dans les annales, comme ce Tour 1964, qui, selon les spécialistes, reste « le plus beau des Tours ». Quand je pense que notre rivalité a même provoqué des divorces et partagé la France en deux ! C'était excessif, mais quand on aime, on ne peut pas aimer modérément. C'était le moment où j'étais le sportif et peut-être même une des personnalités préférées des Français ! À en susciter des articles de Philippe Bouvard dans *France-Soir*, de Robert Escarpit dans *Le Monde*, vous vous rendez compte ?

À l'arrivée, tout ça m'a valu un maillot jaune invisible, tricoté par tous les Français et, semble-t-il, éternel. M. Magne aurait préféré que mes supporters m'engueulent et me stimulent pour prendre des revanches, comme je l'ai fait parfois, mais bon, c'était comme ça. Indolent ? Je l'ai sûrement été, M. Magne me le reprochait, comme mes équipiers Genet et Cazala, à qui je rends hommage ici. C'était ma nature, je venais de la terre, et à compter du moment où en une année, la première, j'ai presque autant gagné que ce que j'aurais gagné en une vie à la ferme, je me suis fait une sorte de philosophie. Je n'étais pas fataliste, mais je m'accommodais trop de certaines situations alors que j'aurais dû me révolter, forcer le destin. En faisant ce livre, on m'a reparlé d'alliances contre moi, de combines. Peut-être, ça ne m'intéressait pas, ce n'était pas mon truc. Et, comme je le dis, chez Mercier, auquel j'ai été naturellement toujours fidèle, on était toujours sur le fil du rasoir, et M. Magne était content quand il rendait à M. Mercier une partie de son budget. C'est ainsi. À la campagne, on est raisonnable. L'ai-je trop été ? Peut-être. Seulement, celui qui disait ça ne savait pas d'où je venais. À ma place aurait-il renversé des montagnes ? J'en ai renversé quelques-unes. Parfois, j'aurais pu et dû me faire plus mal, mais à la campagne, on en garde toujours un peu sous le sabot pour le lendemain, pour le cas où il pleuvrait, pour…

Ce qui est sûr, c'est que j'ai simplement toujours essayé de bien faire mon boulot, et je continue. Les travaux de la ferme m'avaient endurci, j'avais une belle santé grâce à mes parents et à la vie saine de la campagne profonde, c'est le socle de ma réussite, avec un doigt de chance, mes frères qui étaient coureurs et m'ont montré la voie, et de belles rencontres comme celle avec mon instituteur M. Vialleville, ou M. Marquet, le vélociste de Sauviat. Ils m'ont fait confiance, m'ont donné confiance, ce fut essentiel et ce n'était pas facile dans les années 1950. Ils ont cru en moi, comme après eux MM. Antonin Magne, Marcel Bidot, Louis Caput, Claude

Sudres, Roger Piel et quelques autres, à commencer par Bernard Gauthier qui m'a recommandé à M. Magne.

Non, « on ne voit pas le temps passer », cher Jean Ferrat, et quand, il y a quelques mois, le quotidien *L'Équipe*, la bible du sport, m'a alerté pour me demander si j'accepterais qu'une petite équipe vienne à Saint-Léonard pour fêter mes 75 ans, il a bien fallu que je réalise vraiment que le temps avait passé. Gérard Ejnès et ses camarades Philippe Bouvet, Gilles Comte et Gilles Simon m'ont alors un peu cuisiné, et ça a donné deux grandes pages, aussi belles et chaudes que les bougies d'un beau gâteau. J'avais bien 75 ans, c'était écrit dans le journal que je vais chercher tous les matins vers 7 heures. C'était bien moi dont il était question, c'est bien moi qui avais débuté avec Louison Bobet et décroché sous Eddy Merckx. C'est moi qu'on avait baptisé Poupou, merci cher Émile Besson, et qui avais croisé le guidon avec le grand Jacques Anquetil, Gimondi, Thévenet et tous les autres, de Van Looy à Charly Gaul, Bahamontes, Jan Janssen ou Zoetemelk. Là-bas, à la « Grande rouge », ce sont les saisons qui rythmaient la vie, là, c'étaient les courses, la Primavera au printemps que j'avais gagnée en 1961, puis le Tour de Lombardie et Paris-Tours à l'automne. L'hiver, on récupérait un peu, tout en cassant des montagnes de bois pour la grande cheminée où ma chère maman faisait sécher des guirlandes de cèpes amoureusement découpés après avoir été tout aussi amoureusement cueillis par nos soins. On s'offrait le luxe de casser les autres champignons. Pour nous, seuls les cèpes comptaient, on ne se compliquait pas la vie. D'ailleurs encore aujourd'hui, si vous voulez me combler, offrez-moi une omelette aux cèpes, cueillis de préférence dans la Creuse, à portée de lance-pierre de mes routes d'entraînement. Le noyau dur, le sommet, le grand rendez-vous, c'était bien sûr le Tour, le Tour et son cortège de critériums. À l'époque, il y en avait bien soixante ou plus. Ça permettait de prolonger les bonheurs du Tour, de rencontrer les supporters, de parler, et évidemment de gagner quelques sous. Mais je vous garantis qu'on faisait le spectacle. Là encore, pas de triche. Ça aussi, les gens le sentent.

Bref, j'ai duré, et je dure encore. La preuve, je suis toujours dans l'édition 2012 du *Petit Larousse*, je crois que j'ai droit à sept lignes et demie. Plus qu'Anquetil ou Hinault. Je ne crois pas que ce soit bien raisonnable, d'autant que plusieurs autres vainqueurs du Tour sont, eux, parfaitement oubliés, mais il paraît qu'il y a un « phénomène » Poupou. Aux Jeux olympiques de Londres, le sprinter Grégory Baugé, battu en finale, a même déclaré qu'il ne voulait pas être Poulidor, un éternel second. Et lors de l'élection présidentielle, pour le deuxième tour, comme on n'avait pas le droit de donner le résultat avant 20 heures, il paraît que, sur Twitter, on s'est servi de mon nom pour passer outre avec des messages codés du genre : « Le mari de la chanteuse ressemble à Poulidor. » Ça me fait sourire et penser au coup de fil piège de Bernard Dolet, le journaliste de *L'Équipe*. C'était il y a quelques années, et il avait évoqué la possibilité que mon nom devienne un nom commun. Le préfet Poubelle a donné son nom à un outil hygiénique ; dans mon cas, Poulidor serait synonyme d'éternel second, d'échec de peu, de malchance persistante, mais aussi de courage. Le petit gars du Limousin serait peut-être davantage à sa place dans les noms communs, et, en même temps, ce serait la consécration des consécrations. Trêve de plaisanterie de ce terrible pince-sans-rire de Dolet. Ce qui est indiscutable et qui suffit déjà bien trop à mon bonheur, c'est que je suis devenu une des figures de ma petite ville de Saint-Léonard, dont les habitants s'appellent joliment les Miaulétous, n'est-ce pas Jean-Paul Ollivier ? C'est la capitale du massepain, un gâteau que je vous recommande, et le pays de l'immense chimiste et physicien Gay-Lussac. Sa maison est à 400 m de chez moi et se visite. Pas la mienne, car j'ai donné tous mes maillots et souvenirs. Lui a 20 lignes dans le *Larousse* et les mérite, alors que, dans mon cas, je me demande toujours s'il n'y a pas erreur. D'ailleurs, ça me fait penser à une des trouvailles de l'humoriste Anne Roumanoff, qui écrivait en 2010 dans *Le Journal du dimanche* : « Lionel Jospin, qui donne des conseils aux socialistes, c'est un peu comme Poulidor qui expliquerait à des coureurs cyclistes comment gagner le Tour de France… »

Ne pas se prendre au sérieux, même si le petit gars des Gouttes et de la Grange Rouge, ce fils de métayer, a fait son chemin, taillé la route. Si vous me connaissez mal, je vous rassure, il n'est jamais bien loin le gamin que j'étais, battant la campagne, donnant un coup de main aux maquisards, braconnant un peu, coursant les écureuils avec son chien Vitesse, qui éliminait aussi les vipères, et piégeait les oiseaux avec de la glu que nous fabriquions nous-mêmes… On les apprivoisait pour les faire chanter. Nous n'avions rien, c'étaient nos petits plaisirs. Les travaux des champs finis, même si nous avions attaqué à 4 heures du matin, il restait toujours un peu d'énergie, pour se faire un jouet avec trois châtaignes, pour capturer quatre truites lorsqu'on détournait les ruisseaux pour arroser les prés. C'était dur, austère, pourtant j'ai l'impression qu'on était heureux ou pas loin de l'être. Et puis le vélo est arrivé, d'abord un vélo de femme, puis des coursettes, puis un vrai vélo, un Simoun, puis une Captivante, puis des places d'honneur, et le Grand Prix de la Quasimodo, puis le premier bouquet, puis le Bol d'or des Monédières, et la chance, et l'armée, et le service en Algérie, qui aurait pu tout casser, et la difficile remise en route. Le doute, les kilos en trop, la persévérance, la première 4 CV, des résultats, et « la Pouliche » qui devient Poupou et qui est toujours là. Et on donne mon nom à des rues, à des stades, à des virages sur le Tour de France, et on me demande des préfaces, et j'inspire des livres, des études, et je suscite des milliers de unes, de dessins, de peintures, de sculptures, et je donne le départ des 24 Heures du Mans. Dingue, non ? Je fais même de la réclame pour la *Samaritaine*, on y trouve tout, même moi un maillot jaune. Le grand magasin, une institution, a disparu, le temps a passé, et je suis toujours là, sur la brèche. Je vais vous faire une confidence, dans les grandes séances de dédicace, je tire même la langue comme jadis sur le Tour. Une recherche d'application peut-être ? Ne me manque que la casquette Mercier, un peu de traviole.

À mes tout débuts, M. Magne m'avait présenté comme « un maçon creusois nommé Polidor ». J'étais simple paysan, je ne suis pas devenu chanteur non plus. Reste qu'il avait raison quelque part, comme toujours : j'ai bâti ma carrière un peu comme un maçon, pierre après pierre, avec de la sueur et des larmes, de la constance et de l'humilité. Après le vélo, je ne suis pas redevenu paysan, ni éleveur, ni coureur, ni directeur sportif, chère Anne Roumanoff, mais une sorte de colporteur. Autrefois, on en avait à la campagne, ils portaient des journaux, de la mercerie, des babioles, ils créaient surtout du lien, rien d'important, pourtant de l'essentiel. Ils apportaient de l'oxygène, permettaient de deviner un ailleurs, de rêver, de communiquer, de s'évader. En vous parlant de ça, je ne peux pas m'empêcher de songer au monsieur qui était passé à la ferme, il y a bien longtemps. Peut-être était-ce un colporteur, en tout cas, il avait lâché une phrase qui avait fait mouche : « Quelqu'un d'ici sera un jour très connu. » Vous voyez d'ici l'effet et la scène : mon papa Martial, en train de récupérer, comme mes frères et moi, après une dure journée de battage, et Marie, ma maman, en train de préparer une bonne soupe, et boum, on nous dit que l'un de nous va devenir célèbre. Il est fou ou il a bu, pense-t-on. Qui cela pourrait bien être ? Impossible. Le gros lot dans la famille Poulidor ? On ne joue pas au loto. Et pourtant. Quelques années plus tard, sur le Tour, cet inconnu demanda à me voir à une arrivée. J'avais presque oublié. Il y avait trop de bousculade, et je l'ai raté, et je le regrette encore. Qui était-ce ? Un charlatan ? Mon ange gardien ? Si quelqu'un sait quelque chose, qu'il me le dise, ce coup-ci je n'aurai pas d'excuse.

Quand, tous les ans, nous allons en Hollande passer les fêtes de fin d'année chez ma fille Corinne, qui est mariée à l'ancien champion Adrie Van der Poel, je pense souvent à cet inconnu, tout en me coltinant un puzzle de 2 500 ou 3 000 pièces. C'est ma distance. Et ce livre, c'est aussi, je m'en rends compte, le puzzle de la vie d'un petit gars parti de pas grand-chose. J'aime rassembler des pièces qui paraissent sans rapport, et les essayer, les rapprocher, ce travail de fourmi me captive autant que les mots croisés, les parties de cartes, la montagne, la terre, la nature et les arbres. D'ailleurs, je taille toujours moi-même mes arbres et mon buis. Ce contact avec la nature m'est indispensable. Et mon petit-fils David, qui excelle dans les sous-bois, en cyclo-cross, me fait infiniment plaisir à plus d'un titre. Il me fait penser à quelqu'un que j'ai bien connu et qui est toujours sur mon épaule. Qui sait si un jour, sur le Tour, David ne touchera pas ce maillot jaune que j'ai raté et qui a pourtant fait ma gloire ? Une autre histoire commencera alors, une autre échappée belle. Elle ne sera sûrement pas violine et bleu turquoise, comme la mienne, mais assurément encore plus belle…

1962

J'ESSUIE LES PLÂTRES

Ce Tour revient aux équipes de marque, et j'y débute, un doigt dans le plâtre. Anquetil, vainqueur sortant, attaque son cinquième Tour. M. Magne a sa blouse blanche, Louis Malle sa caméra, Antoine Blondin son stylo, et moi la casquette de traviole, le spectacle peut commencer.

C'est mon baptême du feu sur le Tour. J'aurais dû être très impressionné, mais je ne le suis pas autant que prévu car je me suis cassé l'auriculaire de la main gauche en chutant à l'entraînement quelques jours avant le départ, et mon plâtre me sert un peu de bouclier. Et quand je dis « j'essuie les plâtres », c'est aussi en pensant à M. Magne, qui, lorsqu'il avait présenté, début 1960, ses nouvelles recrues dans *Miroir du cyclisme*, avait dit que j'étais un maçon creusois. C'est vrai qu'à l'époque on se connaissait très peu, même si c'était sous le couvert de Bernard Gauthier, et qu'il avait aussi déformé mon nom, m'appelant « Polidor », comme la marque de disques. Un signe prémonitoire qui me destinait à faire beaucoup de Tours. Entre 33, 45 et 78 Tours, j'en aurais donc fait finalement 50, même si je n'ai pas dit mon dernier mot et si, en matière de chanson, *L'Hymne à l'amour* d'Édith Piaf reste ma chanson préférée. Mais revenons au premier sillon.

Quand j'ai dû informer M. Magne de mon accident, quelques jours avant le départ, il était parfaitement catastrophé, et moi, je l'étais peut-être encore plus que lui, car, dans l'optique de ce grand rendez-vous, j'étais resté un peu en retrait jusqu'alors, rêvant secrètement de faire de bons débuts. Pas au courant de cette ambition intime, M. Magne lui-même était un peu inquiet car, pour lui, mon début de saison 1962 était nettement moins bon que celui de 1961. Moi, je songeais aux débuts de Jacques Anquetil qui, en 1957, s'étaient terminés par une victoire. Sagement, je m'accordais une chance sur deux de surprendre dans le meilleur sens du terme. Et puis boum, la pédale cassée, la chute, la main prise dans la roue et le doigt cassé. Fallait-il partir ? J'avais 26 ans, alors qu'Anquetil, lorsqu'il avait débuté dans l'épreuve phare, en avait 23. Il ne fallait pas que ce qui pouvait être une force finisse par devenir un handicap.

En 1961, lorsque le Tour se courait encore par équipes nationales, M. Magne m'avait mis en réserve de la République, pour ne pas me faire débuter comme simple équipier d'un leader de l'équipe de France nommé Anquetil. J'avais déjà donné des promesses, et l'ancien double vainqueur des Tours 1931 et 1934, qui veillait sur mes intérêts et ceux de l'équipe Mercier-BP, préférait me faire débuter un an plus tard, comme leader unique. Un parti pris qui avait irrité M. Marcel Bidot, alors patron de l'équipe de France. Lui prétendrait longtemps que, si j'avais débuté aux côtés de Jacques en 1961, nous serions devenus copains, au lieu d'être longtemps adversaires, et que nous aurions régné sur le peloton, nous partageant les grandes victoires pendant dix ans. Le destin a voulu que je sois sous la coupe de M. Magne, avec qui j'avais les mêmes origines campagnardes, modestes et géographiquement proches, puisque lui venait du Cantal, et moi de la Creuse. Je lui avais été recommandé par Bernard Gauthier, je lui faisais complètement confiance. Aurais-je gagné deux ou trois Tours ? Peut-être. À plusieurs occasions, j'ai entendu ce genre d'hypothèses : « Ah, s'il avait couru avec Géminiani. Ah, si… » Quand on vient de la campagne profonde comme moi, ce discours ne résiste pas à l'examen. Et aujourd'hui, cinquante ans après mes débuts dans le Tour, je ne regrette rien de mon parcours. Certes, il fut parfois atypique, pour ne pas dire chaotique, je lui dois pourtant d'être encore aussi populaire, aussi présent. C'est même grâce à lui que je peux fêter mes cinquante Tours, une longévité qui m'épate moi-même. J'aurais peut-être pu gagner un Tour ou deux, et ensuite j'aurais probablement disparu de la circulation comme l'ont fait beaucoup de vainqueurs. Là, les aléas du Tour et de la course ont fait que je suis toujours, toujours dans la course. Oui, à chaud, j'aurais bien aimé gagner, porter le maillot jaune, mais, chaque fois, il y avait un grain de sable, un pépin, un imprévu, la malchance, allez savoir.

M. Antoine Blondin, qui n'était pas encore mon ami en 1962, mais qui allait le devenir, disait que le Tour était « [son] manteau et [sa] maison ». Sans vouloir me comparer à lui, qui a donné au Tour et à ses coureurs les plus belles chroniques dont on puisse rêver, je peux maintenant reprendre cette belle phrase à mon compte. À l'époque, pour être franc, je n'en avais pas compris toute la portée. Aujourd'hui, après avoir été coureur, éclaireur et suiveur, ambassadeur, après avoir été « géant de la route », puis autour du Tour, je fais vraiment mienne cette maxime.

Mais, en 1962, avec mon beau plâtre m'enveloppant une partie de la main gauche et de l'avant-bras, je regardais simplement la tête du Dr Dumas au moment de la visite obligatoire. Elle était aussi grise que celle de M. Magne, ce qui accentuait encore la blancheur de sa célèbre blouse. Je le vois encore rajustant son béret, quand il m'avait vu débarquer à Nancy, ma valise de carton à la main droite, et le bras gauche suspendu… Du coup, par la force des choses, j'étais aussi quasiment suspendu de toute responsabilité. Il fallait bien partir pour la marque, pour tout, parce qu'il était temps, parce que l'histoire se moquait que j'aie pu faire vingt-huit mois de service militaire en Allemagne et en Algérie, mais je puis vous garantir qu'avec mon dossard 148, je faisais profil bas. D'autant que mes équipiers avaient fondé de gros espoirs sur moi pour remplir la caisse, et crac, au lieu d'un leader, ils voyaient rappliquer un handicapé. Aussi, le soir, dans la chambre que je partageais avec le Basque Robert Cazala, je n'avais pas envie de trop plaisanter, même si très gentiment il me rappelait que lorsque, avant lui, je cohabitais avec Bernard Gauthier, je lui disais, comme à la campagne, car j'avais besoin de bien dormir : « Maintenant, il faut tuer la lumière… » À la réflexion, ça vous fait sourire, et moi aussi. M. Magne, parlant du maçon de la Creuse, aurait pu ajouter que j'étais un peu « brut de décoffrage », ce n'était pas faux. Après mon certificat d'études et mes études interrompues, parce qu'il fallait aller travailler à la ferme, c'est en fait sur le Tour et grâce au Tour que je ferai mes humanités. Je ne le savais pas encore, c'est pourtant ainsi.

Mais revenons sur la belle place Stanislas, à Nancy. Désormais, l'objectif fixé par M. Magne était aussi simple que de rallier Amiens. Depuis Nancy, ça ne faisait que trois étapes, mais il y avait la traversée des Ardennes et la Belgique. En fait, faute de se projeter sur le podium du parc des Princes, comme il en rêvait secrètement, M. Magne prenait le Tour au jour le jour. Son équipe, mon équipe était loin d'être la plus forte. Quant à moi, quant au leader, il allait avancer à pas comptés en espérant seulement ne pas se faire traiter de « nain de la route ». Les anciens se souviennent sûrement que M. Jacques Goddet, patron du Tour et de *L'Équipe*, avait ainsi traité tous les coureurs du Tour 1961, trop vite résignés à la domination de Jacques Anquetil.

Mon premier Tour, qui était donc le quarante-neuvième de la grande saga, allait se développer sur 4 273 km pendant 22 étapes, et sans une seule journée de repos. On avait droit aux grands cols des Pyrénées et des Alpes et, en prime, à un nouveau venu : le Restefond. Mais, ce dimanche 23 juin, il s'agissait de rallier Spa, distant de 253 km, à travers les Ardennes. Ce ne fut pas une entrée en matière, mais un calvaire, et pourtant, on n'était pas en Bretagne. Je souffrais de ma fracture, et en plus le plâtre me gênait beaucoup. Tous les costauds étaient devant, tous sauf Bahamontes, Wolfshohl et moi. Il y eut des écarts d'autant plus terribles qu'il faisait chaud, le peloton éclata donc en 5 ou 6 paquets sous la poussée des routiers-sprinters belges, des Italiens et de l'équipe Saint-Raphaël d'Anquetil. Je me retrouvai dans le deuxième avec mes équipiers Gainche, Ferrer et Cazala. D'emblée, je perdis 8 minutes sur Altig, le vainqueur, Anquetil, Planckaert ou Nencini. Le dernier classé pointait à plus de 40 minutes ! Le Tour, c'était donc cette cocotte-minute infernale. À Herentals, où Darrigade donnait la leçon à Van Looy, l'empereur local, juste devant mon équipier Melckenbeeck, j'étais dans le rythme, mais c'était trop tard. Dans le contre-la-montre par équipes, je donnai même un bon coup de main à Mercier et, à Amiens, j'étais encore là, dans le paquet de tête, reprenant tout doucement mes esprits. Secrètement, je m'accordais un bon point, même si M. Magne restait toujours chagrin. Il faudrait les succès de Vanden Berghen au Havre, puis de Cazala à Brest pour qu'il retrouve le sourire. Moi, je ne pensais qu'à m'accrocher, avoir le moins mal possible et ouvrir les yeux. À La Rochelle, dans le premier contre-la-montre individuel, Anquetil, acclamé par toute la foule, était au-dessus du lot. Le petit Limousin ne terminait que trentième à 3 minutes du Normand, avec Bahamontes sur les talons. Le hic, c'est que Bahamontes retrouverait ses ailes sur les sommets pyrénéens, en particulier dans le contre-la-montre en côte de Superbagnères (18,5 km), et là, je perdrais encore 3 minutes, tout en étant septième. Malgré la deuxième victoire de Cazala à Saint-Gaudens, ce ne serait pas suffisant pour faire remonter mes actions chez M. Magne, qui attendait tellement de moi. Du côté de Pamiers, de Carcassonne, il ferait encore plus grise mine après l'abandon sur indisposition – provoquée par des truites – d'une partie de l'équipe Wiel's-Groene Leeuw. En fait, on ne retrouverait son sourire que dans les Alpes, que lorsque je perdrais mon plâtre, qui me faisait souffrir la nuit, et qui, avec la chaleur et la transpiration, sentait vraiment mauvais. À Briançon, je disputai enfin le sprint pour la victoire : j'y dominai Anquetil, Gaul, Planckaert et Bahamontes, mais j'étais battu par Daems et Massignan. Qu'importe, M. Magne, qui n'avait eu de cesse de me dire depuis les Pyrénées : « Mais montrez-vous, montrez-vous, Raymond ! », était satisfait. Le lendemain entre Briançon et Aix-les-Bains, dans cette Chartreuse aux cinq cols, qui avait magistralement inspiré Charly Gaul en 1958, je retrouvais mes moyens. Je n'avais plus qu'une petite attelle pour protéger mon doigt, et j'avais l'impression d'être libéré, de respirer enfin. Je passais en tête au sommet du col de Porte où Bahamontes avait attaqué, puis je reprenais Campillo, mon équipier Beuffeuil, puis Henry Anglade qui, ne pouvant s'accrocher à ma roue, m'incitait à attaquer. Dans le Cucheron, je suis seul en tête. Je n'en reviens pas. Un petit coup de fringale permet à M. Magne de me relancer : « Du nerf, Raymond, du nerf ! » Et après avoir mangé un peu, j'avale le Granier. J'entends encore, j'entends toujours les petits coups de klaxon de M. Magne, me relançant, me stimulant… Je crève dans la descente du Granier, je m'énerve, je repars contre le vent vers Aix-les-Bains. Les 60 km de faux plat me séparant de l'arrivée et de mon premier bouquet sur le Tour me permettent de penser qu'en fait je n'ai jamais terminé que trois livres : *Le Comte de Monte-Cristo*, *Michel Strogoff* et, justement – association d'idées –, *La Chartreuse de Parme*. Gisèle, mon épouse, me battait à plates coutures. Je ne retournais pas la situation comme jadis « l'Ange de la montagne », le surnom de Charly Gaul, que je côtoyais pour la première fois, et que j'avais battu la veille au sprint, mais en gagnant, qui plus est sous l'œil de Louison Bobet, et en reprenant 3 minutes aux meilleurs, je ressuscitais, et je faisais mieux que sauver mon Tour. Après avoir touché le fond à Spa, je me retrouvais sur la troisième marche du podium derrière Anquetil et Planckaert. Inespéré. Mes rêves n'étaient peut-être pas si déplacés que ça. M. Magne revivait et toute l'équipe avec lui. Dans la chambre que je partageais avec Cazala, je pouvais à nouveau me regarder dans la glace. En plaisantant, on se disait qu'après tout notre chambre était celle des vainqueurs, avec nos trois étapes. Le lendemain, entre Bourgoin et Lyon, sur 68 km contre la montre, Anquetil allait doucher cette euphorie. En effet, il allait me doubler impitoyablement, et avec une telle allure que M. Magne venait pour une fois à ma hauteur et me lançait : « Garez-vous, Raymond, et admirez : une Caravelle va passer. » Dire que j'étais surpris serait peu dire, mais j'écoutai et m'écartai un peu sur le côté. C'est alors que je vis déboucher Anquetil. C'était effectivement prodigieux. J'avais l'impression qu'il glissait sur la route. Rien ne bougeait. Je n'avais jamais rien vu de pareil. La perfection, la beauté, c'était ça. Seule une petite grimace sur son visage pouvait laisser supposer que c'était quand même dur. La leçon de contre-la-montre grandeur nature…

Cette sublime phrase de M. Magne est tellement flatteuse pour Jacques qu'on m'a souvent demandé si elle était vraie. Je confirme. Elle étayait également le constat de M. Magne à mon endroit : j'étais fragile, il fallait que je m'améliore dans tous les domaines, en particulier en montagne et en contre-la-montre.

Certes, je perdais 5 minutes sur « la Caravelle normande », et deux sur Baldini mais, après tout, c'étaient quand même eux les recordmen de l'heure, non ? J'étais troisième devant Planckaert et tous les autres, et non plus trentième comme à La Rochelle. Et entre Lyon et le parc des Princes, où j'arrivais pour la première fois, je me répétais sans cesse que, sans ma défaillance de Spa où j'avais perdu 8 minutes, je serais plus près de Jacques Anquetil, vainqueur pour la troisième fois, et surtout devant le Belge Joseph Planckaert sur qui je n'avais que 5 minutes de retard.

Pour cette rétrospective, je viens de revoir *Vive le Tour*, le très beau court-métrage que Louis Malle, Jacques Ertaud et Jean Bobet ont tourné sur ce Tour, et je viens donc de me découvrir au parc des Princes sur le podium brandissant le bouquet, puis le changeant de main. Et oui, le petit doigt me faisait encore mal, et la douleur durera plus d'un an, en particulier la nuit. Je suis acclamé, Jacques sifflé. Il n'a pourtant rien à se reprocher. En 1961, il avait quasiment porté le maillot jaune de bout en bout, là, il ne l'a endossé qu'à deux jours de Paris, ses équipiers Altig et Geldermans le « chauffant » pour lui. Cette ingratitude des spectateurs me chiffonne. Je ne comprendrai qu'un peu plus tard que le « poulidorisme » vient de naître. Et, dans le magazine *But et Club. Le Miroir des Sports*, Roger Bastide en rajoute et apporte sans le vouloir sa pierre à la légende naissante : « L'on plaignait Raymond Poulidor au départ du Tour. L'on n'est plus très sûr aujourd'hui que sa fracture de l'auriculaire ne l'ait pas servi ! Elle le fit, en effet, partir dans le Tour sans illusion, avec la seule pensée de durer, non de combattre. Il est possible qu'il ait évité ainsi de se compromettre dans la première partie du Tour, il a pris progressivement confiance et remporté la plus belle victoire d'étape… »

Avec le recul, ces propos sonnent assez juste, dans la mesure où les Pyrénées et les Alpes avaient consacré les sprinters Cazala et Daems.

Après, c'est la suite logique et prévisible de l'éternelle histoire du petit qui n'a pas peur des gros, que Jacques Marinelli avait illustrée en 1949, et du blessé qui surmonte son handicap et fait mieux que ceux qui n'avaient rien. J'ai touché la France au cœur : des sacs de courrier arrivent dans ma maison flambant neuve de Saint-Léonard-de-Noblat. Roger Piel, mon manager, est assailli de demandes pour les critériums d'après Tour. M. Magne n'en revient pas. Tout cela me paraît trop et trop vite, mais je viens de la campagne, et je sais qu'il faut rentrer la moisson avant la pluie, donc j'y vais. En une saison, je gagnerai plus que je n'aurais gagné durant une vie de métayer. Avant, j'inquiétais Louison Bobet dans le col de Lestards au Bol d'or des Monédières et l'on m'appelait « la Pouliche », là, je me suis accroché aux branches après m'être cassé un doigt, j'ai progressé au fil des étapes, à en monter sur le podium, et je deviens Poupou pour tous. Poupou, c'est ainsi que m'a baptisé Émile Besson, un excellent journaliste de *L'Humanité*. La première fois, c'était dans un canard de chez moi, *L'Écho du Centre*, où il faisait une pige. Il l'avait titrée « Vas-y Poupou ! ». Du coup, Pierre Chany, le pape du cyclisme à *L'Équipe*, qui était anquetiliste, a un peu persiflé : « Poupou, c'est moumou, déjà qu'il est un peu cucul, tu l'as servi. » Il ne restait plus à l'écrivain René Fallet, ami de Georges Brassens, qu'à rajouter une tournée : « Poupou ? T'es fou ! Est-ce que les Pélissier se faisaient appeler Pépé ? » Quand Émile Besson raconte ça, on se marre toujours comme des baleines. Ensuite, c'est Abel Michéa, le complice de Besson, qui faisait monter la mayonnaise avec son titre impliquant M. Magne : « Poupou et sa nounou ». C'était parti. Vous connaissez la suite. Émile Besson disait souvent en plaisantant : « S'il y avait eu des droits d'auteur, avec cette trouvaille, j'aurais gagné des milliards », et notre petit jeu voulait que je lui rétorque : « Pas tout à fait, cher Émile, car je t'en aurais réclamé la moitié. »

La politique ne m'intéressait pas et j'ai toujours eu d'excellentes relations avec les hommes politiques, quel que soit leur bord. D'ailleurs, je vous raconterai plus tard une petite histoire qui vous montrera que mes supporters sont à la base comme au sommet de l'État.

1963

LES SIFFLETS DU PARC, MON PIRE SOUVENIR

Voilà un Tour pour Antoine Blondin. Départ de Paris et visite des vignobles français : Épernay et Reims pour le champagne, Angers pour les cabernets de Loire, Bordeaux et ses crus réputés, Toulouse et ses gaillacs et l'Arbois pour fêter le vin de paille et le maillot jaune.

1963, c'est mon deuxième Tour et ma plus grande déception. Je voulais confirmer le podium de l'année précédente et je ne termine qu'à la huitième place du général, à 16'46" de Jacques Anquetil qui remporte son quatrième Tour, ce que personne avant lui n'a réalisé à cette époque-là. Au parc des Princes, le public me siffle et ça me reste en travers de la gorge.

Jacques Anquetil termine également deuxième du classement par points derrière Rik Van Looy, ça prouve sa régularité. Moi, je me classe deuxième du Grand Prix de la montagne, derrière Federico Bahamontes, deuxième du Tour, mais j'avoue que je n'accorde pas trop d'importance à ce trophée. Je pense plutôt à l'étape Val-d'Isère-Chamonix (217 km) au cours de laquelle j'ai perdu le Tour. J'ai commis une grande erreur que j'ai payée immédiatement. La veille de cette étape, l'Espagnol Federico Bahamontes porte le maillot jaune. Je suis sixième à 5'22" de Bahamontes, qui marchait fort. Nous devions escalader le Petit-Saint-Bernard, le Grand-Saint-Bernard, le col de la Forclaz et le col des Montets. J'ai attaqué trop tôt dans le Grand-Saint-Bernard parce que je me sentais très bien, mais c'était une erreur monumentale, je luttais contre un fort vent de face. Mes adversaires m'ont laissé agoniser, Anquetil et Bahamontes contrôlaient parfaitement, mais c'est aussi un peu à cause de M. Magne : mon directeur sportif aurait pu m'ordonner de me relever en voyant que je ne prenais pas une avance considérable. Il m'a laissé aller à l'abattoir. Je ne connaissais pas le parcours, le col du Grand-Saint-Bernard est très roulant et il n'était pas possible d'y créer des écarts.

Au contrôle de ravitaillement avant d'attaquer la Forclaz, j'ai loupé ma musette, je n'avais plus rien à grignoter ni à boire. Et M. Magne, qui était un homme d'une droiture exemplaire, un homme de principes, refusait de m'alimenter parce que c'était interdit par le règlement. J'ai été victime d'un gros coup de mou, épuisé par les efforts que j'avais fournis auparavant. La vertu est parfois cruelle.

Dans la Forclaz, j'ai souffert d'autant plus que l'on empruntait l'ancienne route du col, étroite, plus raide, avec des portions en terre. C'est là que Géminiani a été malin et a demandé à Anquetil de simuler un incident mécanique. Gem a sectionné le câble de dérailleur de Jacques sans qu'on le voie, cela autorisait le changement de vélo, et il lui a donné une machine plus légère pour gravir la Forclaz et résister à Bahamontes. Résultat : à Chamonix, c'est Anquetil qui gagne l'étape ! Moi, j'étais vidé dans la Forclaz mais, lorsque je suis arrivé au pied du col des Montets, la dernière difficulté du jour, je n'avançais plus. J'étais complètement ratatiné, sans un reste d'énergie. Ce col présentait de forts pourcentages, j'ai perdu beaucoup de temps et mon moral en a pris un coup. Je termine dix-septième de l'étape à plus de 8 minutes. Pour moi, le Tour était perdu et je ne pouvais m'en prendre qu'à moi-même.

Alors, bien sûr, le public m'a copieusement sifflé à l'arrivée à Paris, il espérait une meilleure performance de ma part. Ces sifflets du parc des Princes, les premiers de ma carrière, m'ont fait mal. Ils m'ont profondément chamboulé. C'était énorme, j'en ai pleuré, mais j'ai compris leur message, j'avais déçu le public et il me le faisait comprendre. Ces sifflets m'ont obligé à réagir. Je suis allé tout de suite voir M. Magne et je lui ai dit : « Vous m'engagez dans le Grand Prix des Nations ! » Il a levé les bras au ciel, il était rouge de colère, il me démontrait que, face à Anquetil, j'étais ridicule dans un contre-la-montre. « Vous n'y pensez pas Raymond, sur 30-40 km Jacques vous met 4 à 5 minutes dans la vue, alors qu'est-ce que ce sera sur les 100 km des Nations, dans sa course fétiche ? » Je ne me suis pas démonté : « M. Magne, je veux que vous m'engagiez ! » Et j'ai préparé la course comme jamais encore auparavant je n'avais abordé une épreuve. J'aurais dû toutes les anticiper avec le même sérieux, c'était de la négligence de ma part, mais c'est un peu la faute du public qui m'a toujours tout pardonné.

Je dois avouer que ces Nations, que j'ai réussi à gagner devant Ferdinand Bracke, le vainqueur de l'année précédente, deuxième à plus de 3 minutes, sont pour moi une grande satisfaction. J'avais eu la réaction d'orgueil du champion, j'étais enfin réconcilié avec le public, avec mon public. D'ailleurs cette victoire a été l'une des plus faciles de ma carrière. Je me souviens que l'un des favoris était l'Espagnol Miguel Pacheco, il avait battu Anquetil de 26 secondes dans le contre-la-montre tracé entre Sitges et Tarragone (52 km) sur le Tour d'Espagne 1963, que Jacques avait remporté (Pacheco terminait troisième au général). Mais on murmurait dans le peloton qu'il avait bénéficié pendant de nombreux kilomètres du sillage d'un camion ! Ce jour-là, dans les Nations, je lui mets près de 10 minutes dans la vue, je volais ! Je me souviens de la tête de Raphaël Géminiani et de son nez allongé de stupeur lorsqu'il m'a vu dépasser son coureur, le Hollandais Albertus Geldermans, sur un passage à niveau, à 20 km de l'arrivée. J'ai crevé à cet endroit, j'ai changé de roue et je l'ai rejoint. Il a terminé avec plus de 13 minutes de retard.

Voilà ma réaction aux sifflets du Parc.

Sur ma lancée j'ai encore remporté le Grand Prix de Lugano (également disputé contre la montre) et je me suis fait engager au Trophée Baracchi (épreuve contre la montre qui se disputait par équipe de deux coureurs) associé à Jacques Anquetil. C'était la première fois que nous faisions équipe, et là, j'ai découvert une autre facette du personnage que je ne peux pas vous cacher.

J'avais préparé très sérieusement ce Baracchi, d'autant que nous avions bénéficié d'un excellent contrat. Je m'étais installé huit jours à Bergame, ville où était donné le départ, et j'avais roulé tous les jours, alors que Jacques s'est pointé la veille, très décontracté. Le jour de la course, j'avais l'impression qu'il était plutôt anxieux, il ne me paraissait pas serein. Il a parfaitement accompli les 80 premiers kilomètres jusqu'au moment où Raphaël Géminiani s'est approché dans sa voiture et nous a avertis que nous étions en tête avec 2 minutes d'avance. À partir de là, je n'ai plus vu le même Anquetil, je prenais des relais énormes, j'avais envie de gagner et lui avait décroché, il lâchait ma roue. Dans la traversée de Milan, rendue dangereuse par les rails du tramway, je l'attendais. Je ne comprenais pas ce qui se passait. J'ai compris plus tard. Au vélodrome du Vigorelli, on nous a remis le bouquet du vainqueur, j'étais heureux mais, lui, il faisait la moue. « T'es pas content Jacques ? On a gagné ! » Je pensais qu'il était peut-être crevé, c'était tout de même étonnant de sa part. Quelques minutes plus tard, le speaker a annoncé qu'il y avait eu une erreur dans le chronométrage et les commissaires déclaraient gagnante l'équipe composée de Joseph Velly et de Joseph Novales. Nous étions battus de 9 secondes ! Et là, j'ai vu Jacques sourire et retrouver sa bonne humeur, il feignait d'être mécontent, « Ce n'est pas possible, on est deuxième ! », mais je venais de comprendre. Il ne voulait pas que je remporte ce Trophée Baracchi, j'aurais été le seul coureur à réaliser le triplé dans les trois grandes courses contre la montre (Nations, Lugano, Baracchi), son terrain de chasse !

Mais je m'égare ! Je voudrais vous parler de cette immense popularité qui m'a toujours accompagné. Elle ne m'a pas toujours rendu service ! Je me dis parfois que, si le public m'avait sifflé plus souvent, j'aurais gagné plus de courses.

Ah oui ! S'il m'avait sifflé d'autres fois... Contrairement à ce que l'on peut penser, je me suis contenté de cette popularité, je me suis laissé vivre, je n'avais pas beaucoup d'ambition. Je venais de la campagne et déjà passer pro et être réclamé par tous les organisateurs, c'était énorme. Je me suis souvent posé la question essentielle de mon parcours cycliste : qu'ai-je fait pour mériter cette popularité ? Rien de volontaire, je n'ai pas cherché à la provoquer. Bien sûr, j'ai été malchanceux, mais est-ce suffisant comme explication ? Rendez-vous compte à côté de quelle gloire je serais passé si j'avais enlevé le Tour ! On m'aurait oublié. Alors que là, cette popularité dure, parce que ça continue aujourd'hui encore alors que mon dernier Tour en tant que coureur remonte à 1976, il y a trente-six ans. Lorsque je signe des livres dans les salons ou les librairies, on m'apostrophe comme si je venais d'arrêter la compétition, les petits enfants s'adressent à moi avec un regard étonné en me disant : « Ah ! C'est toi Poupou ? Je voudrais acheter un livre pour mon papy. » C'est adorable. On parle de moi tous les jours, un Poulidor de la politique, un Poulidor du sport, un Poulidor de l'école... Alors je ne peux pas dire que je regrette de ne jamais avoir gagné le Tour.

Lorsque je me présentais au départ d'une course, on ne voyait que Poulidor, on ignorait pratiquement le Maillot jaune, le champion de France ou, sur le podium, le vainqueur de la course. En 1973, j'ai disputé le Grand prix d'Orchies gagné par Willy Teirlinck, moi, j'avais abandonné. On m'a fait venir sur le podium, on m'a offert des fleurs et on ne s'occupait plus du vainqueur. Cela me gênait énormément. Au bout d'un moment, Jean Stablinski, son directeur sportif, est venu rouspéter. Il avait parfaitement raison en interpellant les organisateurs : « Mais qui est le vainqueur de la course ? » Imaginez un peu si j'avais gagné la course. Ça râlait souvent dans le peloton, j'ai suscité beaucoup de jalousies et je n'avais pas que des amis. Je peux même vous dire qu'on voulait parfois me faire payer tous ces honneurs en empêchant Poulidor de gagner, et pas seulement dans l'équipe d'Anquetil, même les étrangers s'y mettaient. Mais plus on faisait de misères à Poulidor et plus il était populaire, alors moi, je me laissais un peu vivre !

Les sifflets du parc des Princes m'ont retourné, j'ai très mal dormi cette nuit-là. J'avais tellement donné d'espoir après mon premier Tour de France l'année précédente. J'étais malheureux, prostré, je ne comprenais pas pourquoi le public m'avait sifflé alors que j'étais persuadé d'avoir donné le maximum. Je songeais à Jacques : quelle force de caractère il lui a fallu pour affronter l'hostilité du public ! Plus tard, après ma carrière, nous avons évoqué tout cela. Lorsqu'il a raccroché, en 1969, il est devenu l'un de mes plus fervents supporters et j'ai compris en le côtoyant la raison de son impopularité, complètement injuste. Jacques Anquetil était un homme d'une générosité exemplaire, mais un grand timide, il était allergique à la foule, elle lui faisait peur. Face au public, il devait se forcer pour sourire, il perdait son naturel. Il m'en parlait souvent : « Mais comment fais-tu Raymond pour affronter la foule si facilement ? » Lui, il se cachait, il la redoutait, et son comportement était considéré comme de la prétention, une forme d'égoïsme et de détachement, alors que c'était tout le contraire, je peux vous l'affirmer. Jacques était un type fabuleux, nous n'avions pas le même caractère. Et puis le public n'aimait pas celui qui gagnait, il préférait celui qui tombait. Il n'arrivait jamais rien à Jacques. Prenez le Tour 1964, celui de notre grande rivalité. S'il avait été victime d'une crevaison le dernier jour lors du contre-la-montre, il aurait perdu le Tour, mais il a été épargné, alors que moi, je n'ai pas arrêté d'avoir des pépins qui m'ont fait perdre des minutes. Et le public lui en voulait aussi pour ça.

1964

LE PLUS BEAU

C'est le grand rendez-vous. Anquetil et moi sommes à notre meilleur niveau. Va-t-il décrocher son cinquième Tour ou moi mon premier ? C'est la question que toute la France, qui suit enfin tout le Tour à la télévision, se pose. Je ne vous donne pas la réponse…

Comment pouvait bien se passer mon troisième Tour ? J'avais été troisième et acclamé au Parc en 1962, huitième et sifflé en 1963, tandis que Jacques Anquetil, premier les deux fois, connaissait exactement la situation inverse : sifflé en 1962 et acclamé en 1963. En fait, la France, comme le Parc, était partagée en deux, et ce Tour 1964 serait bien un sommet entre Jacques, le Normand, et moi, le petit Limousin, car, pour la première fois, on sortait l'un et l'autre victorieux de grands tours nationaux. Anquetil avait gagné le Giro, et moi la Vuelta. Ce cinquante et unième Tour, c'était presque le rendez-vous entre les deux meilleurs coureurs à étapes du monde. L'un qui, à 30 ans, était au sommet de son art, puisqu'il courait pour une cinquième victoire dans le Tour, le record des records, l'autre, moi, le challenger, l'outsider, qui, à 28 ans, rêvait d'une première victoire.

Ce Tour, vous le savez maintenant, a été sacré « Tour des Tours » ou « plus beau des Tours » par un jury de grands spécialistes réuni à la demande de Xavier Louy, l'ancien patron du Tour de France. Pourquoi ? Peut-être parce que c'était le premier à être vraiment télévisé, et que, pour une fois, il a tenu toutes, toutes ses promesses se terminant au parc des Princes dans un mouchoir de poche, après mille péripéties et rebondissements. Là, pour la première fois, sur le podium, Jacques et moi, nous fûmes acclamés à l'unisson. Nous fîmes notre tour d'honneur ensemble et je puis vous dire aujourd'hui que, presque soixante ans après, j'en frissonne encore. On ne me changera pas. Jacques qui me félicite après qu'on s'est tiré une bourre d'enfer, ça fait plaisir. Car le super champion, c'était lui, moi, je donnais le maximum, mais je n'arrivais pas tout à fait à sa hauteur. Après 4 300 km, seulement 55 secondes nous séparaient au Parc, ce beau mardi 14 juillet 1964. Car, je le rappelle au passage, de 1963 à 1966, l'apothéose du Tour et la fête nationale ne firent qu'un. C'est vrai que traverser toutes ces villes et tous ces villages en fête, avec un maximum de spectateurs décontractés, c'était quelque chose. Aujourd'hui, c'est impossible d'envisager une arrivée partagée sur les Champs avec l'ampleur qu'a prise le défilé du 14 Juillet. On peut toujours en rêver.

55 secondes. Une marge aussi mince, ça ne s'était encore jamais vu. Les supporters d'Anquetil étaient aux anges, après avoir eu chaud, y compris dans la toute dernière étape, mais ils étaient comblés, même si j'avais poussé leur champion dans ses ultimes retranchements en plusieurs occasions. Quant aux miens, ils étaient globalement heureux de constater que j'avais fait presque jeu égal avec le quintuple vainqueur : s'il y avait un tel suspense, c'est parce que l'outsider que j'étais avait été à la hauteur, non ? Où avais-je perdu le Tour ? En général, on vous dit à tel ou tel endroit et de manière très formelle ; pour les uns, c'était dans le puy de Dôme, pour d'autres, c'était sur la cendrée de Monaco. Pour moi, qui n'étais pas mécontent de finir aussi bien, c'était peut-être bien là, mais également ailleurs, et pour Anquetil, les endroits où il

avait gagné n'étaient pas forcément ceux où j'avais perdu. La complexité du Tour est là, et l'objectivité était bien la chose la plus mal partagée par nos supporters respectifs.

La preuve, j'ai même quelques farouches inconditionnels qui considèrent que ce Tour, je l'avais gagné, et qu'on me l'a volé. Certains ont même longtemps rongé leur frein pour ne pas intenter un procès à l'organisation. Ça peut paraître excessif, c'est vrai. D'autres, ayant plus d'humour et de sérénité, et c'est bien ce que j'ai essayé de toujours faire passer chez mes supporters, ont même fait un film avec l'inimitable Pr Claude Piéplu, la voix des Shadoks. Vous ne pouvez pas l'avoir oublié. Dans les années 1990, pour les besoins de ma cause, et d'une soirée Tour de France sur Arte, ce professeur de fiction démontrait donc au tableau noir, images, règlement et chronomètre à l'appui, que si le règlement avait été appliqué comme il devait l'être, j'aurais gagné. Pour lui, j'avais été floué plusieurs fois, par exemple dans la coupure initiale de Lisieux, où l'on me faisait injustement perdre 20 secondes. Par exemple encore dans la montée d'Envalira où Anquetil, pas dans son assiette, était, paraît-il, poussé à plusieurs reprises et n'écopait que d'une pénalité de 15 secondes. Par exemple lors du barrage pour l'arrivée à Toulouse, barrage informel consécutif à mon changement de roue malheureux et provoqué par la voiture de M. Goddet arrêtée au milieu de la route. La direction de course n'avait pas été très rigoureuse, et M. Goddet s'en excusa plus tard. Bref, tout ça bout à bout, plus le reste, je gagnais. Le film m'avait en tout cas bien amusé, même s'il était presque caricatural.

Je vous dis ça pour vous donner une idée de la fièvre et de la ferveur qui entouraient ce rendez-vous. La France était vraiment partagée en deux, et c'était perceptible dans les calicots et pancartes qui fleurissaient tout au long de la route. Encouragements pour l'un sur les murs, les parapluies, dénigrements pour l'autre sur les mêmes supports. Les larges flancs des châteaux d'eau étaient aussi mobilisés pour cette

« guerre picrocholine », qui n'aurait pas déplu à Rabelais, car, au fond, c'était ça : un peu de bruit et d'écume au cœur de nos fameuses Trente Glorieuses. Vous le savez, j'ai une bonne mémoire et, de temps en temps, ça me revient, même au milieu du Tour.

Ce Tour 1964, c'est tellement fort que le numéro deux de *L'Équipe magazine* que j'ai gardé, allez savoir pourquoi, moi qui ne garde rien, fait sa une, en couleur s'il vous plaît, pour l'époque, avec Jacques et moi : maillot bleu blanc rouge Saint-Raphaël pour lui, et violine et jaune Mercier pour moi, avec comme titre « Le round par round Anquetil-Poulidor » ! À l'intérieur, les journalistes ont monté un véritable match en dix rounds en nous représentant tous les deux en boxeurs en garde ! Pellos dressera aussi un ring dans un dessin. Il nous transposera même dans une joute de chevalerie.

Tout nous oppose : il est blond, je suis brun ; il a les yeux bleus, moi bruns. On est censés avoir la même capacité pulmonaire, 6,5 litres-6,9 litres, mais j'en doute, car j'ai toujours soufflé à contretemps dans le spiromètre. On fait à peu près la même taille : 1 m 73-74. Lui possède un CAP d'ajusteur, moi le certificat d'études primaires, mention bien. Lui comme moi, on a dû arrêter pour aller travailler. Il est marié avec la blonde Janine, avec qui il mène une vie mondaine et fait des sorties nocturnes. D'ailleurs, la photo les montre montant en grande tenue dans leur Mercedes. Moi, je suis avec mon épouse Gisèle et ma petite fille Isabelle, qui, un jour de repos, s'amuse sur mon lit avec mon dossard. Bref, Jacques est vainqueur aux points : 46 à 43. Il est nettement meilleur par étapes, en style, pour l'expérience, la récupération et contre la montre, même si on souligne mes progrès dans ce domaine. Moi, je me défends grâce à mon punch, et dans les classiques. On fait jeu égal en montagne et pour la conscience professionnelle. C'est vrai qu'on s'est rentré dedans, et je peux vous garantir qu'on n'a jamais triché. La preuve, à la question « Lui passeriez-vous une roue dans le Tour 1965 [censé se dérouler à ce moment-là par équipes nationales] ? », je réponds : « Si le Tour était joué en sa faveur, certainement et sans hésitation. » J'ai d'ailleurs fait mieux avec Pingeon en 1967. Jacques, de son côté, donne cette réponse : « Les journalistes nous présentent en rivaux toute l'année. Mes patrons de Saint-Raphaël m'appointent pour défendre leurs couleurs, il serait donc inadmissible que lui ou moi, nous nous passions une roue ou soyons dans la même équipe. » À l'époque, je n'avais pas fait attention à sa réponse, mais aujourd'hui, je me rends bien compte qu'elle rend impossible la cohabitation dont rêvait M. Marcel Bidot en 1961. En prime, elle donne aussi raison à la prudence de M. Magne. Qui plus est, ce n'est pas une vue de l'esprit, puisqu'il est de notoriété publique qu'après le bref retour au Tour par équipes nationales en 1967 et en 1968, Jacques Anquetil avait reproché à Jean Stablinski, lors d'un déjeuner au *Perroquet Vert* [un restaurant de la place Clichy en vogue après guerre], de s'être mis à mon service et à celui de Pingeon dans l'équipe de France !

M. Magne, analysant les deux boxeurs, me trouvait « à l'état brut, comme grimpeur, et trop nonchalant, devant être souvent secoué ». Côté Anquetil, il soulignait « la volonté, la dimension professionnelle, et le manque de contact avec le public, qui doit faire souffrir un champion de sa valeur ». Pour qualifier ce contact que moi j'avais, Anquetil parlait donc d'injustice, de mon inconscience pour le provoquer. Je me serais même servi, disait-il, de boyaux ultrafins pour expliquer mes crevaisons, alors que j'utilisais les mêmes que les siens et que, par exemple en 1962, je crois que je n'ai percé qu'une fois.

Pardon, je me souviens maintenant pourquoi j'ai gardé ce fameux magazine : j'y porte la casquette un peu de traviole comme toujours et Anquetil est tête nue. Avais-je la tête mal faite ? Quand ma gapette était bien posée, on disait que j'étais auvergnat, quand c'était moyen, on disait que j'étais limousin, et quand c'était comme là, de traviole, j'étais creusois. C'est donc un petit Creusois qui était sidéré par la tension ambiante. Anquetil était revenu sous tension d'un Tour d'Italie très éprouvant, où il n'avait eu que 20 secondes d'avance pendant 4 000 km, disait-il, et là, il ne risquait pas de trouver le repos moral dont il avait besoin, même s'il se protégeait en déclarant aussi : « On ne peut pas tout gagner. À tout prendre, je préférerais perdre le Tour en 1964 que les suivants. Je m'accorde deux ou trois ans de compétition et je voudrais finir sur une victoire. »

Intox ou pas ? La tension montait, et *France-Soir* y avait contribué à sa manière quand le quotidien du soir avait ouvert ses colonnes à un voyant, à un mage nommé Belline, qui avait jadis sévi dans *L'Équipe*. Ce coup-ci, il annonçait que Jacques devrait avoir de sérieux problèmes dans la 14e étape. Il fonctionnait comme ça, Belline. Jadis, il pontifiait : « Les coureurs dont le nom commence par G, K, O, W brilleront aujourd'hui, les A, M, R ont du souci à se faire et à se méfier de la crevaison ou de la défaillance… » Pour moi, rien, je n'étais pas dans son viseur. C'était toujours ça d'évité.

Le rendez-vous du grand départ était à Rennes le lundi 22 juin. M. Magne avait 60 ans, j'avais le dossard 19, comme la Corrèze, avec Cazala, Le Dissez, Gainche, Genet, Hoban, Van Schil ou Melkenbeeck, nous avions une équipe moins solide que celle d'Anquetil, constellée d'Altig, De Roo, Stab, Novak, Rostollan, Lebaube ou Geldermans, mais il y avait 4 500 km et les mêmes cols pour tous. Comme, en 1962, la 1re étape fut délicate, ce ne fut pas catastrophique, mais je fus pris dans la cassure finale provoquée par une chute et perdis déjà 20 secondes, alors que j'aurais dû être dans le temps de Sels, le vainqueur belge, et d'Anquetil. M. Magne était hors de lui. Heureusement, dans le contre-la-montre par équipes à Forest, avec les Mercier, on tournait bien, on finissait sixième et on battait les Saint-Raphaël, de peu, mais on les battait. Dans un petit coin de ma tête, je notais que j'avais fait un tout petit mieux que le roi du chrono, 14 secondes exactement. Un chiffre qui me suivrait. Les chroniqueurs pouvaient dès lors parler d'un « Tour des rongeurs ». Altig, des Anquetil's Boys, prenait ensuite le maillot jaune et le portait jusqu'à Thonon, jusqu'aux Alpes, où le Tour commençait vraiment. Et je ne dis pas ça parce que je reprenais 34 secondes à mon adversaire, mais parce qu'il avait déclaré qu'il y ferait un premier bilan. À Thonon, il considérait qu'il avait été victime d'un coup fourré, et disait simplement de moi : « C'est un adversaire redoutable, mais pas nécessairement le numéro un. » Dans le Galibier, Bahamontes, de chez Margnat, montrait bien que c'était lui le troisième homme du Tour et pas Van Looy. Au sommet, il avait 3'50" sur Anquetil et moi, car on passait ce grand col presque aussi mal l'un que l'autre. Pourtant, dans la descente, je revenais fort sur l'Espagnol, ne m'inclinant que de 1'30". J'étais deuxième, cependant qu'Anquetil, qui avait crevé dans le final, perdait à Briançon 17 nouvelles secondes sur moi. Pour la toute première fois, il recevait la prime de la malchance, ce qui faisait dire à M. Magne, pince-sans-rire : « Mon cher Raymond, Anquetil aujourd'hui, c'est vous d'habitude. » Altig avait passé son maillot jaune à Georges Groussard, Bahamontes et moi étions sur ses talons, et Anquetil, derrière.

Une avance que je perdais en partie et bêtement sur la piste en cendrée de Monaco, car je n'avais pas vu que l'arrivée était jugée après un tour complet. Je sprintais trop tôt, Anquetil au bon moment. Grâce à la bonification, il me reprenait 1 minute. Je vous rappelle qu'au Parc, 55 secondes seulement nous sépareraient. Pour donner une idée de la tension qui ne se dissipait ni sur les panneaux des supporters au bord des routes, ni dans la presse, un éminent spécialiste prétendait que j'étais « tellement bête » que j'avais même « levé les bras en signe de victoire »... Les supporters ont parfois dépassé les bornes, mais je me demande s'ils n'avaient pas des excuses.

Anquetil me passerait devant dès le lendemain à Toulon à la faveur du contre-la-montre de 21 km. Touché, mais pas coulé. Il me battait de 24 secondes, comme il y avait 20 secondes de bonification pour le premier et 10 pour le second, il me reprenait 34 secondes, venant après la minute de la Principauté. Désormais, ce n'était plus Bahamontes le dauphin de Groussard, mais lui. Quant à moi, je restais troisième mais avec 31 secondes de retard sur Jacques, et un peu plus sur « le Coq de Fougères » toujours en jaune. Bahamontes, qui voulait « faire passer des nuits blanches à Anquetil », n'était plus là.

Il fait chaud, la garde rouge avec Sels et les Saint-Raphaël avec De Roo serrent les boulons, mais, à Andorre, je termine dans le groupe de tête avec Anquetil. Comme le dit joliment l'écrivain Christian Laborde : « Dieu n'a pas créé les Pyrénées pour séparer la France de l'Espagne, mais pour distinguer les grimpeurs des non-grimpeurs. » Et là, on va être servis.

La journée de repos, la seule de ce Tour, c'est à Andorre, le dimanche 5 juillet. On a parlé du méchoui auquel Jacques aurait fait honneur, moi, je récupère : un peu de lit, un peu de vélo. Le lendemain matin, pour aller à Toulouse, pour cette 14e étape où doit s'exercer la prédiction du mage, on attaquera le col d'Envalira dès la sortie de la principauté d'Andorre. C'est la première fois qu'il est au programme du Tour. Il y a du brouillard, avec Bahamontes, nous attaquons, et comme Anquetil n'est pas dans son assiette, l'écart se creuse vite. Au sommet, nous avons 4 minutes d'avance sur un Anquetil qui a failli renoncer à 6 km du sommet, « mon corps semblait de plomb », dira-t-il. On a prétendu qu'il avait été poussé et donc sauvé par Rostollan, son équipier, et Zilverberg. Je n'ai jamais eu le fin mot de cette histoire. Rostollan dira qu'il a entendu plusieurs fois son leader dire : « Je n'en peux plus, j'arrête. » Chaque fois, il l'a réconforté, remis en selle. Poussé ? Un peu, beaucoup ? Dans le « Spécial Anquetil » de *Miroir du cyclisme*, communiqué par un supporter, j'ai découvert il y a quelques jours que dans une interview donnée à chaud à Maurice Vidal, Jacques déclarait, après avoir écopé de

15 secondes de pénalisation pour poussettes, alors que certains témoins réclamaient dix fois plus : « Ces 15 secondes de pénalisation qui risquent de peser lourd, je les ai acceptées sans broncher, mais je les crois injustes. Oui, j'ai été poussé trois fois par Rostollan, mais je peux vous dire que Bahamontes et Poulidor ont été poussés de même à d'autres occasions. Tant mieux pour eux, mais j'ai été particulièrement surveillé. Et qu'en plus, on laisse entendre que Zilverberg m'a poussé, cela me révolte. Oui, Zilverberg m'a donné une poussette dans Envalira, comme nous le faisons tous à celui qui précède et qui perd contact. J'ai moi-même un jour donné trois poussettes à Georges Groussard, parce que j'étais dans sa roue et qu'en décollant, il me faisait décoller. » Est-il utile de préciser que si j'ai été poussé, je ne l'ai jamais été à un moment où j'avais une défaillance ?

Qu'importe. Les « naufragés » arrivent donc ensemble au sommet, et Gem passera alors une coupe de champagne à Anquetil pour le requinquer, dit la légende. Pendant ce temps, à l'avant, je pédale comme un dératé dans la descente, dans le brouillard. Jacques a engagé une poursuite folle, il calque ses trajectoires sur celles du groupe maillot jaune. Il va tellement mieux qu'il finit par lui tomber dessus. Et une fois qu'il l'a rejoint, avec son concours, il finit par retomber sur nous au kilomètre 114. Tout est à refaire. Je n'ai pas les jambes coupées, mais je prends un petit coup au moral et bien davantage, quand, à 22 km de l'arrivée, parce que j'ai une roue voilée, des rayons cassés, et qu'on me fait changer de vélo pour le final, le mécano me fait tomber en me relançant. Ça ne s'invente pas. Ce dépannage n'était pas urgent. Le peloton s'envole comme une nuée de moineaux, ou de faucons, au choix. Je connaîtrai ça aussi en 1966 et en 1968. Grand moment de solitude. Derrière, c'est vent de face, je chasse, j'attends des équipiers, les commissaires font plus ou moins le barrage. M. Jacques Goddet parlera lui-même de

« désastreuses péripéties » quand je raccrocherai quatorze ans plus tard !

Là, je ne peux que réintégrer le gros peloton, celui des battus, celui qui, avec Graczyk, termine 2'36" derrière celui de Sels, encore vainqueur, et Anquetil. Après avoir eu 4 minutes d'avance sur Anquetil à Envalira, je me retrouve à plus de 3 minutes de lui dans la Ville rose ! Une journée cauchemardesque. C'est trop insupportable pour être vrai. Et pourtant. Je ne peux pas en rester là, je vais réagir dès le lendemain dans Toulouse-Luchon. Au départ, puis dans les 100 premiers kilomètres, je n'aurai plus envie de me battre. On me dira même que j'étais absent de la course. Puis, les Espagnols de la Kas plaçant leurs banderilles dans le Portet-d'Aspet, les Ares, puis en dernier lieu dans le Portillon, soudain, j'allais chercher Gabica. Peut-être l'instinct de survie ? J'ai fait un sprint de 4 km, j'étais agressif, métamorphosé. Pas en colère. D'ailleurs Robert Cazala, avec qui j'ai partagé ma chambre de 1962 à 1966, déplore toujours de ne jamais m'avoir vu en colère. Il est vrai qu'en 1968, il n'était plus là.

Je savais que si je passais au sommet avec 30 secondes d'avance, c'était gagné. Finalement au sommet, j'aurai 50 secondes sur Gabica, et 1'09" à l'arrivée. Ce qui fait qu'avec la bonification, je reprenais 2'43" à Anquetil. Je n'étais plus qu'à 9 secondes du Normand. Avais-je jamais été aussi près ? Le lendemain dans Luchon-Pau, la vraie montagne, comme disait Bahamontes, « l'Aigle de Tolède » gagnait avec 2 minutes d'avance sur Anquetil et moi. Il se replaçait et me chassait du podium en attendant le contre-la-montre Peyrehorade-Bayonne sur 42 km. Si vous regardez les tablettes, Anquetil gagne avec 37 secondes, avec la bonification, ça fait 47, car je suis deuxième et j'en ai 10. 47 plus les 9 de Luchon, ça donne bien mes 56 secondes de retard que tout le monde a en tête. Le hic, c'est qu'à Bayonne, au lieu de perdre du temps, j'aurais dû en gagner sans une nouvelle bévue du mécano. M. Magne raconte cet épisode dans son livre *Poulidor et moi*, je lui passe le relais : « Une malencontreuse crevaison stoppa Poulidor alors qu'il se trouvait en tête. J'écrasai le frein et mon véhicule s'arrêta pile derrière lui. Aussitôt, un soigneur de mon équipe, portant un vélo de rechange sur son épaule, sauta de ma voiture et se précipita avec tant d'énervement qu'il tomba ! Raymond perdit de la sorte 20 secondes et encore 15 au bas mot pour reprendre son rythme. Soit plus d'une demi-minute concédée à la malchance. J'affirme que mon coureur, ce jour-là, aurait disputé très chèrement la victoire à Jacques Anquetil, sans cet incident. »

Anquetil fit même coup double, puisque, Georges Groussard lui concédant 6 minutes, il endossait aussi le maillot jaune. Son moral ne pouvait être qu'au beau fixe, alors que le mien était plutôt à hauteur des chaussettes. Dans Bayonne-Bordeaux, Dédé Darrigade triomphait enfin chez lui devant l'ami Hoban, et à Brive, c'est Ward Sels, le redoutable sprinter de la garde rouge de Van Looy, qui faisait oublier son patron. Avec Jacques, on avait récupéré en attendant l'explication du puy de Dôme. Pour moi, c'était la dernière chance de lui reprendre du temps et peut-être le maillot. M. Jacques Goddet, fin stratège, considérait que, pour que j'aie une chance de gagner, il fallait que je sorte du volcan avec 1'30" d'avance sur Anquetil. Car il y avait ensuite, le 14 juillet, le contre-la-montre final de 27,5 km entre Versailles et Paris, et là, c'était le royaume d'Anquetil. Pour Anquetil, l'essentiel, si j'ai bien compris, c'était qu'il garde au minimum 1 seconde d'avance sur moi, pour partir derrière moi à Versailles. En fait, cette étape fut curieuse. Je suis parti de Brive avec un vélo léger, et Gem passa à Jacques le sien à l'approche du final. Cette étape, on le sait, fut épique dans le final, car à partir de la Baraque, nous restâmes au coude-à-coude pendant quasiment 3 km. Jiménez s'était envolé le premier, Bahamontes avait suivi, nous privant des deux bonifications. C'était donc à moi de creuser l'écart sur Jacques. Vous connaissez l'histoire : sur les flancs du volcan, il y a peut-être 500 000 spectateurs, Anquetil, avec son maillot jaune, est à l'intérieur, côté montagne, il est tête nue, arc-bouté sur les cocottes de frein. Moi, la casquette un peu de travers, je suis à l'extérieur, côté ravin. On est presque au corps à corps, d'ailleurs des écrivains, à commencer par Jacques Goddet et Michel Winock, écriront sur ces hectomètres de haute intensité des lignes parfaitement sublimes. Ils parleront de nos respirations qui se mélangent, de la laine de nos maillots qui s'emmêle, car, à un moment, nos épaules se touchent, se frottent. Nous sommes au paroxysme de l'effort, au point de rupture. On nous comparera même à deux buissons d'épines imbriqués. Une voiture, une moto nous ont serrés. La pente est à 13 %. Les encouragements volent. Je ne pense à rien. Si ce n'est à tenir. Et soudain, juste après la flamme rouge, c'est lui qui craque doucement. Il a tenu jusque-là ! Son contrat est mieux que rempli. Le mien, je ne sais plus, en tout cas, je file tant bien que mal. Je jette mes dernières forces dans la bataille, je dirais presque sur le ring, puisque Jacques dira plus tard : « Ce jour-là, Poulidor m'a mis une superbe droite. » Un compliment qui va au cœur, car inspiré par Cerdan, à un moment, j'ai rêvé de me lancer dans le noble art. Heureusement, mes frères étaient cyclistes et pas pugilistes. Tous les motards ou presque restent derrière Jacques, y compris René Rivière, qui deviendra mon ami. Gilbert Vasseur, de la garde républicaine qui écarte les intrus, est à hauteur de Jacques. Je continue seul. Je n'ai pas reconnu le volcan, comme je le prétendais à M. Magne. J'étais donc dans l'inconnu pour mes développements, là, je le suis encore plus. L'arrivée, c'est devant, devant. Où ? C'est encore à 900 m. Un écart de plus en plus grand s'est creusé entre nous. À l'arrivée, ça fera un écart de 42 secondes. Jacques garde son maillot pour 14 secondes. Il n'en demandait pas tant. J'ai tout donné mais loupé les deux bonifications prises par les deux Espagnols. Lui aussi. Il récupère dans la voiture de Gem. Certains diront qu'il ressemblait à un Christ descendu de la croix. Il est liquéflé. Il a été au-delà de ce qu'on peut donner. Et je ne vaux guère mieux. Je reste sur ses talons. A-t-il gagné son cinquième Tour ? Si M. Goddet a raison, il n'y a pas de doute.

À la une, *L'Équipe* me qualifie de « fantastique », mais garde en plus gros « Anquetil, maillot jaune »... À gauche, une colonne parle d'un deuil. Ce n'est qu'une petite colonne, mais je peux vous dire que le drame nous a tous affectés, plombés. Quand on l'a appris, on a ralenti. Des spectateurs, ignorant la nouvelle, nous ont alors traités de fainéants. Everaert s'est même accroché sévère avec l'un d'eux. Oui, en montant, on pensait aussi à ces huit morts de Port-de-Couze, qui étaient venus passer une bonne journée sur la route du Tour, nous applaudir. Un camion-citerne pour l'hélicoptère de la gendarmerie, je crois, avait fait une fausse manœuvre et transformé la fête en catastrophe. Que je n'aie pas reconnu le puy de Dôme et que Jacques l'ait déjà franchi en 1959 n'avait plus beaucoup d'importance, je vous prie de le croire. Dalida, qui suivait incognito la course dans la voiture 101 de MM. Blondin et Chany, car les femmes sont encore interdites, s'est éclipsée sur la pointe des pieds en apprenant le drame. Le Pr Piéplu peut avaler ses craies blanches, comme la blouse de M. Magne. Mon directeur sportif sait que j'ai menti, mais pas trahi, et notre amitié sort renforcée de ces terribles et sublimes épisodes. Pourquoi ne pas l'écrire ? Avec Jacques, on n'a jamais été aussi loin dans le duel. Les chevaliers de Pellos sont tous les deux épuisés sur leur cheval. Stab, dont la mission aura longtemps été auprès de Jacques, comme il le dira lui-même, de « faire perdre Poulidor », ajoute un peu de monnaie à la cagnotte des Saint-Raphaël en triomphant à Orléans.

Dalida reviendra à Versailles pour l'apothéose, et misera sur Anquetil, comme Maurice Biraud, qui est pourtant un de mes inconditionnels. Les calicots « Anquetil », « Allez Poulidor ! »

seront en nombre à peu près équivalent sur le parcours. Le spécialiste Pierre Chany dira que le résultat final tiendra à une crevaison. 14 secondes de retard au départ, c'est rien. À la fin de la descente de Sèvres, juste avant le pont, je sais que je suis revenu à 3 secondes de Jacques, mais là, prévenu par un coup de klaxon de Gem, il livrera la plus grande poursuite de sa vie sur les 5 derniers kilomètres. J'aurai beau tout donner, il me reprend encore du temps. M. Magne me klaxonnait aussi, le final fut terrible. J'avais bien ciré les chaussures, enlevé la guidoline ; foutaise, c'était lui le plus fort. La clameur à mon entrée dans le Parc fut énorme, même si j'étais battu. Y compris par Altig, l'équipier de Jacques. Troisième, comme au puy de Dôme, je perdais encore le bénéfice d'une bonification. Aux 14 secondes du départ s'ajoutaient les 21 nouvelles secondes de notre écart au Parc, plus les 20 de bonification. Ça fait bien 55.

Le dernier mot, je le laisserai à Jacques, qui entrait dans les annales, en étant le premier champion à enlever 5 Tours de France, et réussissant, comme Coppi, son idole, le doublé Giro-Tour : « J'ai donné le maximum. Rarement, je me suis fait autant violence. J'ai dû me surpasser en ce jour pour vaincre Raymond Poulidor et je dois ainsi lui rendre hommage. Ma fierté est d'avoir battu un très grand champion, dans le Tour le plus dur que j'aie connu. »

Relire ça, me fait autant frissonner que de penser à notre accolade sur le podium et à notre tour d'honneur. Dans *L'Équipe*, il était « le vainqueur » et j'étais « le héros »... Cette année-là, la tournée des critériums fut homérique. À Seignelay, Guéret, Limoges, Soissons, Felletin, Auch ou Vailly, je prolongeais le bonheur devant des centaines de milliers de spectateurs. Et, en prime, avec mes places d'honneur dans Milan-San Remo, au Dauphiné, et aux Championnats du monde, je décrochais les trophées Prestige et Super Prestige Pernod, distinguant le meilleur Français et le meilleur coureur du peloton international.

Presque cinquante ans – un demi-siècle – ont passé depuis ce 12 juillet 1964, mais je peux vous dire qu'il ne se passe pas un seul jour sur le Tour, que je suis pour le Crédit Lyonnais, aujourd'hui LCL, sans que 40 ou 50 personnes, grandes ou petites, jeunes ou âgées, m'en parlent. « On y était », me disent-ils souvent. Tant et si bien que je me demande combien il y avait vraiment de spectateurs sur les flancs du vieux volcan ? Il est aussi vrai que, grâce à la télévision, toute la France a partagé notre coude à coude. Et chaque fois, je pense à Jacques et à la trouvaille d'Abel Michéa, autre grand journaliste de *L'Huma*, comme Émile Besson, Roland Passevant ou Maurice Lissonde, qui avait écrit : « Vive Anquedor ! Vive Poulitil ! » Il fallait y penser, non ? Oui, le volcan avait bien frémi, et il réchauffe toujours des gens, moi le premier. Jean-Claude Castelli, l'immense dessinateur de *Lui*, sur un coup de folie, nous avait même représentés, Jacques et moi, partageant le même maillot jaune ! Mais non, c'était le sien, je l'avais simplement frôlé…

J'ai appris, il y a peu de temps, que si, ce jour-là, j'avais offert assez d'argent à Jiménez et Bahamontes, ils auraient pu mettre la pédale douce et me laisser gagner. Cela me paraît impossible à simplement envisager, car ce sont des champions, et que chez Mercier, d'une part, on ne se serait jamais prêté à une telle trahison, et que, d'autre part, on n'aurait pas eu d'argent pour ça. M. Magne était trop content en fin d'année de rendre des sous à sa direction après avoir fait des économies sur tel ou tel poste. Donc, je vous rassure, c'est bien la vérité vraie qui est sortie du Puy, mais vous n'en doutiez pas…

1965

GIMONDI N'A JAMAIS FAIBLI

Un Tour pour apprendre sa géographie et le nom des fleuves. Départ d'Allemagne pour la première fois, de Cologne en Rhénanie et petit tour le long du Rhin. Puis courts séjours à l'étranger, à Liège, en Belgique, où coule la Meuse, et à Barcelone, en Catalogne, traversée par le Llobregat. Sans oublier Rouen et la Seine, et Lyon, confluent de la Saône et du Rhône.

Au terme de ce Tour de France 1965, je termine deuxième, battu par Felice Gimondi. Jamais je ne l'aurais pensé au départ de Cologne, que cet Italien gagnerait le Tour. Dans l'équipe Salvarani, ils étaient plusieurs bons coureurs, dont Vittorio Adorni, le vainqueur du Giro, et Arnaldo Pambianco, excellent grimpeur. Gimondi avait tout de même terminé troisième du Tour d'Italie et il s'était fait remarquer l'année précédente en remportant le Tour de l'Avenir dans des conditions particulières. Au cours d'une étape, Lucien Aimar a eu une altercation avec Joseph Spruyt et a écopé de 1 minute de pénalisation. Au final, Gimondi s'impose avec 42 secondes d'avance sur Aimar qui ambitionnait la victoire… Gimondi ne devait pas disputer ce Tour de France, il était déjà bien fatigué par son Giro, mais Luciano Pezzi, son directeur sportif, l'a sélectionné au dernier moment en remplacement d'un coureur malade.

Pour moi, le favori italien, c'était Gianni Motta, de l'équipe Molteni, cinquième du Tour d'Italie 1964, un redoutable rouleur, déjà vainqueur du Tour de Lombardie et du Trophée Baracchi (avec Giacomo Fornoni) l'année précédente. Mais très vite, j'ai dû changer mon jugement sur Gimondi. En effet, dès le deuxième jour, au cours de l'étape Liège-Roubaix (210 km), Felice s'échappe avec un petit groupe et termine deuxième battu par le Belge Bernard Van de Kerckhove. Mais il nous avait déjà pris plus de 1 minute, tous les favoris du Tour l'avaient laissé filer. Le lendemain, il remet ça et, cette fois-ci, il remporte l'étape à Rouen, dans le fief de Jacques Anquetil, qui ne disputait pas ce Tour, et endosse le maillot jaune. Alors là, j'ai commencé à m'intéresser à lui, c'était assez inhabituel qu'un jeune coureur débute le Tour de façon aussi éclatante. Gimondi avait une grande classe et il commençait à le montrer.

J'attendais le premier grand rendez-vous du Tour, le contre-la-montre de Châteaulin, idéal pour étalonner les valeurs même s'il n'y avait que 25 km à parcourir en solitaire. Ce jour-là, je réussis à m'imposer, j'avais rejoint André Darrigade qui s'élançait juste avant moi, je marchais fort, mais devinez qui termine deuxième ? Gimondi bien sûr, à 7 secondes. Non seulement je ne lui reprenais pas beaucoup de temps, mais il avait également battu les principaux rouleurs puisque Gianni Motta terminait troisième de l'étape à 19 secondes, Ferdinand Bracke et Vittorio Adorni suivaient. Le soir, à table, M. Magne dressait le bilan : « Attention Raymond, ce garçon, il faut le prendre au sérieux ! » Gimondi était en tête du classement général avec une belle avance, il devançait Vittorio Adorni de 2'49", Ferdinand Bracke pointait à 2'57", moi j'étais déjà relégué à 3'06" et Roger Pingeon accusait un retard de plus de 4 minutes… On réfléchissait à un plan de bataille pour tenter de reprendre l'avantage.

J'espérais changer la donne avec l'étape du Ventoux. J'étais en forme, j'ai attaqué avec l'Espagnol Julio Jiménez et Gimondi a accusé un petit coup de moins bien, ce n'était pas unc défaillance mais il se tenait en retrait. On a prétendu ce jour-là qu'Henry Anglade l'avait aidé, mais Henry se battait pour nous rejoindre, n'oubliez pas que ce Tour ne se disputait pas par équipes nationales mais par équipes de marque. Anglade courait pour Pelforth, Gimondi pour Salvarani. Et puis, sincèrement, je ne pense pas que l'on puisse favoriser un coureur en grimpant le Ventoux, c'est trop dur, c'est chacun pour soi. Ma victoire au sommet du Ventoux, devant Julio Jiménez à 6 secondes et Anglade à 1'29", me permettait de grignoter 1'38" sur Gimondi.

Désormais, j'étais deuxième du classement général à 34 secondes seulement du jeune et surprenant Italien. Mon ami Pierre Chany avait fort justement analysé la situation, il avait écrit : « Poulidor joue la confiance et les Italiens le maillot jaune. »

Il me restait encore les deux étapes alpestres, l'ascension du Revard contre la montre, sur laquelle je fondais de gros espoirs, et l'ultime étape contre la montre. On s'était aperçu que Gimondi avait un petit problème. Il passait très mal les premières difficultés d'une grande étape de montagne, avec plusieurs cols au menu. On a voulu exploiter cette faille entre Gap et Briançon avec l'ascension des cols de Vars et de l'Izoard. Felice a été lâché dans Vars, j'étais à l'avant avec Gianni Motta, ce coureur, je le craignais vraiment, il a pris les relais même si Gimondi se trouvait à l'arrière. Après tout, ils ne couraient pas dans la même équipe. Puis il a reçu l'ordre de ne plus m'aider. Il restait l'Izoard à gravir, j'ai pensé qu'il valait mieux que je me relève et que je coupe mon effort. Gimondi nous a rejoints, dans l'Izoard, il avait retrouvé son coup de pédale et je n'ai pas pu le distancer à l'arrivée à Briançon où Joaquim Galera l'emporte devant Gianni Motta. Mais je gardais toujours l'espoir de gagner le Tour, je me disais : « Il va bien craquer », je misais beaucoup sur le contre-la-montre du Revard : 27 km vallonnés entre Aix-les-Bains et le sommet du col, en plein massif des Bauges. Je me trompais ! Ce jour-là, c'est Gimondi qui crée la surprise et réalise le meilleur temps, je termine deuxième à 23 secondes, au lieu de lui reprendre du temps, j'en perds encore un peu. Je ne sais pas ce qui s'est passé, si c'est la tension liée à l'enjeu qui m'a ralenti, en tout cas j'avais mal aux jambes. J'ai été très mauvais, je n'ai pas su me libérer. Le soir, bien sûr, j'étais déçu, et là je me suis posé sérieusement la question : Gimondi allait-il gagner le Tour que je convoitais ? Je me souviens d'un commentaire de Jean Bobet. Il avait écrit : « Je redoute que Poulidor ne s'installe dans le confort moral que lui apporte le public, aussi résigné que lui ? » Je ne baissais pas les bras, mais je voyais la victoire finale s'éloigner.

Il me restait une dernière chance avec l'ultime contre-la-montre de 38 km entre Versailles et Paris, mais c'était une chance très maigre, j'avais désormais 1'12" de retard sur Gimondi qui ne faiblissait pas. Et une fois de plus il a prouvé qu'il était dans la forme de sa vie. Il remporte ce chrono au cours duquel j'ai craqué mentalement. Je termine troisième de l'étape à 1'08" de Gimondi et je perds ce Tour que je pensais vraiment à ma portée. Gimondi a prouvé par la suite qu'il était un grand champion, c'est incontestable. Mais, sur le Tour, il n'a plus jamais été aussi performant (septième en 1967, quatrième en 1969, deuxième en 1972, sixième en 1975).

C'est la seule fois où il était vraiment imbattable. Et c'est tombé… sur Poulidor !

1966

UN DRÔLE DE TOUR

On repart de Nancy, et je n'aime pas ça. *A priori*, c'est mon Tour, sinon, ce sera le sixième d'Anquetil. Il est très fort, je le fais pourtant vaciller, mais Jacques est un magicien, et, ne pouvant gagner, dans la Coletta, il sort de son chapeau Lucien Aimar. Puis, quand j'essaie de retourner la situation, il me contre encore, avant de faire ses adieux.

Avec ce Tour 1966, la cinquante-troisième édition de la Grande Boucle, et mon cinquième Tour à titre personnel, je suis pour la première fois confronté à un problème un peu spécial, dont je parle d'ailleurs plus ou moins au fil des récits. En effet, si on ne sait jamais vraiment pourquoi et comment on gagne ou on perd un Tour, parfois la clef peut se trouver complètement hors du Tour et j'oserai dire hors du temps. Figurez-vous qu'en fait, je crois bien que ce Tour, qui devait enfin me sourire malgré le retour de Jacques Anquetil et sa volonté de tenter la passe de six victoires alors qu'il avait 32 ans, je me demande si je ne l'ai pas perdu en décembre 1965, six mois avant. Pendant longtemps, j'ai tenu l'histoire assez secrète, mais j'en ai déjà un peu parlé, et là, je me dois de vous le dire, car, encore une fois, je n'écris pas pour des lecteurs, comme le disait si bien M. Frédéric Dard, mais pour des amis.

Vous savez qu'en 1965, je me suis incliné devant Felice Gimondi, que Jacques Anquetil, qui avait fait son doublé historique Dauphiné libéré-Bordeaux-Paris, n'était pas sur le Tour, mais vous ignorez sûrement que Raphaël Géminiani, qui avait senti que Jacques prenait un peu de distance par rapport aux choses du vélo, avait exprimé le désir de me rencontrer confidentiellement. L'entrevue eut lieu au buffet de la gare de Moulins. En fait, « le Grand Fusil » me demandait de rejoindre son équipe. J'en deviendrais le leader et j'aurais pour lieutenants Lucien Aimar et Julio Jiménez. Dans son esprit, j'aurais pu pédaler aux côtés de Jacques, en attendant qu'il arrête. Vue de loin, cette proposition touchait forcément mon amour-propre, pour bien des raisons, mais deux ou trois choses me chiffonnaient, à commencer par le fait que mes relations avec M. Magne, les Cycles Mercier et les coureurs du groupe avaient toujours été excellentes et c'est peu dire. D'autre part, je savais que si je quittais M. Mercier, il arrêtait, avec tout ce que ça implique. Enfin, et ce n'est pas rien, quand je demandai à Gem si Jacques était au courant de sa démarche, il me répondit par la négative. Pour moi, il était impossible et inadmissible de faire ça à Jacques. Dès lors, vous connaissiez ma réponse. Dans la foulée, je n'ai jamais eu une saison aussi infernale que la saison 1966. Anquetil avait-il été mis au courant ? Comment Gem lui avait-il présenté la chose ? Je pense que Jacques a fini par savoir et que l'amitié qui a surgi entre nous est peut-être née de là.

Toujours est-il que, de Paris-Nice à la fin de la saison, j'en ai vu de toutes les couleurs. Ça a commencé avec la Course au soleil, j'avais pris le maillot de leader, ayant battu Anquetil dans un contre-la-montre disputé en Corse, entre Casta et L'Île-Rousse, avant de capituler dans l'ultime étape sous un déluge d'assauts tous azimuts, où mes équipiers avaient connu le fossé. J'avais alors proclamé que « Jacques [était] bien le patron », et ce constat, que je ne pouvais pas ne pas faire comme victime, avait encore creusé le fossé entre anquetilistes et poulidoristes.

Bref, la tension n'avait jamais été aussi vive entre Jacques Anquetil et moi, bien malgré moi. Le grand départ du Tour avait lieu à Nancy, comme en 1962. Ce coup-ci, j'avais le dossard 26, la Drôme, et heureusement une équipe solide avec Cazala et Genet, mes deux piliers, Bellone, Bodin, Guimbard, et la phalange belge Spruyt, Sweerts, Van Schil, qui rejoindrait plus tard Merckx. L'Allemand Wolfshohl complétait l'équipe Mercier censée tenir tête à l'armada Ford France de Géminiani. J'aurais peut-être pu en être, mais avec son trident Anquetil-Aimar-Jiménez, épaulé par Novak, Stab, Den Hartog et les autres, elle était déjà infiniment redoutable. Des anciens de l'équipe, comme De Roo, ou Altig et Geldermans, étaient aussi dans le Tour mais chez Televizier ou Molteni. Je donne cette précision car le peloton, au-delà des équipes, était partagé en deux, les coureurs qui, comme Anquetil et consorts, les plus nombreux, avaient Daniel Dousset comme manager, et ceux qui, comme moi, ou Henry Anglade, qui ne courait d'ailleurs pas cette année-là, avaient Roger Piel. Une considération importante car les managers étaient ceux qui faisaient signer les contrats de carrière et de critériums. Autant dire qu'ils faisaient la pluie et le beau temps. À un point tel qu'Henry Anglade a pu dire que, s'il avait eu un autre manager, il aurait peut-être pu gagner le Tour, par exemple en 1959. Et je ne suis pas loin de souscrire à son jugement. Ça me fait d'ailleurs penser à l'histoire d'Alphonse Baugé, que me racontait M. Magne : de 1909 aux années 1925, c'est lui qui a fait le vainqueur du Tour. Celui qu'on surnommait « le Maréchal » a donc un peu aidé à gagner aussi bien François Faber que Lucien Buysse, Henri Pélissier ou Philippe Thys, Firmin Lambot, ou Odile Defraye, mais pas Eugène Christophe. Ce dernier, qui a brisé trois fois sa fourche, était même systématiquement attaqué quand il s'arrêtait pour faire un besoin naturel. Une démarche qui chagrinait toujours M. Magne, quand il me racontait ça. Il est vrai que sa devise était : « Il n'y a pas de gloire où la vertu n'est pas… »

Ces pierres blanches jetées un peu en l'air pour baliser un Tour que Pierre Chany avait appelé, dans sa relation finale, « un drôle de Tour ». Et je peux vous dire que c'est un euphémisme, même si j'ai oublié ou perdu de vue quelques détails. En revanche, un correspondant m'a retrouvé une phrase que l'ancien champion Roger Rivière disait à mon propos, à ce moment-là : « Ça fait deux ans qu'il est plus fort qu'Anquetil, et c'est le seul à ne pas s'en être aperçu. » En avait-il touché un mot à son copain Gem ? Ça aurait aussi pu expliquer sa démarche de décembre. Ce qui est sûr, c'est que Gem avait en pension chez lui Julio, le vainqueur de l'étape du puy de Dôme en 1964, quand il était chez Kas, et que maintenant il déplorait de ne pouvoir gravir le col à l'entraînement. Ça me faisait sourire car, à l'époque, je n'avais pas eu le temps de le faire, et donc, je n'aurais probablement pas pu. Qu'importe. Oui, je savais, je savais bien que j'étais mieux et que Maître Jacques déclinait, comme Gem le sentait. Comparé à moi, qui étais passé pro six ans après lui, même si on n'avait que deux ans de différence, il en avait déjà tellement, tellement fait que c'était normal, non ? Toujours est-il qu'à Nancy, Maître Jacques ergotait pour signer la feuille de contrôle : « Trop loin, je ne suis pas un coureur à pied… » En 1962, il s'était déjà dérobé pour la présentation des équipes, et on connaît la suite. Donc, je ne tirai pas de conclusions. Ce qui me réconfortait dans ce contexte, c'était la floraison constante de calicots et pancartes avec ces neuf syllabes : « Vas-y, Poulidor, t'es le plus fort ! » Ça ne m'empêcha pas d'aller au fossé quand une voiture doubla le peloton. Alors, Jacques embraya sans l'ombre d'un doute, mais je l'ai appris quarante ans après. À chaud, dans le feu de l'action, j'ai simplement essayé de repartir le plus vite possible. Aurais-je fait pareil dans la même situation ? Comme à l'arrivée, on lui faisait remarquer ce manque de fair-play, il aurait répondu : « Nous ne sommes pas dans le Tour pour nous faire des mamours. » Vrai ou faux ?

Du côté de Dieppe, j'avais engagé la poursuite derrière Janssen et Simpson, et ensuite, il avait pris en charge la poursuite, avant de balancer : « Poulidor ne change pas, il nous laisse faire à mes équipiers et moi la plus grosse part du travail. » Le correspondant qui m'a fait passer ces dossiers, qui me rendent bien service, même si je doute toujours, ajoute : « C'était quand même lui le favori, lui qui partait à la conquête d'un sixième Tour. » Mes supporters plus royalistes que moi ? On avait perdu le contre-la-montre par équipes, et on allait vivement vers Bordeaux, sous les coups de boutoir et bordures de la garde rouge de Van Looy et Sels, qui faisaient tirer la langue de Cazala, souvent obligé de venir me chercher à l'arrière du peloton. À l'arrivée à Bordeaux se situe un moment historique de la saga du Tour, en effet, c'est sur moi, complètement par hasard, qu'est tombé le premier contrôle antidopage de l'histoire. C'était après l'étape, à l'hôtel. Les autres n'étaient pas là, j'étais dans le couloir. La police m'a demandé ma chambre, ils ont fouillé ma valise et m'ont fait uriner. Comme j'étais tranquille, je n'ai pas fait la moindre difficulté. Les collègues, les camarades, protestèrent vivement dès le départ de l'étape du lendemain vers Bayonne. Anquetil fut le premier à prendre ma défense. On mit même pied à terre pendant quelques minutes. Au fait que cherchaient-ils ? Je fus encore contrôlé avec mon équipe quelques jours plus tard. D'après une revue de l'époque, les flacons auraient été purement et simplement perdus. Ce qui est faux, puisque je me souviens que M. Magne nous avait parlé des résultats. Avaient été retrouvées des traces de plantes et produits homéopathiques, puisqu'il nous soignait ainsi. On reparlera de son pendule, mais, chaque fin de saison, on devait lui envoyer une mèche de cheveux. Il la faisait analyser et nous prescrivait ensuite les plantes qui devaient nous remettre sur pied. Il travaillait avec la grande pharmacie homéopathique de l'avenue de Wagram à Paris, qui était tenue par M. Paufique, un presque compatriote puisqu'il était originaire d'Eymoutiers.

Dans l'instant, j'appréhendais simplement les Pyrénées. Je n'avais pas tort, c'est là que le Tour allait basculer une première fois. Avec Anquetil, on laissait en effet filer une échappée de 20 coureurs comprenant pourtant des clients du calibre de Janssen, Perurena, Kunde, Aimar, Lebaube, Delisle. À Pau, ils avaient 6'20" d'avance sur nous, nous les favoris qui sommes sifflés. On parla alors de sabordage. Qui de nous deux devait chasser, prendre ses responsabilités ? Le soir même, M. Magne me passa un mémorable savon, et, le lendemain, entre Pau et Luchon, avec Jacques, nous avons convenu que nous étions en train de nous couvrir de ridicule, et nous avons pris le parti de contrôler la course ensemble. On aurait tout le temps de s'expliquer ensuite. Et de fait ce jour-là, on reprit facilement 2 minutes aux sauvageons de Pau. Lebaube, qu'on surnommait « Firmin », avait pris le maillot jaune, bien qu'il ait été renversé par une moto au sommet de l'Aubisque. À Revel, c'est le petit Allemand Kunde qui devenait le « Nain jaune », en lui chipant le maillot. Aimar avait bien grappillé quelques secondes dans les faubourgs de Vals-les-Bains, mais dans le contre-la-montre sur 20 km, je créais la surprise en battant Anquetil de 7 secondes. Un petit coup de tonnerre car, depuis Rivière, Maître Jacques n'avait pas souvent été battu. Si Kunde gardait son maillot jaune devant Janssen, Aimar, l'équipier d'Anquetil, se pointait sur le podium. Ce coup de théâtre restait d'autant moins sans lendemain qu'entre Vals et Bourg-d'Oisans s'en produisait un second. Dans la descente du col d'Ornon, bien que gêné par des voitures, je faisais une descente canon, derrière Otano, Galera et Pingeon, et, la casquette de traviole, je reprenais encore 1'03" au favori. Pour moi, c'était un bon point, rien de plus, mais la rumeur voulait que dans la chambrée des Ford, Anquetil aurait eu un coup de mou, disant que le Tour était perdu, qu'il était parti à contrecœur, et que, contre moi, il valait mieux perdre 1 minute en descente qu'en montée, que ça il ne l'aurait pas supporté. Il aurait raté son premier virage, pris peur car il avait une jante lisse, etc. Des explications irrecevables pour Gem, qui aurait remonté une fois encore son champion : « Il faut que tu livres un dernier combat pour la beauté du coup. » Ce sera, hélas pour moi, dans le Galibier, où il fait une ascension hors du commun, après avoir attaqué à Plan Lachat, à 8 km du sommet. Heureusement que je suis dans un bon jour, autrement, ce jour-là, il gagnait le Tour. Nous sommes côte à côte, il ne m'a pas lâché. La situation ressemble d'autant plus au puy de Dôme de 1964 que devant il y a Jiménez, devenu son équipier. M. Magne, qui sait que le Tour se joue encore là, demande à Anquetil de me relayer. Je n'ai jamais vu M. Magne dans un tel état. S'il l'avait fait, nous restions seuls à pouvoir gagner le Tour. Aimar n'arrive que 1 minute après nous. Ce jour-là, il y aura 27 coureurs hors délai, dont mes équipiers Genet, Guimbard, Spruyt, Bodin. Les dégâts sont identiques chez les Ford. Janssen a le maillot jaune et Aimar sur les talons au départ de cette étape Briançon-Turin, de seulement 160 km. Anquetil, qui a toujours son œil d'aigle, a constaté que beaucoup de coureurs étaient mal après la grosse étape de la veille, qui plus est dans la descente de la Coletta, la route est un véritable coupe-gorge. Alerté par son patron, Aimar fausse compagnie à tout le monde. À l'arrivée, il me prend 2 nouvelles minutes. Il reconstitue son capital de Pau : je suis à 5'11", et Anquetil à 6'19". Car il est maillot jaune. Entre Ivrea et Chamonix, c'est la 18e étape – vous savez que le 18 est mon chiffre. Je me dois de réagir. Et j'attaque dans la Forclaz avec férocité. J'ai 1'30" d'avance et le cœur plein d'espoir. Je rejoins Schütz dans le col des Montets. C'est le coup de poker. Je donne vraiment tout, sur le fil Schütz me bat. Derrière, Anquetil et Jiménez chassent pour Aimar, et Janssen pour préserver sa deuxième place, et je reprends donc moins de 1 minute, après une débauche d'énergie qui me lave quand même le cerveau. Je tombe peut-être, mais les armes à la main. Anquetil, qui a pris froid, et qui a fait son boulot d'équipier comme je le ferai en 1967 avec Pingeon, abandonne, malade, peu après Beaurepaire, dans la côte de Serrières (kilomètre 213). Il était lâché depuis le kilomètre 150 et attendu par Grain et Milesi. Certains disent que l'important pour lui, c'était avant tout que « Poulidor ne gagne pas ». Ce qui est sûr, c'est que Jacques, qui avait fini troisième du Tour d'Italie, était plus en forme que prévu. Du trident de Gem, c'est-à-dire Anquetil, Aimar, Jiménez, c'était encore lui le meilleur. Sans moi, il gagnait le Tour.

Ce que je sais, c'est que moi, je dois continuer. J'ai encore des forces, et j'ai bien l'intention de me bagarrer jusqu'au parc des Princes. Entre Saint-Étienne et Montluçon, dans la 20e étape, j'attaque donc quasiment dans toutes les côtes et Janssen est souvent avec moi. Dans la côte de Montaigu, à 25 km de l'arrivée, Altig, Schütz et Jiménez m'accompagnent. Altig, qui veut gagner sa 3e étape, pourrait relayer, il se laisse pourtant décrocher et ramène le maillot jaune. C'est écrit mot pour mot par Roger Bastide, dans *Le Miroir des sports*, qui complète : « La manœuvre s'est déroulée sous les yeux de Félix Lévitan, codirecteur de la course. À l'arrivée, de nombreux coureurs sont désabusés », et Darrigade indigné déclare à Bastide : « Il y a au moins six équipes en cheville avec les Ford. » Delberghe, de l'équipe Pelforth, nuance : « Aimar était en queue de peloton, et Cees Haast de l'équipe Televizier l'a ramené en tête, sciemment, volontairement, d'un seul relais prolongé. » Moi, je vois bien qu'il se passe quelque chose, mais toutes ces manœuvres qui me dépassent, si elles ont vraiment eu lieu, me seront rapportées après coup par des supporters, coupures de presse à l'appui. L'un d'eux ajoute même que l'équipe Televizier est celle de Zilverberg qui, en

1964, épaula Anquetil dans Envalira. Pour moi, c'est aller trop loin. Quitte à passer pour un couillon, la maxime de M. Magne me va : « Pas de gloire sans vertu. » Et je crois que mes supporters y souscrivent. Ce ne sont pas des médiocres, comme on l'écrit, des pauvres gens qui m'admirent parce que je suis malchanceux ou battu. Ils sont avec moi, parce qu'il y a des choses qu'ils ne peuvent pas voir, ou entendre ou comprendre. Sur 51 km entre Rambouillet et Paris, pour mes merveilleux supporters, je mets un point d'honneur à encore tout donner. Certains croient que je peux encore renverser la situation. Et je roule entre deux murs du son. J'en ai encore le frisson. Et je me demande comment ils vont le prendre si je ne renverse pas la situation. Je finis troisième car, si je ne reprends que de 2 minutes à Aimar, consolation, j'en croque plus de 4 à Mugnaini qui était troisième. Je suis troisième comme en 1962. À 2'02". Je peux me regarder dans la glace même si Aimar, 25 ans, trouve que je me pose trop en victime alors que, comme Jacques, j'ai simplement trop manqué de rigueur. Ce n'est pas faux, me dit M. Magne, qui, lui, trouve que je suis trop idolâtré, et que l'idolâtrie est émolliente, alors que seul est salutaire le coup de fouet de l'échec. Me dire que j'ai 30 ans et que l'âge idéal du vainqueur du Tour est 32 m'aide à redresser un peu la tête.

C'était un « drôle de Tour », dira le grand et regretté journaliste Pierre Chany, qui était anquetiliste. La tournée des critériums sera féconde et me prouvera que mon public est toujours avec moi. Je gagnerai à Oradour et à Quillan des critériums qui me tiennent à cœur. Quand je pense qu'en ce temps-là, il y en avait quand même plus de soixante, mes cheveux blancs blanchissent. Le Prestige Pernod me distinguera encore comme meilleur Français, car si je ne pouvais pas gagner ce Tour, j'ai quand même enlevé le Dauphiné et le Critérium national.

Ai-je perdu le Tour dans la descente d'Ornon en prenant trop de temps sur Anquetil pour m'en faire un allié le lendemain dans le Galibier ? Je l'ai cru longtemps. Mais je crois surtout l'avoir perdu au buffet de Moulins. Ce jour-là, j'ai peut-être gagné le respect de Maître Jacques, même si c'était *a posteriori*. Et c'est plus important que tout.

1967

LE BALLON DE LA FRINGALE

C'est vraiment le Tour de la France : tracez une ligne autour de l'Hexagone en partant d'Angers, lieu du grand départ, puis en passant par Saint-Malo, Roubaix, Metz et la descente dans le Midi par Briançon, Digne, la traversée de l'Occitanie, par Toulouse, et la remontée depuis Bordeaux. Les frontières sont bien gardées !

Pour la première fois depuis 1961, ce Tour de France se dispute par équipes nationales et non par équipes de marque. L'organisateur souhaite tester à nouveau cette formule très prisée du public mais qui devenait obsolète en raison du poids des sponsors. Les bandes bleu-blanc-rouge du maillot de l'équipe de France se distinguent de celles du tricot du champion de France. Nous avons tous à cœur de porter et de défendre nos couleurs, c'est un honneur pour les dix coureurs sélectionnés de faire partie de l'équipe de France. Un attachement plus profond nous unit à ces valeurs, quelque chose qui pousse à se sublimer.

Cette formule avait l'avantage de favoriser les Français, il y a en effet 130 coureurs au départ dont au moins la moitié de tricolores. Aujourd'hui, ils sont plus de 200 à s'élancer et on compte péniblement une trentaine de Français. Le vélo a considérablement évolué, il s'est mondialisé, et je pense que le Tour reviendrait difficilement aux équipes nationales. Si c'était le cas, eh bien, on verrait les formations australienne, anglaise ou américaine dominer et les équipes traditionnelles, du Vieux Continent – française, italienne, espagnole –, traîner le pas. En 1967, il y a donc trois formations françaises, c'est dire la richesse de notre cyclisme national qui avait bonne mine avec l'équipe de France A, dont je fais partie avec Lucien Aimar et Roger Pingeon – nous sommes d'ailleurs tous les trois désignés comme leaders –, l'équipe de France B, dite « des Bleuets de France » avec Christian Raymond et Désiré Letort, et l'équipe de France C, dite « des Coqs de France » avec Henry Anglade et Raymond Mastrotto. Des noms qui en appellent au cœur patriotique davantage que les lettres A, B et C. Même les Italiens (avec Felice Gimondi) et les Espagnols (avec Julio Jiménez) se présentent avec deux équipes, outre leur formation nationale. La « Primavera » est emmenée par Franco Balmamion et l'« Esperanza » par Fernando Manzaneque. Nous partons d'Angers, avec un prologue de 5,775 km tracé dans les rues de la ville. Je suis en forme et je réalise le meilleur temps des favoris. Je peux commencer à croire au maillot jaune. On m'appelle même pour monter sur le podium et y recevoir la tunique or. C'est fait ! Je vais endosser ce maillot symbolique que je convoite pour la sixième année, avec l'opiniâtreté d'un orpailleur ! Mais je préfère rester prudent et attendre que le dernier coureur ait passé la ligne. Il restait un Espagnol en course, José María Errandonea, champion d'Espagne de poursuite. Et il me bat de 6 secondes ! C'est rageant. Le plus terrible pour moi, c'est qu'il a abandonné le Tour le surlendemain. Mais c'était certainement écrit comme cela, Poulidor ne porterait jamais le maillot jaune. Il en resterait séparé de quelques secondes, de quelques centimètres. C'est ce que je me dis aujourd'hui car, franchement, nous étions en début de Tour, je marchais très bien, cela n'avait pas une telle importance pour moi.

Nous avions un moral excellent, Roger Pingeon s'était imposé à Jambes, en Belgique, le matin, et il avait pris le maillot jaune. L'après-midi, on dispute un contre-la-montre par équipes remporté par les Belges qui nous battent de 13 secondes. Ils avaient d'excellents rouleurs comme Joseph Spruyt, qui deviendra l'un des plus fidèles équipiers de Merckx. D'ailleurs, je remarque que les trois plus grands serviteurs d'Eddy, Spruyt, mais aussi Victor Van Schil et Roger Swerts, ont été mes alliés chez Mercier avant de devenir les *gregarii* de Merckx chez Faema ! Vous savez pourquoi ? Il y avait en Belgique un agent Mercier, M. Smet, très influent et riche, un type formidable qui adorait le vélo et plaçait chez Mercier tous les Belges qui marchaient. En 1968, je remporte une étape dans le Tour de Belgique, Spa-Genk, devant Roger Swerts et Ferdinand Bracke, il était fou de joie, il m'a traité comme un roi, on a fait une fête grandiose !

Pour moi, ce Tour 1967 a basculé dans le ballon d'Alsace, lors de l'étape Strasbourg-Belfort (215 km), remportée par Lucien Aimar. Ce jour-là, je suis tombé dans la descente du col de Platzerwasel, avant l'ascension du Ballon, j'ai dérapé parce que le Belge Joseph Spruyt et le Britannique Michael Wright s'étaient accrochés dans un virage. Je n'avais pas de blessure mais mon vélo était cassé, le guidon et la roue brisés, il était complètement inutilisable. La voiture de mon directeur sportif était trop loin pour me dépanner, j'ai dû attendre mon équipier Édouard Delberghe qui m'a aussitôt donné son vélo. C'était mieux que rien, mais sur cette machine je ne trouvais pas ma position, le vélo était trop grand pour moi, les cale-pieds trop petits, je ne pouvais pas placer correctement mon pied sur la pédale, et puis surtout je devais combler un sacré écart parce que, devant, personne ne m'avait fait de cadeau. Devant, l'équipe italienne, avec Felice Gimondi, était la plus active. Le directeur de course a ordonné le barrage des voitures entre les échappés et moi, et je me suis retrouvé à lutter seul contre le vent pour tenter de revenir. Je les voyais à 300 m devant moi mais je n'arrivais pas à recoller. Je me disais « Ça va ralentir, je vais les reprendre » et j'insistais, sans parvenir à combler le trou. Dans cet effort enragé, j'ai oublié de m'alimenter et je me suis épuisé. Lorsque je suis arrivé au pied du ballon d'Alsace, je n'avais plus d'énergie. La fringale s'est emparée de moi. J'ai lutté mais je n'ai pu faire mieux que terminer à 11'42", autant dire que le Tour était fini.

Lorsque la faim s'empare du coureur, elle le lamine, le torture. J'étais vidé, il me semblait que j'avançais à une vitesse folle mais, à côté de moi, un supporter à pied se déplaçait plus rapidement. Je voyais des cuisses de poulet, j'imaginais une bonne bière fraîche. Dans *L'Équipe*, Michel Clare décrit mon désarroi : « Le calvaire de Raymond dans le ballon d'Alsace fut l'un des spectacles les plus poignants qu'il nous a été donné de voir sur le Tour. Il était seul, désemparé, se couchant sur sa machine qui refusait d'avancer, allant de droite à gauche, dépassé par des coureurs surpris de le voir là. » J'étais à l'agonie. Rendez-vous compte : la montée du Ballon a été chronométrée pour chaque coureur, j'ai mis quelques minutes de plus qu'Émile Georget qui avait gravi le col en 1910 sur un sentier de terre et de pierres et sur un vélo de quinze kilos ! Il arrive qu'on ne voie pas venir la fringale, elle vous attaque quand vous vous croyez en grande forme.

Avec le recul, je me dis que revenir sur les échappés ce jour-là n'aurait pas changé grand-chose, Pingeon affichait vraiment une forme extraordinaire, il était bien au-dessus du lot.

Gimondi a également buté contre ce fort vent de face et pris plus de 3 minutes dans la vue ! C'est au sommet du Ballon que Roger Pingeon a repris son maillot jaune que portait provisoirement Raymond Riotte.

Le soir, dans ma chambre, j'ai reçu la visite des journalistes. Ils n'étaient pas nombreux sur le Tour et pouvaient tout se permettre. Ils venaient nous voir sur la table de massage ou dans notre bain et passaient d'une chambre à l'autre sans problème. Aujourd'hui, il y a trop de journalistes sur le Tour, plus personne ne pénètre dans la chambre d'un coureur, c'est interdit, c'est comme ça. Sur le Tour, il n'y avait pas de femme, c'est un monde misogyne. Seule Mme Anquetil était admise. C'était la même chose sur la tournée des critériums d'après Tour où l'on percevait à chaque prestation un cachet aussi important que notre salaire mensuel, ce qui arrondissait nos fins de mois. Mme Anquetil organisait tout, l'itinéraire, le choix des hôtels, pour Jacques mais aussi pour les autres coureurs, moi y compris. C'était formidable, elle était admise par tous. Elle retenait une chambre où l'on se changeait, elle entrait sans frapper, nous étions tous à poil mais personne ne gueulait, elle faisait partie de notre monde, de notre équipe. Janine était formidable.

Le lendemain de ma défaillance au ballon d'Alsace, pour occuper le jour de repos, je suis allé chez le coiffeur. J'avais le moral à zéro. Le coiffeur l'a bien vu et s'efforçait de m'encourager en me disant que le Tour n'était pas fini, moi j'avais les nerfs à fleur de peau, j'ai baissé la tête et, pendant qu'il me rasait la nuque, je n'ai pas pu m'empêcher de sangloter.

Sur ce Tour 1967, Roger Pingeon est franchement imbattable. Je l'avais secondé dans le Galibier où il craignait l'attaque de Julio Jiménez, mais il n'y avait pas de vrai danger. Dans l'équipe de France, tout le monde est à son service. Moi, je sais depuis le ballon d'Alsace que j'ai perdu toutes mes chances.

Le Tour est parfois tragique et le destin n'y va pas de main morte en 1967. Tom Simpson décède lors de l'étape Marseille-Carpentras, dans l'ascension du Ventoux. Triste journée. Moi, je suis malade sur mon vélo. Il fait très chaud, une canicule pesante nous assomme. Il n'y avait pas la moto fraîcheur comme aujourd'hui pour nous ravitailler, les coureurs s'arrêtaient à toutes les fontaines pour se désaltérer et ils entraient dans les bistrots pour boire tout ce qu'ils trouvaient. Je suis à l'avant de la course. Mon bidon de nourriture, composé essentiellement de fruits, avait tourné à cause de la chaleur, mais j'ai voulu le boire tout de même pour éviter de me déshydrater. Erreur, j'ai envie de vomir, la tête me tourne et j'ai encore un Ventoux à grimper. Jan Janssen s'impose à Carpentras devant Gimondi et Pingeon, je finis à 2 minutes. C'est là que l'on apprend la mort de Tom. Il était à l'arrière avec deux de mes équipiers, Jean-Pierre Genet et Georges Chappe. Ils se sont arrêtés, comme les autres, dans un bar, Tom a ouvert un frigo, attrapé une bouteille gelée et bu plusieurs gorgées. Il n'a pas senti tout de suite que c'était de la gnôle ! Malheureusement cet épisode n'a pas contribué à le sauver, on a retrouvé des amphétamines dans la poche de son maillot et accusé le doping de l'avoir tué. Mais je dois dire que si ces faits se produisaient aujourd'hui, Tom survivrait, l'assistance médicale du Tour l'aurait arrêté bien avant le drame. Mais à notre époque, c'était ainsi. Le soigneur de Simpson l'a même remis en selle alors qu'il avait titubé et était tombé. Jean-Pierre Danguillaume a eu plus de chance quelques années plus tard, pourtant il avait frôlé la mort dans le col de la Madeleine. Il faisait chaud également, il ne voulait pas abandonner parce qu'un coureur, surtout un Français, ne quitte pas le Tour facilement, mais le Dr Miserez l'a obligé à descendre de vélo. Bien lui en a pris. Danguillaume souffrait d'une insolation, lorsqu'il lui a pris le pouls, son cœur était pratiquement à l'arrêt. Si le toubib n'était pas intervenu, Jean-Pierre aurait poursuivi sa route poussé par le public…

La veille du Ventoux, j'ai reçu la visite de Louison Bobet à Briançon. Il avait rivalisé avec Anquetil, à ses débuts, et était l'un de mes grands supporters ! Au fil de la conversation, il a évoqué l'état de faiblesse de Simpson qu'il venait de saluer : « Il est dans un sale état, je ne suis pas sûr qu'il passe le Channel », un témoignage prémonitoire auquel je pense souvent. Oui, Tom était très faible avant d'attaquer le Ventoux. Quelques jours avant le départ du Tour, déjà, il était rentré de l'entraînement et s'était évanoui dans sa salle de bains. S'il avait passé une visite médicale sérieuse, on lui aurait certainement interdit de courir ce Tour qui lui a été fatal.

Le lendemain du drame, Barry Hoban et Jan Janssen ont décidé de neutraliser l'étape pour rendre hommage à Tom. On a fait gagner Barry, mais on a tout de même roulé et entretenu un train rapide pour rester dans les horaires de course. Tom Simpson était un sacré personnage. Je me souviens qu'il se présentait au départ de Paris-Roubaix, pour retirer son dossard, la veille, rue Montmartre, dans les locaux de *L'Équipe*, habillé d'un smoking noir, coiffé d'un chapeau melon et un parapluie à la main. C'était un vrai gentleman que les 3 000 à 4 000 personnes qui assistaient aux préparatifs saluaient chaleureusement.

Le Tour se terminait par deux rendez-vous le dernier jour – on disputait couramment des demi-étapes –, d'abord Fontainebleau-Versailles (104 km en ligne) et enfin Versailles-Paris (46 km contre la montre). Je garde un excellent souvenir de cette ultime étape que je remporte devant Gimondi et Pingeon, et, en même temps, j'ai un petit pincement au cœur parce que je suis le dernier vainqueur sur la piste rose du parc des Princes. Le lendemain, des bulldozers la détruiraient. J'y suis retourné pour la saluer une dernière fois, je revois encore le temps que j'avais réalisé affiché sur le grand panneau : 1 heure 2 minutes 52 secondes. Désormais, le Tour arriverait à la Cipale, à Vincennes, qui est aujourd'hui le vélodrome Jacques-Anquetil, avant de déboucher plus tard sur les Champs-Élysées. Lorsqu'on passait le tunnel pour pénétrer sur la piste du Parc, on avait tous la chair de poule en entendant le public nous applaudir et crier notre nom. Je me souviens de mon entrée en 1967, 60 000 personnes se sont levées sur les gradins pour m'accueillir sans retenue. On ne peut pas oublier de pareils instants, ils sont magiques. Nous étions en famille, si proches du public. Lorsqu'on effectuait notre tour d'honneur, on lançait notre bouquet dans la foule, à quelques mètres de nous. C'était une vraie communion avec les tribunes, un frisson gigantesque chargé d'émotions et de joie.

Ce jour-là, je suis resté enfermé plus de deux heures dans les douches du Parc parce que le public était déchaîné : Pingeon remportait le Tour, l'équipe de France avait superbement défendu son rang et je gagnais la dernière étape ! Le public voulait me voir, me toucher, il m'attendait et il m'était impossible de sortir. C'est un souvenir merveilleux, je vivais les mêmes grands moments que les immenses stars de la chanson, moi le petit cycliste venu de ma campagne limousine ! Au bout de deux heures, la police m'a demandé de partir, les portes du Parc allaient se fermer. On a fait avancer discrètement ma voiture, je suis passé au milieu d'un cordon de gendarmes, je suis monté au volant et j'ai démarré escorté par des motards. Puis, au feu tricolore, avant le boulevard de la Reine, j'ai dû m'arrêter à cause de la circulation. J'ai jeté un coup d'œil dans le rétroviseur, j'ai alors vu une meute déchaînée courir. Elle était sur le point de me rattraper. J'ai accéléré et je me suis enfui…

1968

LE RÊVE BRISÉ

Ce dernier Tour par équipes nationales est censé être pour moi et Pingeon censé me renvoyer l'ascenseur. Tout se passe presque comme prévu, quand, du côté d'Albi, un motard me prend pour une quille et m'envoie au fossé avec mon rêve. Je repartirai, mais abandonnerai. Le Tour se terminera dans un mouchoir, et Jan Janssen, meilleur homme du lot final, l'emportera.

Ce cinquante-cinquième Tour, c'est celui de mes 32 ans, mon septième, et j'ai le dossard 6. Ce Tour, c'est le dernier pour M. Marcel Bidot, notre directeur sportif en équipe de France. Au passage, il nous rappelle que lui a débuté il y a quarante-deux ans, dans le Tour 1926, qui partait pour la première fois de province, et déjà d'une ville d'eau, Évian. Dans ce Tour de 5 750 km, le plus long de l'histoire, il avait 24 ans, et avait terminé dixième, et deuxième Français. Le nôtre fait 2 300 km de moins. S'il part. Car, je ne sais pas si vous vous en souvenez encore, mais en 1968, il y a eu les événements de mai, la protestation étudiante, les barricades au Quartier latin. Ce que le général de Gaulle appelle « la chienlit » compromet un moment l'organisation même du Tour. *L'Équipe*, le journal organisateur, ne paraît pas, et il y a une pénurie d'essence. C'est une mini-révolution. Or, vous le savez, on dit qu'il n'y a qu'une guerre qui puisse empêcher le Tour, que son déroulement est un symbole de paix, d'apaisement.

Si j'ai bien compris, en haut lieu, on fera tous les efforts pour que la course ait lieu, d'autant plus qu'elle se déroule par équipes nationales et donc qu'elle est susceptible de captiver davantage. D'ailleurs, j'entends dire autour de moi : « Tant qu'on suit le Tour, on ne suit pas les manifs. » Ce qui est sûr, c'est qu'il a failli y avoir une manifestation au sein même du peloton indigné par l'ampleur de la liste des produits interdits : se soigner, soigner simplement des bobos, devient véritablement un casse-tête, car on a peur d'être positif, sans savoir pourquoi ni comment. D'ailleurs, des positifs, il y en aura hélas dans ce Tour, et ils contesteront les résultats à géométrie un peu trop variable. Avec l'équipe de France, on avait essayé de mobiliser les autres équipes contre la mauvaise organisation de ces contrôles, il est vrai, balbutiants. Mais on s'était vite retrouvés seuls, et on avait plié.

On l'a compris, ce Tour qui devait être ordinaire devient un Tour charnière. En tout cas, il ne sera plus suivi par trois grands journalistes qui ont illustré la course jadis : Gaston Bénac, Albert Baker d'Isy et Georges Briquet, mon compatriote de Limoges, viennent de disparaître. Tout change, le maillot vert devient rouge, et les équipes de France sont baptisées uniquement France A, France B et France C. Il y a indiscutablement moins de poésie qu'avec les Bleuets et les Coqs de France de 1967. Il y aura aussi moins de panache et d'entente chez France A. Je pensais que l'arrivée dans l'équipe Mercier de Jean Stablinski, l'ancien lieutenant de Jacques Anquetil, pourrait me faciliter les choses ; ce ne sera pas suffisant, car, si je peux compter sur lui et sur Genet ou Riotte, je perçois très vite que Roger Pingeon, qui était censé me renvoyer l'ascenseur après le coup de main que je lui avais donné l'année précédente, remet mon aide en question et donc la sienne. Une mise au point suit : les journalistes lui ont, paraît-il, fait dire ce qu'il n'a pas dit. Toujours est-il que l'équipe de France n'est pas aussi soudée que M. Marcel Bidot le souhaiterait. Et je ne parle pas des jeunes Bernard Guyot et Jean Jourden, qui, eu égard à leur talent, n'excluent pas de jouer un peu perso à l'occasion... C'est leur premier Tour, et le dernier pour Stab et M. Bidot... Quand, je parle de Tour charnière.

Mais avec Genet, et surtout Stab, qui déclare à la presse que, jusque-là, il était embauché pour me faire perdre, et que, maintenant, pour son douzième et dernier Tour, il va faire le contraire, je reste confiant. D'autant qu'à la visite médicale, si j'ai deux kilos de trop, les docteurs m'ont trouvé un cœur de 20 ans. On va passer par la Chartreuse, que j'aime bien, et qui m'a bien réussi en 1962, et, le 18 juillet, mon jour fétiche, on arrivera à Sallanches. Je me dis que si au pied des Pyrénées je n'ai que 3 ou 4 minutes de retard, ça pourrait bien sourire. Même si Jiménez, Kunde, Janssen, Aimar, Van Springel, Zilioli ou Schiavon restent des clients, sans prétention, ils me paraissent à portée. Je me le dis, mais je le garde pour moi. En 1963, j'avais eu la bêtise d'annoncer mes ambitions, et je m'en étais mordu les doigts.

L'Alsacien Charly Grosskost, qui est en France B, avec Lucien Aimar, le vainqueur du Tour 1966, et Jean-Marie Leblanc, le futur patron du Tour, lance joliment la course en triomphant dans le prologue et la 1re étape, ce qui lui vaut le maillot jaune, de mon côté, je me sens bien. Dans le prologue, sur 6 km, de tous mes adversaires, seul Janssen m'a devancé et de 3 petites secondes, alors que j'ai dominé Bracke, Van Springel, Aimar, voire mon équipier Pingeon, de 25 secondes. Sur la route de Forest, je suis dans une grosse échappée, qui se développe sur 40 km, avant de capoter et dans le contre-la-montre par équipes, avec France A, nous sommes sur les talons des Belges, loin devant les autres, ce qui est bien plus encourageant que les 10 secondes que nous récoltons. Ça se présente d'autant mieux que mes supporters sont toujours aussi fidèles, et qu'à Rouen, c'est Jean-Pierre Genet, mon vieux complice, qui prend le maillot jaune ; une grande joie même s'il ne le porte qu'un jour. Comme nous partageons la même chambre, il pense que ça va me porter bonheur, pourtant je ne m'emballe pas. D'autant moins que, du côté de Dinard et de Bagnoles-de-l'Orne, nous comprenons avec M. Bidot qu'il y a « des nœuds » dans la course, comme il dit. Des nœuds, c'est beaucoup d'ambitions personnelles imprévues, et le fait que je ne puisse bouger un petit doigt sans être contré. Je suis bien l'homme à battre. Ça va être dur car le temps froid puis chaud durcit la course, sans d'ailleurs que ça me déplaise. Un coup de froid vraiment inattendu arrive pourtant à Royan, lors de la première journée de repos, où je suis visité par Gisèle, mon épouse, et Isabelle, ma fille aînée, en route pour les vacances à Arcachon. En effet, cette bouffée d'oxygène est gâchée par l'exclusion pour contrôle positif de mon équipier José Samyn. C'est le premier exclu de l'histoire. Il conteste, car il semble que les contrôles soient assez nébuleux, mais il doit partir. Nous perdons un maillon de la chaîne au seuil des Pyrénées. J'essaie de l'oublier en dédicaçant à tour de bras mon premier livre : *La Gloire sans maillot jaune*. Faut-il dire que j'espère que le titre de la suite sera bientôt différent ?

La traversée des Landes, qui aurait pu être tristounette, est agrémentée par la grogne des journalistes vis-à-vis de l'organisation et en particulier M. Jacques Goddet, patron du Tour et de *L'Équipe*, figure emblématique de la course, et grande plume de surcroît. C'est bon enfant, on se marre un peu. Les journalistes jouent si bien les indignés que la gendarmerie, craignant l'arrêt du Tour, traque les meneurs. Je vous rassure : ça ne dure qu'un instant.

À Pau, où je subis encore un contrôle antidopage, je fais le point avant d'entrer dans le vif du sujet. Je suis vingt-troisième à 6'42" de Vandenberghe. La course n'a pas vraiment commencé et, même s'il y a débord par rapport à mes prévisions, je reste optimiste, et pas seulement parce que le 23, c'est la Creuse, le département où j'ai vu le jour. Reste qu'en regardant plus attentivement le tracé, je m'interroge : depuis que Jacques Anquetil a arrêté, depuis le Tour 1966, le contre-la-montre s'est réduit comme une peau de chagrin. Quel dommage ! Avec les progrès que j'ai faits, il n'y a plus que 55 km entre Melun et Paris. Je n'enlèverai donc qu'une seule fois la guidoline de mon guidon. On a dit que, ce jour-là, j'astiquai deux fois mes chaussures pour améliorer la pénétration dans l'air. Je cire mes chaussures comme d'habitude, toujours la veille, après l'étape. Ça remet les idées en place. Là, elles sont bien claires : il s'agit de regagner du terrain avant le second jour de repos à Font-Romeu, où les athlètes comme Colette Besson préparent en altitude les Jeux olympiques de Mexico qui auront lieu à 2 240 m. Mais avant, il y a trois grandes étapes. Et comme jadis, du temps de MM. Bidot et Magne, la première entre Pau et Saint-Gaudens (226 km) sera la plus importante. Un coup part et, à la différence de celui du Nord, il sera gagnant. Après que Jiménez dans le Tourmalet et Ducasse dans l'Aubisque ont fait leur numéro, malgré le froid, nous sommes dix à bien nous entendre, même si je crève, à nous relayer et à prendre plus de 2'30" à Van Springel, Janssen et Pingeon, mon équipier, qui s'est laissé prendre en otage. Ce dont je le remercierai, mais, semble-t-il, pas assez. La presse se réjouit aussi de ma fugue en compagnie de López Carril, Bracke, Gandarias, Wolfshohl, ou Kunde, et n'insiste pas assez sur le sacrifice de mon *alter ego*. Je comprendrai après coup qu'il en prendra ombrage. Je me replace donc bien, et retrouve mes marques initiales : 4 minutes de retard aux Pyrénées. Même si Schiavon s'est aussi relancé, je suis à portée de fusil du maillot jaune de Vandenberghe, qui ne peut être qu'un leader de transition, et, en prime, Zilioli, que je craignais un peu, a jeté l'éponge avec treize autres coureurs, dont Pérez-Francés, troisième en 1963. Entre La Seu d'Urgell et Canet, on croit que Janssen se conduit en petit vigneron grappillant 2 ou 3 secondes par-ci, par-là. Sur le Tour, il n'y a pas de petit profit, il faut avoir de la suite dans les idées, et il en sera récompensé. Il y aura aussi deux heures de car pour boucler l'épisode pyrénéen, mais bon, avec la journée de repos à Font-Romeu, on oubliera tout ça. Moi, j'en profiterai pour soigner un peu les trois doigts que Stab m'a coincés dans la portière d'une voiture à Saint-Gaudens, et qui sont complètement noirs, heureusement, rien n'est cassé comme en 1962.

À l'hôtel du *Cadran Solaire* de Font-Romeu, où l'on oublie l'austérité du dortoir du lycée de filles de Saint-Gaudens, l'équipe de France a le moral au beau fixe, même si, après Samyn, nous avons aussi perdu Jean Jourden car Bernard Guyot a été très présent. Dans la petite réunion que nous avons pour la deuxième partie du Tour, Pingeon paraît partant pour être à mon service comme le souhaite M. Marcel Bidot, qui a misé surtout sur moi, après le Tour 1967 au cours duquel j'ai spontanément aidé Roger à triompher après ma défaillance du Ballon. Roger ne manifeste pas alors la moindre réserve, et nous sommes d'accord sur les clients à marquer de près, les Bracke, Janssen, Van Springel, ou Schiavon. Quant à moi, en revisionnant dans ma tête le film de ma grande étape de Saint-Gaudens, je me demande si j'ai bien fait de ne pas insister dans l'Aubisque, où j'étais mieux que bien. Un petit regret qui s'accentuera avec la suite des événements.

En effet, le lendemain, 14 juillet, sur la route d'Albi, Pingeon attaque dans cette 15e étape de 250 km, de manière complètement imprévue, mais forcément pour servir nos desseins. Et là, je comprends mieux. Il est parti pour un raid au long cours dans la dure côte de La Chapelle. C'est aussi improvisé que sa fugue de Jambes un an plus tôt. Il reste 193 km pour rallier Albi. Et, comme si c'était moi qui étais visé, personne ne veut mener. Comme si Pingeon était un perdreau de l'année. Je me pince. C'est bien lui qui a gagné le dernier Tour, non ? Et c'est bien moi qui n'ai pas encore enlevé la moindre Grande Boucle ni porté le maillot jaune qui suis marqué ! C'est dingue. Anquetil n'est plus là, Stab est avec moi, pourtant, ça continue, il paraît que je paie ma popularité et mon trop bon passage du Tourmalet.

Mais tout a des limites, et les Belges qui sont heureusement concernés, avec Bracke et Van Springel appartenant à deux équipes différentes et donc concurrentes, Belgique A et B, finissent par comprendre que le danger le plus grand et surtout le plus urgent est peut-être devant eux et se mettent à rouler. Des bordures se formèrent, j'étais dans une des premières avec González et Stab, quand un motard de l'organisation, qui aurait été gêné par une spectatrice, toucha un arbre, renversa ladite spectatrice, revint sur la route, se renversa et heurta González, puis ma roue arrière avec sa roue avant. J'étais fauché en pleine action. On était à 50 km de l'arrivée à Albi. Michel Clare de *L'Équipe*, qui n'était pas loin, a tout vu et raconte : « Poulidor tomba de tout son corps sur la chaussée gravillonnée et sentit l'avant de la moto lui heurter la jambe droite au niveau interne du genou. » La suite, je pourrais la raconter, mais j'aurais du mal, je laisse donc ce grand témoin raconter la scène : « À peine ses adversaires eurent connaissance du coup qui le frappait qu'ils se déchaînèrent et attaquèrent. Raymond se releva en piteux état, le visage en sang (il était touché à la bouche, au nez, aux arcades sourcilières), les coudes et les genoux couverts de plaies et souffrant de la jambe droite. Il repartit avec rage à la poursuite du petit peloton qui s'était échappé derrière Pingeon, se battant seul avec une volonté farouche, oubliant même Bernard Guyot que M. Marcel Bidot avait détaché, pour continuer le plus fantastique contre-la-montre de sa carrière. »

Quand je relis ça quarante ans après, ça me remue encore. Il faut dire que c'était le dimanche 14 juillet et que les spectateurs me reconnaissant m'encourageaient comme jamais et décuplaient mes forces. La casquette de traviole, et le nez aussi, je revins même à 30 secondes, laissant derrière moi mes équipiers Novak, Genet, et Riotte. À l'arrivée à Albi, où j'avais croisé Pingeon qui finissait alors que, moi, j'avais encore un tour, je perdrais 4 minutes sur lui, mais seulement 1 sur les voyous qui m'avaient attaqué à terre. À l'époque, on avait mis un simple V avec des points, au lieu d'écrire en entier mon juron. Michel Clare avait parlé de « mufles ». Quarante ans après, je peux le rétablir, le mot en entier, non ? Même si le temps a passé. De colère, de détresse, sur la ligne, je jetais mon vélo, en criant : « C'est fini, je ne pourrai pas repartir. » Au départ de Font-Romeu, j'étais sixième au général. Et maintenant ? Cette injustice, cette malchance noire me faisaient pleurer. Je m'étais battu avec l'énergie du désespoir, et c'était difficile car je ne pouvais pas mouvoir la jambe droite. J'étais obligé de me faire violence, car mon genou ne voulait pas se plier, et d'autre part mon vélo était faussé. Je devais enfin mener la bataille quasiment seul, avec le sang qui me coulait sur la figure. J'avais aussi de la peine car je sentais que ma chance de gagner le Tour s'était évanouie. Je ne comprenais pas non plus, même jamais, que l'on attaque un homme blessé. Je ne peux accepter ce comportement, cette injustice. Curieusement, le mercredi 22 août 2012, *L'Équipe*, que je vais chercher tous les matins à 7 h 15 chez mon marchand de journaux, titre, à sa une, s'il vous plaît : « Ambiance de guérilla sur la Vuelta, Contador et Froome ont, sans scrupules, profité d'une chute de Valverde pour le distancer. » Je lis et je souris, heureusement que la chute n'était pas grave. Ai-je eu droit au même traitement ? Je m'en souviens mal. En tout cas, je me vois à Albi à l'hôtel *Saint-Antoine*. Je suis chambre 10, tout le staff médical, qui en course m'avait déjà plus ou moins bien soigné au vol, a défilé. J'ai le visage détruit, gonflé, je suis couvert de pansements. Je souffre. Sur le mur, il y a une gravure représentant une barricade, je vais la franchir toute la nuit, car je passe une nuit blanche. Comme Gavroche, je suis tombé dans le caniveau, ce n'est pas la faute à Voltaire, mais à une moto. Mon épouse me téléphone. Je vais essayer de continuer. M. Bidot me réconforte, mais je suis mal, j'ai du mal à parler, à respirer et même à manger malgré le dévouement de Jean-Pierre Genet. Entre Albi et Aurillac (199 km), une étape calme m'aurait peut-être permis de récupérer un peu, mais Aimar de France B attaque au ravitaillement, emmenant dans son sillage Bitossi, Van Springel, Bracke, Janssen ou Wolfshohl, qui prendra le maillot jaune. Après ses efforts de la veille, Pingeon coince, et moi, je me traîne avec mes douleurs et, en prime, je crève. À l'arrivée, nous perdons 9 minutes, moi, j'avais déjà perdu le Tour, mais Roger le perd pour de bon. L'équipe de France est d'autant plus décapitée que Stab est mis hors course après un contrôle abracadabrant. Pingeon reprochera à M. Bidot d'avoir choisi le mauvais cheval en me faisant confiance. Lui aurait pu gagner, dit-il. Je ne sais pas si ça résiste à un examen, je n'ai pas la tête à ça.

Le Tour, c'est fini, je voudrais repartir, mais j'ai terminé trop mal en point. À l'hôtel *Terminus* d'Aurillac, où ma femme Gisèle et ma petite Corinne m'ont rejoint, nous partageons les larmes et le rêve brisé. J'ai le visage très marqué, la nuit est encore mauvaise, et ma femme décide de me tirer de là. Des gens voudraient que je reparte. J'hésite, la pluie m'a fait tellement souffrir. Je ne peux plus manger. J'aime bien M. Bidot, mais là, je ne puis être utile à personne, ça ne sert à rien que je reste. Je dois rentrer me soigner à la maison. Devant l'hôtel *Terminus*, des supporters me disent tristement au revoir.

Ce jour-là, l'ami Jean-Pierre Genet s'impose à Saint-Étienne, et nous fait passer son bouquet à Saint-Léonard. C'est un geste d'amitié. J'ai toujours des maux de tête et je finis par passer des radios. J'ai une double fracture de l'os frontal ! Pour un premier abandon, je fais les choses en grand. Un médecin me dit que, s'il y avait eu une forte chaleur entre Albi et Aurillac, où j'ai voulu montrer que je n'étais pas un dégonflé, j'aurais pu y rester. C'est ce que je dis toujours, j'ai été malchanceux, mais j'aurais pu l'être bien davantage. La malchance m'a accablé, la providence m'a sauvé.

Ses soins, ceux de mon épouse, et les montagnes de lettres de mes supporters me requinquent bien. Mais je ne suis que d'un œil les dernières péripéties de la course. J'apprends que Pingeon s'est encore fait la belle à Grenoble, et que le Hollandais Jan Janssen, le champion à lunettes, a surpris tout le monde dans le contre-la-montre final. On s'attendait à ce que Bracke, le meilleur rouleur, ou Van Springel, survolté par le maillot jaune, triomphent, mais non, c'est l'homme du Tour qui a eu le dernier mot sur la piste municipale de Vincennes, où le Tour arrive pour la première fois, après que j'ai fait la fermeture du Parc. J'ai 32 ans et 6 mois et je me demande si pareille chance se représentera. Pingeon est cinquième, Aimar septième, et mon ami Genet quarante et unième.

Comme je suis très demandé pour la tournée des critériums où mes supporters veulent me prouver leur attachement, je finis quand même de bien récupérer et, quand les maux de tête sont à peu près dissipés, je roulotte un peu sur mes circuits afin de ne pas être trop minable. Car ces douleurs-là, même par intermittence, dureront quand même plus longtemps que les plaies. C'est un Hollandais qui a gagné le Tour, moyennant quoi la demande sur les critériums est un peu moins forte, même s'il parle parfaitement bien le français. Moins forte, jusqu'à ce que je revienne dans la course. Dans l'intervalle, le critérium de Chaumeil, près de chez moi, a même été annulé.

Figurez-vous que je suis un peu ennuyé, car quand je suis à l'affiche avec l'ami Jan Janssen, le vainqueur, les speakers me présentent comme le vainqueur moral de ce Tour 1968. Et je suis tellement mal à l'aise que je m'en ouvre à Roger Piel, qui nous manage tous les deux. On ne peut pas ainsi priver Jan Janssen d'une seule once de sa victoire, le seul et vrai vainqueur, c'est lui. À compter de ce moment-là, les speakers rendront vraiment à César Janssen ce qui lui appartient.

Je me souviens que, dans le dernier numéro du Tour de *Miroir Sprint*, Pellos m'avait statufié en saint Poupou, martyr, avec des supporters tournant autour de moi en se demandant si je gagnerais à Pâques, à la Trinité, à la Saint-Glinglin, ou en 1985 ! Pendant ce temps, les organisateurs MM. Goddet et Lévitan tiraient chacun de son côté, le premier étant pour les équipes nationales, et le second pour les équipes de marque. C'est M. Lévitan, qui aurait le dernier mot, après quelques atermoiements, les équipes nationales disparaîtraient pour longtemps. Aujourd'hui, avec la mondialisation du cyclisme, le sujet est redevenu d'actualité. C'est vrai qu'une fois tous les quatre ans, cela pourrait avoir de l'allure, même si ça semble compliqué.

Dans la foulée du Tour, celui qui tira la gueule, c'était bien le pilote de la moto. Ce pouvait être un motard officiel, il avait fait une faute lourde et m'avait privé d'une chance de gagner le Tour, car je n'étais pas trop mal parti. Au tribunal, j'ai eu gain de cause. Mon manager, M. Roger Piel, avait estimé mon préjudice compte tenu du fait que, si je n'avais pas gagné, j'étais bien parti pour. On se contenta des indemnités proposées, je ne me fis pas refaire le nez, comme prévu. Le drame aurait pu se terminer plus mal, avec une incapacité à vie, que sais-je ? Finalement, je regrettais quand même que ce garçon ne soit pas venu s'excuser. Je peux même dire que de Gilbert Vasseur, le motard de la garde républicaine que l'on voit sur les photos du puy de Dôme, à René Rivière, en passant par Victor Cosson, Jojo Stylianos, et tous les autres, je n'ai eu que de bonnes relations avec tous les motards, sauf lui.

Pour vous dire combien je suis mal, au championnat de France couru à Vals, puisqu'on n'a pu le courir avant à cause des événements, Lucien Aimar gagne, et moi, je prends le départ avec un bandeau autour de la tête, tellement je souffre à ce moment-là. Je déploie alors ce que vous connaissez, ce que certains appellent la philosophie de Poulidor qui peut se résumer ainsi : je m'en tire bien, cela aurait pu être pire. Pour s'en convaincre, il n'y a qu'à penser au pauvre Tom Simpson.

Sous l'influence de l'atmosphère ambiante, j'aurais aussi pu appeler ce chapitre : « Sous les pavés, le maillot jaune… »

1969

JE DORS SUR LE PODIUM

C'est le premier Tour de Merckx et ça se fête ! Départ de Roubaix, un petit tour en Belgique, à Woluwe-Saint-Pierre, son village. Et, pour donner de la valeur à cette édition, on passe par Maastricht, en Hollande, où sera signé le traité sur l'Union européenne en 1992.

Toute la Belgique attend Eddy Merckx au départ de son premier Tour, malgré l'épisode de Savona, au Giro. On l'avait accusé de se doper, à la suite d'un contrôle positif, alors qu'il jurait n'avoir jamais triché. Cette histoire italienne était plutôt louche et j'apprécie que Merckx soit au départ, grâce à l'intervention de Félix Lévitan, patron du Tour, qui l'a repêché. Il faisait ce qu'il voulait, c'était le grand manitou du cyclisme. Personnellement, je ne me mets pas la pression, je viens de remporter le critérium des Six-Provinces (l'ancien Dauphiné libéré) pendant que Merckx était au Giro. J'avais gagné les deux chronos : le prologue (11 km), devant Roger Pingeon, et Montceau-Digoin (34 km), devant Ferdinand Bracke. Cette épreuve très exigeante constituait pour moi la préparation idéale pour le Tour. J'ai d'ailleurs disputé des étapes du Dauphiné plus ardues que des étapes du Tour, avec plus de 250 km et 5 cols au menu. Je me souviens qu'une année, à Gap, on a terminé dans la neige et le froid. Les organisateurs ont dû aller chercher certains coureurs « échaudés », si je puis dire, dans les hôtels, pour les persuader de prendre le départ le lendemain !

J'ai 33 ans, l'âge auquel, souvent, un cycliste pense à raccrocher. Je ne me doutais pas que ma carrière se poursuivrait pendant dix ans au plus haut sommet. J'avais donc annoncé que je disputerais les étapes sans pression. À chaque jour son lot de surprises. Désormais, je prends les années comme elles viennent. C'est ma philosophie à l'époque et ça l'est toujours.

Merckx devait effectuer la reconnaissance de certaines étapes du Tour pour RTL. Finalement, il a dû refuser et c'est moi qui ai été invité à le faire. Je n'avais pas de raison de refuser d'autant que la radio, je dois le reconnaître, m'offrait un contrat très avantageux. Mais, à la fin, j'avais eu une crise de foie déclenchée par les gaz d'échappement des voitures. Il faut dire qu'on ouvrait la porte du coffre et que je roulais assez souvent à fond derrière le véhicule lorsqu'on évoluait sur des routes tranquilles, en rase campagne, avec du vent de face. J'avais respiré bien malgré moi des gaz incommodants et je traînais cette sorte de zona, une maladie très douloureuse, qui m'affaiblissait et surtout qui m'empêchait de dormir la nuit. C'était très fâcheux pour le Tour, je ne voulais pas prendre le départ, mais j'ai été obligé d'y aller, avec tous mes handicaps. La presse était au courant mais elle ne m'a pas cru lorsqu'elle a vu le résultat du prologue (10 km) disputé le premier jour à Roubaix : Rudi Altig l'emportait devant Eddy Merckx, Charly Grosskost, Ferdinand Bracke, Gimondi et Poulidor, sixième, à 22 secondes. C'est plutôt un excellent départ, et personne ne veut plus croire que je souffre d'un zona et ne dors pas la nuit. Mais c'est pourtant la vérité.

Je dois dire que cela m'inquiète, parce qu'effectivement, je voltige. Jusqu'à quand durerait cet état de grâce alors que je récupère très mal à cause de mes mauvaises nuits ? Sur le Tour, ce genre de situation ne pardonne pas.

Je me rends vite compte que Merckx est au-dessus du lot, il assomme une première fois le Tour avec la montée du ballon d'Alsace, puis lors du contre-la-montre (8,8 km) de Divonne-les-Bains. Son fait d'armes a lieu dans les Pyrénées lors de l'étape Luchon-Mourenx-Ville-Nouvelle (214 km) avec les cols de Peyresourde, d'Aspin, du Tourmalet et de l'Aubisque. Il décide de s'échapper après le sommet du Tourmalet, où il a sprinté pour le classement de la montagne, alors qu'il a plus de 8 minutes d'avance au classement général sur Roger Pingeon, deuxième. Il n'a pas besoin de se lancer dans un raid de 100 km avec le maillot jaune sur le dos. Mais c'est Merckx. Quel panache ! Nous subissons tous cette étape à l'arrière sous une chaleur caniculaire, sans comprendre ce qui se passe. Il est impensable qu'il avale les 100 bornes tout seul, il va bien finir par s'arrêter. On prend donc notre temps dans la descente du Tourmalet. Mais Merckx a très vite creusé un écart de 1 minute et, après une hésitation, il se lance... Nous, nous sommes tous derrière, à la dérive.

Sur ce Tour, Merckx n'a qu'un seul adversaire capable de rivaliser avec lui, ce brave Roger Pingeon, qui lui donne bien du mal, notamment dans l'étape de la Forclaz, entre Thonon-les-Bains et Chamonix (111 km). On a raconté que Merckx avait fait gagner Roger, mais c'est faux. Bien au contraire, c'est Pingeon qui s'est imposé. J'ai eu l'occasion d'en discuter avec Merckx, il attaque dans la Forclaz, puis Roger Pingeon le rejoint et le contre. À ce moment-là, Merckx reste sur place et il a toutes les peines du monde à revenir dans la descente. Il se débat pour rester tant bien que mal dans la roue de Roger qui lui prend quelques mètres à l'arrivée. Merckx s'en méfiait. Pingeon était peut-être un coureur de niveau légèrement inférieur mais, lorsqu'il tenait la forme, il virevoltait. Moi, je me classe cinquième et je devance nettement tous les autres favoris. C'est franchement incroyable, je continue à bien pédaler sans dormir de la nuit !

En fait, sur ce Tour, je marche bien un jour sur deux, donc je récupère un jour sur deux ! M. Magne était radiesthésiste et nous soignait par homéopathie. Chaque soir, il passait dans les chambres, nous prenait la tension et nous délivrait une ou deux petites pilules que l'on absorbait en lui faisant totalement confiance. À ce propos, je ne résiste pas à l'envie de vous raconter l'histoire du bidon d'eau blanche de M. Magne. Il donnait ce bidon, comme une grande faveur, au coureur de notre équipe qui était en forme. Or, très souvent, celui qui absorbait ce liquide, de couleur blanchâtre, très agréable à boire, dont on ignorait totalement ce que c'était, gagnait la course ou effectuait une belle performance. C'était le bidon magique, un super doping certainement ! Honnêtement, je n'y croyais guère à cette histoire de bidon. C'était facile de faire croire à son efficacité puisque M. Magne ne le donnait qu'à un coureur qui marchait fort, non ? On a fait analyser le contenu. C'était du bicarbonate de soude. Ce produit, tout à fait naturel, avait la propriété de faciliter la digestion, mais il enlevait également les aigreurs d'estomac et l'acidité des jambes, ce qui facilitait la récupération et une bonne circulation du sang. M. Magne était un homme intègre, d'une grande loyauté, il n'aurait jamais dopé un coureur. Il refusait le progrès, il était opposé à l'évolution du matériel, il nous disait : « Ce n'est pas le matériel qui vous rend performants. » Mais lorsqu'on arrivait au départ de certaines courses, je pense au Grand Prix du Parisien, un contre-la-montre de 140 km disputé par équipes, une épreuve qui a hélas disparu, eh bien, on voyait nos adversaires débarquer avec des vélos ultralégers, équipés de boyaux en soie, et nous, on n'avait que nos jambes sur de vieux cycles ! Bien sûr, le rendement n'était pas le même que celui de nos adversaires et les coureurs n'affichaient pas un grand moral, mais M. Magne refusait toujours. L'équipe Mercier n'avait pas les moyens, disait-il. Certaines fois, je bénéficiais des derniers avantages techniques, comme un vélo plus léger, mais j'étais bien le seul de l'équipe et je trouvais cela anormal. Puisque j'étais le meilleur, ce n'était pas à moi d'en profiter mais à un équipier plutôt, vous ne trouvez pas ?

Quoi qu'il en soit, sur ce Tour 1969, je lutte toujours, secrètement, puisque personne ne me croit, contre ce zona qui m'affaiblit. Le lendemain de l'étape de la Forclaz, la grande étape alpestre Chamonix-Briançon (220 km) par les cols de la Madeleine, du Télégraphe et du Galibier, nous attend. C'est la première fois que l'on escalade la Madeleine dans le Tour et c'est l'Espagnol Andrés Gandarias de l'équipe Kas qui passe en tête au sommet, mais je me souviens de la tête que le peloton a faite lorsqu'il est arrivé au pied du col. On tombe sur une pancarte « Sommet à 32 km », c'est plutôt démoralisant, non ? Et encore, nous montons du côté le plus facile. On n'en voit pas la fin, il pleut, il neige, il fait extrêmement froid, nous n'avons aucun vêtement dans les voitures. Je suis près d'abandonner le Tour dans la descente, effectuée sans gants. Les doigts gelés nous empêchent de freiner correctement. Heureusement, dans le Galibier, le beau temps revient, le soleil nous réchauffe un peu les os et le moral. C'est Herman Van Springel qui remporte l'étape, je termine avec Merckx, Pingeon et Gimondi.

Lors de l'étape du puy de Dôme, la lanterne rouge Pierre Matignon, de chez Frimatic, réussit à résister au retour du peloton et s'impose au sommet devant Eddy Merckx. Félix Lévitan est furieux parce que, quelques jours auparavant, Matignon avait été contrôlé positif. Il nous remonte les bretelles en règle : « Comment avez-vous pu le laisser gagner ? » À cette époque, un coureur positif n'était pas obligatoirement exclu de la course comme aujourd'hui ; Matignon avait écopé d'une pénalisation mais il était autorisé à repartir le lendemain. Il terminera le Tour à l'avant-dernière place, battu, si l'on peut dire, par André Wilhelm, de Sonolor, qui finissait bon dernier !

Finalement, je termine ce Tour sur le podium, à la troisième place, derrière le grand Merckx et Roger Pingeon, c'était assez incroyable pour quelqu'un qui ne dormait plus. Merckx avait trusté tous les maillots – jaune, vert, meilleur grimpeur – et tous les classements, dont ceux du combiné et par équipe ! Il avait fait main basse sur la course et ce n'était qu'un début…

Et dire qu'en 1966, lorsque je gagne le contre-la-montre de Vals-les-Bains (20 km) devant Jacques Anquetil, deuxième à 2 secondes, Salvatore Adamo, citoyen belge, qui suivait le Tour, était à mes côtés sur le podium et m'avait posé la question : « Raymond, quel est le coureur belge qui gagnera le Tour prochainement ? » Je lui avais répondu que je n'en voyais pas un seul, pour l'instant. Merckx venait à peine de passer professionnel, mais il ne grimpait pas. J'avais disputé Milan-San Remo, Paris-Nice et bien d'autres courses avec lui et je m'en étais aperçu. Je vous assure, Merckx ne passait pas les côtes ! Mais il a beaucoup travaillé, il s'est entraîné comme un forcené et, avec cette obstination et cette rage de vaincre qui le caractérisent, il est devenu le plus grand coureur de tous les temps. Merckx était capable de gagner sur tous les terrains, dans toutes les courses, contre-la-montre, sur piste, en cyclo-cross, partout, du mois de février au mois d'octobre ! S'il n'avait pas déployé autant d'efforts, il aurait pu effectuer une carrière bien plus longue, c'est évident. Il connaissait ma rivalité avec Jacques Anquetil, il l'avait toujours en tête et me manifestait beaucoup de respect, et je peux même dire qu'il me craignait.

1970

ZONA, DÉFENSE PASSIVE

Le Tour part de chez moi, de Limoges, mais j'ai des ennuis de santé, et je ne pourrai pas justifier ce cadeau. D'autant que « le Cannibale » est impitoyable et Thévenet surprenant. Malgré tout et malgré moi, je consolerai mes supporters avec un accessit de premier Français.

Si ce n'est pas ma plus sale année, il ne s'en faut pas de beaucoup. Moi qui avais une santé qu'on aurait achetée, je suis malade, mais vraiment malade, avec des migraines, des coups de mou, des insomnies sévères, et donc un zona qu'on mettra beaucoup de temps à déceler. Comme cette année-là, je perds aussi Martial, mon papa, et M. Magne, remplacé par Louis Caput, c'est l'année noire. Je ne devrais pas faire le Tour, car je me sens sans force, mais comment m'y résigner au moment où l'équipe change du tout au tout, et surtout au moment où le Tour part de Limoges, de chez moi. Les organisateurs ont voulu me faire plaisir et, même mal en point, je ne puis me dérober. Les points positifs seront rares, mais il y en aura au moins deux. D'une part, je ferai enfin plus ample connaissance avec M. Antoine Blondin, l'écrivain et chroniqueur du Tour. D'autre part, je tournerai une publicité qui me rappellera au souvenir de mes supporters, au moment où je traverse le désert : « On trouve tout à la *Samaritaine.* »

La preuve, moi, j'y trouve même le maillot jaune que je n'ai jamais trouvé en neuf Tours et que je ne trouverai surtout pas cette année entre Limoges et Paris, car Merckx va mener le Tour à un train d'enfer peu compatible avec ma santé. Donc, je peux enfin découvrir mon célèbre voisin désormais posé à Salas, près de Linards, à 15 km de Saint-Léonard. La veille du départ du Tour, il vient me voir à Limoges où je dédicace mon premier livre *La Gloire sans maillot jaune*. Nous finissons la soirée ensemble chez moi. Le lendemain, dans *L'Équipe*, il donne un papier dont je suis l'objet. Un beau papier, où il évoque les buis ceinturant ma maison, la grille de fer forgé et la limitation de vitesse (30 km/h) qui lui font parler de ma modestie, de ma timidité, de mon goût du secret. À ce moment-là, j'ai un chien minuscule, offert à mes filles par des amis, un pinscher nommé Skippy. Et ça lui inspire une des formules dont il a le secret : « Ce géant de la route a un chien nain… » Il évoque aussi le zona qui m'a détraqué, et ne termine pas la soirée sans une comparaison avec Anquetil. Même s'il n'est plus un adversaire, son ombre est toujours là. D'ailleurs, il nous met en parallèle avec Racine et Corneille. Même si je ne suis pas un grand lecteur comparé à Gisèle, mon épouse, je connais un peu l'histoire et en particulier l'histoire de France et notre patrimoine. La comparaison me paraît bien hardie, en tout cas bien flatteuse pour ce qui me concerne. Qui plus est, Corneille était de Rouen comme Anquetil, mais Racine n'était pas de Limoges. Qu'importe. Celui qui était pour moi, M. Blondin en dehors du Tour et Antoine pendant, qualifie même Anquetil de « champion gothique » et moi de « champion roman ». Je suis indiscutablement moins flamboyant que Jacques, encore qu'au moment où je prépare à reculons ma valise pour la grande randonnée, je dois bien lui ressembler un peu. Même si elle part à côté, la valise est quand même inéluctable.

Je pars en reculant. L'examen médical et le prologue confirment mes appréhensions. Je suis mal dans les deux cas, et, au contraire, Eddy Merckx est au sommet. Comme le dit Lucien Bodard, le talentueux grand reporter de *France-Soir*, Merckx est massif, impérial, ce n'est pas « un héros, mais un super robot ». Et de fait, malgré cinq étapes fragmentées en demi-étapes et impliquant transferts, couchers tard et levers tôt, il veut tout gagner et porter le maillot jaune de bout en bout, ce qu'il n'a pas réussi à faire en 1969. À côté de son armada Faema, chez Fagor-Mercier, toujours violine, nous sommes intimidés, même si, avec Cyrille Guimard, le débutant prometteur, et les solides Wolfshohl, Perurena, Peelman, Perrin, et bien sûr Genet, Chappe, Labourdette et mon compatriote Rabaute, nous ne manquons pas de répondant. Le Cannibale a été impressionnant lors de la visite médicale, et moi, je suis très humain, dit Bodard, qui me trouve « triste ». Je ne suis pas « une machine électronique » et j'ai même des vertiges, d'après une confidence au Dr Judet. Mme Marie Arnault de Droux, qui, à 85 ans, avale tous les jours une côte de 9 km, est presque en meilleure forme que moi. Je plaisante à peine. Dans le prologue, dans mes rues, malgré la volonté de me surpasser, sur 7,5 km, Merckx m'expédie au dixième rang, et surtout à 24 secondes. J'ai l'impression que c'est mon plus mauvais départ.

Que me réserve mon dossard 28, qui correspond à l'Eure-et-Loir, le département d'Henri Cornet qui gagna le Tour 1904 sur le tapis vert, et d'Arsène Millocheau, la lanterne rouge du Tour 1903 ? L'ami Guimard ne nous laisse heureusement pas trop le temps de supputer. En gagnant d'emblée à La Rochelle, il fait tomber la monnaie dans la caisse. Merckx garde le maillot jaune, mais le perd pourtant le lendemain entre La Rochelle et Angers pour une pincée de secondes, en faveur de son équipier Zilioli. Il ne pourra donc pas réussir le grand chelem qui lui tenait tant à cœur. À ce propos, mon ami Jacques Augendre me racontait que c'est parce qu'il avait écrit un papier sur les lectures de Zilioli, et pas du tout sur la course, que, pour la première fois, il reçut les félicitations de ses patrons du journal *Le Monde* !

Dans le contre-la-montre par équipes d'Angers, Eddy est du coup en pétard, et nous, les Fagor-Mercier, on prend un écart de 5 minutes sur 10 km. À Lisieux, je retrouve le souvenir des 20 secondes perdues dans le Tour 1964 et, à Amiens, où Spruyt affirme la mainmise de Merckx et des Faema, je songe à mon premier Tour, quand j'étais plâtré. J'étais bien arrivé au rendez-vous fixé par M. Magne, mais j'avais pris 10 minutes dans les naseaux, si vous me passez cette expression campagnarde. Ce coup-ci, je n'ai pas encore explosé, mais sous la pluie, sur les pavés, je dérouille, car je souffre derrière Eddy qui a repris son maillot jaune à Valenciennes. Beaucoup voudraient bien tenir sa roue, mais ce n'est pas une sinécure. Pingeon a d'ailleurs abandonné près de Jambes, où il nous avait gratifiés d'un fameux récital en 1967. Le meilleur à ce petit jeu reste encore Luis Ocaña, l'Espagnol de Mont-de-Marsan, qui a débuté, comme Eddy, en 1969. Lui seul lutte contre la « dictature », comme exagère à peine Lucien Bodard. D'ailleurs, même M. Jacques Goddet parle de Tour « bâillonné » après les nouvelles victoires du Belge à Valenciennes ou à Divonne-les-Bains. À Grenoble, je suis déjà à 12 minutes et au Ventoux où, derrière lui, on me laisse faire le train, il enfonce un peu plus le clou. Sur les flancs du géant de Provence, je m'accroche, je suis huitième à 1'30". Au sommet, parce qu'il en a trop fait, ou qu'il a été incommodé par les gaz d'échappement des voitures, ou parce qu'il est asphyxié par les journalistes, le Cannibale a un malaise. Du coup, on a l'impression qu'il met un peu la pédale douce dans les Pyrénées, où il laisse les jeunes Ocaña et Thévenet enlever les deux étapes majeures. Malheureusement, les deux fois, preuve d'une belle régularité négative, je termine vingt-troisième. Il est vrai qu'à Carpentras, la visite de mon docteur ne m'a pas beaucoup rassuré. À Mourenx, Eddy ne nous refait pas le coup de l'an passé, et laisse filer les routiers-sprinters.

Avec ses 10 minutes d'avance à Bordeaux, il peut voir venir mon équipier Wolfshohl, qui met un peu de beurre dans des épinards bien secs, en partie à cause de moi. Le circuit contre la montre de Bordeaux rend son ambition au Belge, il gagne et, sur 8 km, il me colle 30 secondes. À peu près le même tarif que chez moi, au départ. S'il triomphe encore une fois d'ici la Cipale, avec huit bouquets, il égalera le record de Charles Pélissier en 1930. C'est un contre-la-montre, ça tombe bien. Il n'y a que Luis Ocaña pour lui tenir tête sur 54 km. Bien que très fatigué, car moi qui suis un gros dormeur, je n'ai jamais pu me reposer vraiment plus de deux heures, à cause de mes pépins, je termine septième à 3 minutes. C'est aussi ma place finale. Je suis à 20 minutes d'Eddy. Septième, c'est la meilleure de mes plus mauvaises places, si j'ose dire, puisque j'étais huitième en 1963 et neuvième en 1967. Être septième, c'est encore être le premier Français. Les gens qui m'aiment trouveront cela encore injuste : « Vous vous rendez compte, diront-ils, à 34 ans ! » Pellos, le grand caricaturiste de *Miroir Sprint*, dont j'admirais jadis les œuvres dans les numéros confiés par M. Vialleville, mon instituteur, et qui a maintenant sa page dans *Miroir du cyclisme*, est inspiré par le fait qu'à mon âge je sois encore premier Français, et il me régale ainsi d'une formidable scène, où l'on me voit assis dans un fauteuil roulant, avec une longue barbe, et une calotte de papy. Là, le doigt levé, devant la cheminée portant les portraits d'Anquetil et autres grands, plus ou moins anciens, je raconte à Catieau, Raymond, Thévenet, Guimard, Dumont ou Danguillaume assis devant moi mes aventures, en commençant bien sûr par « Il était une fois... ». Si l'on avait dit à M. Vialleville qu'un jour son élève Poulidor inspirerait Pellos lui-même, il aurait peut-être dit : « Qui sait ? » ou « Pourquoi pas ? », car il m'avait donné confiance. Et là, je pense encore plus à lui que d'habitude. Et avec lui, j'ai une pensée pour mon papa, qui vient de disparaître, et pour M. Magne, que l'on a poussé à faire valoir ses droits à la retraite.

Cette saison a été tellement dure avec tous ces malaises, vomissements, toutes ces consultations, tous ces doutes et défaillances que j'ai bien cru que c'était la dernière. Des supporters fidèles s'interrogeaient aussi. Et si je n'avais pas eu une autre année de contrat avec Mercier, peut-être aurais-je même renoncé. Je crois avoir dit à l'époque que j'avais songé à redevenir amateur, voire à me lancer dans l'élevage. Pour être franc, j'étais passablement déboussolé, et cette année-là, c'est moi qui ai mis la pédale douce sur les critériums, même si Lucien Bodard avait conclu après son reportage très critique sur le Tour : « Les spectateurs ne connaissent que Merckx et Poulidor. »

Oui, il me tardait bien d'être à Noël pour voir Corinne et Isabelle déballer leurs cadeaux sous l'arbre. Alors, une fois encore, je ne pourrais m'empêcher de songer aux petits chariots qu'avec les copains, nous confectionnions avec quatre planches. Une orange, un collier de châtaignes feraient notre bonheur. Nous n'avions rien, et pourtant nous étions heureux.

1971

AVEC UN JOUR D'AVANCE

Cette année-là, le Tour monte, avec quatre arrivées au sommet. Place au puy de Dôme, à Orcières Merlette, à Superbagnères et à Gourette.

Je garde du Tour 1971 un excellent souvenir, c'est certainement l'un de ceux qui m'ont le plus comblé et pourtant… je ne l'ai pas disputé ! J'avais 35 ans, je voulais prendre un peu de recul et me reposer une année, mais j'ai été sollicité par RTL. Les responsables de la radio souhaitaient que je fasse le Tour avec 24 heures d'avance, que je devance les coureurs en empruntant le même itinéraire qu'eux, et en donnant mes impressions. C'était tentant : ils mettaient à ma disposition des motards pour m'ouvrir la route, une voiture d'assistance me suivait en permanence et plusieurs journalistes m'accompagnaient, dont Marc Menant et Robert Lassus. En fait, je faisais le Tour tout seul, j'avais la route ouverte et protégée, comme sur le « vrai » Tour, pour moi uniquement, les motards stoppaient les voitures, les feux rouges n'existaient plus, je traversais la France comme un président de la République ! Loin de l'affluence, lorsque la route le permettait, surtout en rase campagne, j'en profitais pour m'abriter derrière la voiture.

C'était formidable, je partais le matin à la même heure que les coureurs, mais avec 24 heures d'avance. Je traversais les villes et villages et, sur le bord de la route, la foule m'attendait comme si tout le peloton allait passer. J'avais des doutes, au début je me demandais s'il y aurait du public tout au long de la route, j'ai très vite été rassuré ! D'autant que RTL avait parfaitement organisé cette opération, des annonces prévenaient les auditeurs : « Attention, demain Poulidor traversera telle ville… » Les gens étaient très accueillants, on m'attendait avec des pâtisseries, des plats régionaux, on m'incitait à m'arrêter et à goûter toutes ces bonnes choses. J'avais reconnu à la radio, dans l'une des nombreuses chroniques que je devais livrer chaque jour, que j'étais plutôt gourmand. Le lendemain, j'ai été servi. Sur la route de Saint-Étienne, des panneaux m'indiquaient que la halte obligatoire approchait. Une fois arrivé, on m'a reçu avec des tartes à la rhubarbe, des choux à la crème et du champagne. Ah ! C'était un sacré Tour de France. J'étais heureux, mais je dois dire que les motards qui m'accompagnaient trouvaient également que la vie était belle. D'autres fois, des panneaux m'avertissaient d'un arrêt imminent, c'étaient des mariés qui voulaient une photo avec Poulidor !

Le soir, j'étais reçu à l'hôtel de ville et je dédicaçais ma photo sur une carte postale. C'était véritablement de la folie parfois, comme à Poitiers ou à Strasbourg, 10 000 personnes faisaient la queue pour obtenir ma signature, les séances de dédicaces n'en finissaient plus. Il y a eu des vitres brisées, des heurts comme pour les vedettes du showbiz, on a calculé qu'au total (en multipliant la longueur de ma signature par le nombre de personnes), j'avais effectué un autographe géant de 2 800 m !

J'ai connu ces mêmes bousculades après ma carrière cycliste, lorsque je faisais le Tour dans la caravane. On m'avait installé tout près de la ligne d'arrivée pour signer des autographes et la direction du Tour nous a demandé d'arrêter parce qu'il y avait trop de problèmes. Le public ne faisait pas attention aux enfants dans les poussettes, les gens se poussaient, c'était terrible ! Moi, j'avais trouvé un truc, je signais à l'avance à mon hôtel quelques cartes postales que je glissais au milieu des autres. Eh bien, certaines personnes s'en apercevaient et exigeaient que je signe devant elles…

Pendant ce temps, le Tour se courait avec un Luis Ocaña éblouissant. Il avait osé attaquer le grand Merckx dans l'étape d'Orcières Merlette et, au terme d'une échappée solitaire sublime, lancée dès le col du Noyer, il devançait Eddy de 8'42". C'était un événement unique, jamais encore Merckx n'avait courbé l'échine. Ça promettait une belle bagarre ! On sait qu'un fauve blessé est toujours plus dangereux et Merckx était un vrai lion enragé ! Dès le lendemain, entre Orcières Merlette et Marseille, le Belge a attaqué. J'avais dit à la radio que c'était risqué de proposer un départ d'étape en descente comme c'était le cas avec Orcières. Je ne me suis pas trompé. Marinus Wagtmans, un équipier de Merckx, réputé excellent descendeur, a mis le turbo dès les premiers kilomètres, Merckx l'a suivi, ils avaient préparé leur coup, et très vite une échappée s'est formée avec Eddy qui conduisait le bal. Il était déchaîné. Luis Ocaña, nouveau Maillot jaune, avait été surpris et tentait d'organiser la poursuite. Pendant toute la journée, pendant 251 km, les deux champions ont bataillé ferme avec un écart qui oscillait entre 1 et 2 minutes. À Marseille, l'Italien Luciano Armani s'impose au sprint devant Merckx qui reprend 1'56" à Ocaña, mais ils avaient roulé si vite que le député-maire, le bouillant Gaston Defferre, n'avait pas eu le temps d'assister à l'arrivée. Furieux, il a longtemps refusé d'accueillir le Tour en signe de mécontentement !

Moi, j'avais accompli le même parcours la veille avec un fort vent favorable. Je me souviens que je m'arrêtais pratiquement tous les 25 km parce que j'étais en avance sur l'horaire. Merckx et Ocaña ont bouclé l'étape à plus de 46 km/h de moyenne. Raymond Delisle avait déclaré : « Je n'ai jamais roulé aussi vite et je suis éliminé », parce que de nombreux coureurs avaient été mis hors délai mais ils ont été repêchés !

Ocaña a dominé ce Tour, il l'aurait certainement remporté sans sa chute dans le col de Menté sous un orage apocalyptique. Luis, qui était dans la roue de Merckx, a glissé dans un virage et, au moment où il se relevait, il a été heurté dans le dos par Joop Zoetemelk. Son Tour était malheureusement terminé.

J'ai eu le privilège d'aller voir Luis sur son lit d'hôpital à Saint-Gaudens. En fait, Robert Lassus, qui m'accompagnait pour RTL, me pressait d'intervenir pour obtenir l'interview de Luis, ce qui aurait représenté un joli scoop. Les journalistes n'étaient pas admis à le rencontrer ; Luis avait besoin de repos, il fallait le laisser en paix. Mais, finalement, je suis allé lui rendre visite. Luis était bien triste, il avait du mal à parler, étendu sur son lit, malheureux de perdre le Tour à cause de la malchance. Ce que je ne savais pas, c'est que Robert Lassus, qui m'accompagnait, avait planqué un micro sous son tricot et enregistrait secrètement notre conversation. En sortant de l'hôpital, Robert a mis en marche son magnéto, j'ai découvert alors son stratagème, ce qui ne me plaisait pas du tout, mais, fort heureusement, l'enregistrement n'avait pas fonctionné. Je crois que Robert aurait tué son preneur de son s'il l'avait eu sous la main. Il était fou de rage, il ratait un scoop énorme, et moi j'étais rassuré de ne pas avoir trompé Luis.

Merckx, très chevaleresque, a refusé de porter le maillot jaune le lendemain de la chute de Luis, pour lui rendre hommage. Merckx remporte son troisième Tour, devant Joop Zoetemelk et Lucien Van Impe. Deux futurs vainqueurs du Tour, respectivement en 1980 et 1976.

Le soir, après mon étape en solitaire, je me retrouvais seul dans ma chambre et, là, je dois l'avouer, la nostalgie s'emparait de moi. Ma course était le lendemain, à côté de moi : j'étais sur le Tour, mais pas avec les coureurs. L'ambiance me manquait, je me retrouvais tout seul le soir, un peu las, la tension nerveuse de la journée s'en allait et la tristesse s'imposait. Je garde de ce Tour si particulier un excellent souvenir, mais, en même temps, je me disais que plus jamais je ne referais une pareille expérience.

Quand on a vécu le Tour dans le peloton, difficile de l'oublier…

1972

JE RELÈVE LE GANT

Batailler avec Merckx à 36 ans est parfaitement insensé. Je m'accroche pourtant aux branches, je m'applique, le Cannibale dézingue Ocaña, puis mon équipier Guimard, qui lui a chatouillé le pédalier, et je finis donc par remonter sur le podium. Mon équipe Gan-Mercier s'impose collectivement.

La compagnie d'assurances Gan (Groupe des assurances nationales) a donc pris le relais de Fagor, l'électroménager, Louis Caput, que j'apprécie de mieux en mieux, est toujours aux manettes, et Claude Sudres, qui est à l'origine de ce sauvetage, apporte toute sa fraîche passion et son entregent à l'aventure. Il a fait un pari avec son groupe, et j'espère bien ne pas les décevoir. Ma notoriété est toujours là, semble-t-il, mais ma forme, ma compétitivité, à 36 ans, que je fêterai le 15 avril, doit quand même l'inquiéter un peu, non ? Il sait que j'ai commencé tard, que je n'ai pas triché, que j'aime toujours l'entraînement, en particulier en solitaire, mais il doit quand même s'inquiéter un peu.

Pour bien marquer ce qui est quand même un tournant dans ma carrière, on m'incite à faire beaucoup plus attention à la diététique, à l'alimentation. En fait, je fais un régime. J'étais sage, avec des petits écarts très mesurés, je vais resserrer encore plus ma garde en continuant de mettre en pratique les conseils de Maurice Mességué, herboriste réputé. Ça fait un an qu'il a constaté que j'avais le foie engorgé et qu'il m'a prescrit ces cataplasmes qui m'ont fait tellement de bien. Il m'avait fait redécouvrir l'ambition, et maintenant, si je veux être à la hauteur de ma nouvelle situation et surtout de la situation, il faut le faire ; ce n'est d'ailleurs pas un sacrifice. Simplement, je m'applique encore plus. On me fait confiance, je dois faire confiance, et finalement, je retrouve de l'enthousiasme, et même un joli coup de pédale. Tellement qu'à la surprise générale, dès le début de saison s'il vous plaît, dans Paris-Nice, je cueille Eddy Merckx lui-même, en battant le record de La Turbie contre la montre. C'est du délire. Mes supporters n'en reviennent pas, Claude Sudres non plus, et moi encore moins.

La « poupoularité » repart de plus belle. Par exemple, au retour de la Semaine catalane, à la frontière, les douaniers ferment les yeux sur un plein coffre de souvenirs, parce que ce sont « des cadeaux des Espagnols à Poupou ». Il s'agira simplement de leur signer quelques cartes du Gan, qui se trouvaient au fond du coffre. Et on passe comme une lettre à la Poste, l'ami Claude Sudres n'en revient pas. Il semblerait bien qu'il n'ait pas fait une si mauvaise affaire que ça en montant une équipe de voltigeurs autour du « vieux ».

Le Gan n'a jamais eu autant de presse et, nouvelle preuve, encore plus touchante, au grand départ du cinquante-neuvième Tour à Angers. Certes, sans le dire, je suis un peu inquiet, après avoir fait l'impasse sur le Tour 1971, vous le savez, je me demande où j'en suis, même si mon début de saison a été plus qu'encourageant. Cette rupture était nécessaire après neuf Tours de rang très difficiles, car j'étais saturé. Mais, du coup, j'ai le doute. Serai-je à la hauteur après ce retrait, les supporters seront-ils fidèles à notre grand rendez-vous annuel ? Je vais être vite rassuré.

Nous sommes tous ensemble en train de dîner le 30 juin à l'*Hôtel d'Orléans*. Soudain, un homme d'allure un peu négligée me demande. Et insiste. Claude Sudres finit par se précipiter et lui dire : « Poulidor est à table, on ne peut pas le déranger. » Il insiste tellement que Claude lui demande ce qu'il y a de si urgent, de si important. « Je voudrais simplement lui remettre quelque chose », dit l'homme en montrant son paquet. Claude se propose alors de me le porter, mais non, « c'est moi qui veux le lui remettre », tranche-t-il. Même de loin, cette scène est pénible, car l'homme a l'air bien triste et bien fatigué. Je finis par me lever et, comme Claude l'emmenait vers notre table, on se tombe dessus. Il pleure presque en me tendant son lourd paquet. Je déplie doucement le papier journal, et j'ai la bonne surprise de découvrir un superbe cendrier en ardoise. Comme je le remercie bien, l'homme précise doucement, poliment : « Je l'ai fait moi-même. Je l'ai entièrement découpé à la scie et taillé à la main. Je suis mineur dans une ardoisière. »

L'émotion est palpable. Je sens bien qu'il me fait présent d'un bout de son cœur. Je lui propose de boire un verre avec nous. Il refuse. Comme le patron de l'hôtel veut me délester du papier journal que j'ai sur les bras, notre mystérieux visiteur le récupère d'un coup de main, non sans préciser : « Je le garde, ce sera pour moi un souvenir. »

Alors, il remercie Claude, me serre la main en me regardant dans les yeux, puis il s'excuse et part apaisé. Avec Claude, nous sommes bouleversés. Claude plus que moi. Il n'est pas encore coutumier de ces démonstrations d'amitié. Il en parle d'ailleurs dans son beau livre de souvenirs, intitulé *Hors course*. Je vais reprendre ce qu'il écrit à la fin de cette histoire pour lui rendre hommage, et parce qu'il a compris l'essentiel de ma relation avec les supporters : « Caput m'avait déjà parlé du "phénomène" Poulidor auprès du public, je viens d'en vivre l'expérience, et il me sera donné, dans l'avenir, de rencontrer beaucoup de ces gens humbles, sans histoires, non dénués d'intelligence, mais laissant parler leurs sentiments. Raymond symbolise pour toutes ces personnes modestes, sans prétentions, celui qui, aussi modeste qu'elles, est devenu, grâce à son courage et sa pugnacité, quelqu'un et qui apparente sa réussite à un conte de fées. Et Dieu sait si les gens aiment les contes de fées. »

Dans ce cinquante-neuvième Tour, si je pars un peu dans l'inconnu, il faut dire que nous avons une belle équipe, car nous pouvons compter sur le jeune et ambitieux Cyrille Guimard. J'ai aussi le solide Michel Périn, René Grelin, Jacques Cadiou, et mes expérimentés Jean-Pierre Genet ou Barry Hoban. Dans cette course, où l'on retrouve aussi chez Peugeot un certain Bernard Thévenet aux côtés de Roger Pingeon, il y a encore Lucien Aimar chez Rokado, Van Impe chez Sonolor, et bien entendu Eddy Merckx chez Molteni, qui, après sa mésaventure de 1971 avec Luis Ocaña de BiC, veut remettre les choses en perspective et en prime enlever un quatrième Tour de rang.

Je garde le souvenir d'un Tour très dur, dans lequel nous tirerons notre épingle du jeu grâce à Guimard, qui gagnera des étapes, prendra le maillot jaune et inquiétera Merckx, avant d'abandonner, un genou dans la boîte à gants, comme on dit aujourd'hui, grâce à l'équipe qui, bien que privée de Jean-Pierre Genet qui se casse la clavicule à Bordeaux, s'imposera collectivement, et grâce à moi, qui finis encore troisième à la Cipale après m'être fait souffler *in extremis* à Versailles la place de deuxième par Gimondi. Un Tour très dur, car, de fait, Eddy Merckx a un compte à régler avec Luis Ocaña, qui l'avait humilié à Orcières Merlette avant de tomber à Menté. C'est dans le non-dit, mais, à l'arrivée, Luis, qui se bat comme un lion, et qui fait front, tiendra quatorze étapes avant d'abandonner deux étapes après Orcières, victime d'une affection pulmonaire. En fait, pour être honnête, ceux qui donnent le plus de fil à retordre à Eddy, ce sont les deux jeunes, Guimard et Thévenet. Moi, je m'accroche. J'ai compris dans le prologue d'Angers (7,2 km), où je termine troisième à 12 secondes d'Eddy, et dans le contre-la-montre de Bordeaux (12,7 km), où je pointe en quatrième position à 20 secondes du Cannibale, que je ne serai pas ridicule et, dans les Pyrénées comme dans le Ventoux, je reste bien au contact des meilleurs. Stimulé par Guimard et Ocaña, Merckx accumule victoires et exploits, mais, même si Cyrille le coiffe au Revard, où je suis nettement mieux qu'en 1965 alors que Gimondi coince, Merckx ne lâchera plus son maillot jaune. Du coup, avec Cyrille, nous nous retrouvons tous les deux sur le podium à l'ombre du grand Eddy. Claude Sudres sourit, mais c'est un peu forcé, car, trop sollicité, un genou du Nantais donne des signes d'inquiétude. Pingeon et Ocaña ont déjà abandonné, et on a peur que notre virevoltant jeune premier n'aille pas jusqu'au bout. Tendinite, épanchement de synovie ? Claude Sudres et Lulu Lemonnier, notre soigneur, ne savent plus à quel saint se vouer pour atténuer les douleurs de notre jeune champion. Dans la nuit, Claude Sudres part même chercher des navets et du saindoux pour confectionner le cataplasme de la dernière chance. Au courage, Cyrille tiendra deux jours de plus, il va jeter l'éponge au départ de la 18e étape, à deux jours de Paris, 18 km après le départ, du côté de Raze. C'est rageant. Il avait souffert dans le ballon d'Alsace, comme moi dans le Galibier, et ne pouvait vraiment pas aller plus loin. Notre regretté ami Jean-Paul Brouchon entrera carrément dans une poste avec sa moto pour trouver le téléphone qui lui permettra d'être le premier à annoncer en direct à l'antenne de France Inter l'abandon du grand animateur de ce Tour. Là aussi, on voit que les moyens de communication ont bien changé. Et, par la force des choses, à Auxerre, je me retrouve donc le dauphin d'Eddy, avec Gimondi, 4 secondes derrière. Même en 1965, je n'avais pas connu cette situation. Dans le contre-la-montre de Versailles, sur 42 km, Felice qui finit plus fort que moi, et qui a l'âge pour lui, me reprend 57 secondes, et me passe donc. Ce sera lui le dauphin à 10 minutes d'Eddy, vainqueur pour la quatrième fois de rang, un record. Moi, je serai encore troisième 1 minute derrière. Troisième comme en 1962, 1966 et 1969. La différence ? J'ai 36 ans, dix de plus qu'à mes débuts, et Merckx en a neuf de moins que moi. En tout cas, le petit ardoisier d'Angers m'a porté chance. Quelque part, il doit aussi le penser, comme moi. Van Impe, Zoetemelk et Thévenet sont derrière, et je me dis alors qu'avec un doigt de chance et de soutien de plus, j'aurais pu être plus près de Merckx. Mais comme on dit en Limousin, « la mariée est déjà bien belle ». Les lettres des supporters affluent à nouveau à Saint-Léonard, et le maillot turquoise est aussi demandé sur les critériums que mon cher violine et jaune. C'est une belle année. Il y a bousculade chez les agents du Gan qui, avec moi, ont l'impression de prendre un coup de jeune !

Il y a vraiment du renouveau dans l'air. Et l'automne ressemble presque au printemps. Pour une opération « Perce-Neige » montée à Villeneuve-Saint-Georges par l'ami Claude Sudres, je serai même gardien de but, mi-novembre. Il neige, et pourtant, un instant, un tout petit instant, je me prends pour Georges Carnus, le portier de l'équipe de France…

1973

JE FRÔLE LA MORT

Départ des Pays-Bas, où, en 1954 déjà, le Tour s'élançait pour la première fois de l'étranger, à Amsterdam. Cette fois-ci, il partait de Scheveningen, une station balnéaire de La Haye au nom imprononçable ! Ce Tour prenait la route du Sud avec Aubagne, la cité de Pagnol, Nice, celle de Louis Nucéra, mais aussi Argelès-sur-Mer et Montpellier.

Pour la deuxième fois, après 1967, je rate le maillot jaune le premier jour, pour pas grand-chose. En effet ce prologue de 7 km, qui se disputait en Hollande, est remporté par Joop Zoetemelk de l'équipe Gitane-Frigécrème et je termine deuxième à 1 seconde ! Je n'étais pas déçu, j'avais 37 ans et je commençais ce Tour plutôt de fort belle manière, puisque tous les rouleurs étaient derrière moi : Jesús Manzaneque (La Casera), Herman Van Springel (Rokado) et Luis Ocaña (BiC) qui allait remporter ce Tour très brillamment. Je confirmais mon bon début de saison, j'avais une deuxième fois, après ma victoire en 1972, remporté Paris-Nice devant Eddy Merckx. C'était de bon augure.

Sur le Tour, j'avais une belle équipe avec Cyrille Guimard, qui allait s'imposer à Reims devant le Belge Gustaaf Van Roosbroeck et Jacques Mourioux, avec Barry Hoban, vainqueur de deux étapes à Argelès-sur-Mer et à Versailles,

Charly Grosskost, excellent rouleur, le fidèle Jean-Pierre Genet, Mariano Martínez (qui sera le meilleur grimpeur du Tour 1978), Régis Delépine, Gérard Moneyron, Michel Perin et René Grelin.

Ce Tour partait vraiment bien pour notre équipe Gan-Mercier, d'autant que je confirmais ma belle forme dans le premier contre-la-montre, entre Perpignan et Thuir sur 28 km. Luis Ocaña, qui était intouchable, remporte l'étape mais je termine deuxième à 30 secondes en devançant tous les spécialistes : Joaquim Agostinho, José Antonio González Linares, Jesús Manzaneque, Charly Grosskost, Herman Van Springel…

Luis nous avait tous matés lors de la grande étape alpestre, Moûtiers-Les Orres (237 km). Il est parti avec le grimpeur espagnol José Manuel Fuente dans la montée du Télégraphe ; ils avaient franchi ensemble le Galibier et l'Izoard, et Luis lâche le petit grimpeur de la formation Kas dans la montée finale des Orres. Nous, les favoris, nous terminions à 20 minutes. Luis connaissait un état de forme exceptionnel, comparable à celui de 1971 avant sa chute fatale.

Je songeais à réaliser un podium, tout était possible. Mais, une nouvelle fois, le sort m'a empêché d'aller au bout de mes ambitions, je suis victime d'une chute spectaculaire dans la descente du col de Portet-d'Aspet, dans l'étape Bourg-Madame-Luchon (235 km) et je suis contraint d'abandonner le Tour. Quelle poisse !

Je me souviens très bien de cet instant fatidique. L'Espagnol José Manuel Fuente avait attaqué, il évoluait seul à l'avant, nous, nous étions dans la descente du Portet-d'Aspet, Ocaña ouvrait la voie suivi de Zoetemelk, j'étais en troisième position. Luis descendait très mal, dans un virage, presque au même endroit où Fabio Casartelli s'est tué en 1995, il a eu une hésitation, il a freiné, Joop a dérapé sur les gravillons et moi j'ai également freiné à bloc, mais j'ai plongé directement dans le vide. Dans ma chute, j'ai eu beaucoup de chance, je suis resté sur le vélo et c'est lui qui s'est brisé sur le rocher en contrebas, amortissant le choc comme un ressort. On ne portait pas de casque, j'ai senti quelque chose de chaud qui me coulait sur le visage, j'ai posé la main sur ma tête, elle était pleine de sang. J'ai failli tomber dans les pommes, je ne voulais pas mourir tout seul dans ce trou. J'ai essayé de remonter vers la route, j'ai vu deux mains qui se tendaient vers moi, c'étaient celles de M. Jacques Goddet, le directeur du Tour. Il me croyait mort. En me voyant, il m'a adressé deux mots tout simples, « Courage, courage ! », il craignait pour ma santé, je l'ai remercié : « M. Goddet, vous me sauvez la vie ! » Je voulais repartir, j'ai demandé à Louis Caput, mon directeur sportif, de descendre mon vélo de rechange, j'étais complètement inconscient, je ne réalisais pas dans quel état j'étais vraiment, je souffrais beaucoup et je ne tenais pas debout. Le Dr Broussard m'a interdit de remonter en selle. On m'a transporté par hélicoptère à l'hôpital de Luchon, j'étais dans la même chambre que celle de Luis Ocaña, auquel j'avais rendu visite deux ans plus tôt. Ma première visite a été celle de Jacques Anquetil, ce qui m'a fait très plaisir, il compatissait à mon mauvais sort. J'avais eu la force de lui dire que, finalement, j'avais eu beaucoup de chance. Sur une chute pareille, j'aurais pu me tuer !

Ironie du sort, cette fois-ci, c'est moi qui étais cloué au lit et Ocaña, avec brio, remportait son Tour de France devant Thévenet et Fuente. J'allais me racheter l'année suivante en montant sur le podium, à la deuxième place, juste derrière Merckx.

1974

À 38 ANS, JE RETROUVE LE PODIUM

On part de Brest, et figurez-vous que c'est Poupou qui, à 38 ans, fait parler le tonnerre. Je lâche Merckx lui-même. Vous avez bien lu. Je me surpasse dans le contre-la-montre final pour finir deuxième. Et je gagne une belle étape de montagne douze ans après mon premier succès sur le Tour ! Je suis comblé, à ne pas avoir le moindre regret. Encore que…

Mon douzième Tour de France s'est encore terminé sans le moindre maillot jaune ! Dans *France-Soir*, Michel Costes titre même là-dessus, après que l'on m'ait remis à la Cipale, où était jugée la cinquième arrivée victorieuse de Merckx, un « maillot jaune d'honneur ». Un geste de consolation, d'amitié, ou de compassion, qui me gêne beaucoup, car j'aurais préféré le gagner sur la route. Mais, en même temps, une nouvelle fresque de Pellos fait supposer que j'ai été, encore une fois, un peu la bouée de sauvetage de la course. Qu'importe, ce maillot me gêne tellement qu'en redescendant de la tribune d'honneur je l'offre à mon ami Claude Sudres, *alias* « Tonton ». J'ai 38 ans, certes, je suis encore second, ou mieux, deuxième, mais je ne suis pas encore mort, comme l'ont prouvé mon bon Dauphiné et ce bon Tour. Et je n'ai pas renoncé. Vous le croirez, ce Tour, le fait que pour la première fois sur le Tour, et pas qu'une fois, j'ai tenu en échec Merckx lui-même, me donne de l'espoir. Je deviens fou. Je me pince. Ma fin de course m'incite aussi à l'optimisme, puisqu'elle m'a permis de justifier ce titre d'éternel second qui me pèse parfois. Dans le contre-la-montre d'Orléans, ça a tenu à 1 seconde, mais après 4 000 km de course, ce n'est pas si mal, car mon concurrent direct, l'Espagnol López Carril, avait six ans de moins que moi, et n'entendait pas m'offrir sa deuxième marche. Il m'a obligé à puiser dans mes réserves, et j'en avais pour aller chercher ma troisième place de deux, dix ans après la première. La première, c'était derrière Anquetil, la troisième derrière Merckx. Ils enlevaient l'un et l'autre leur cinquième Tour, et moi, j'étais toujours là. Et, le moins qu'on puisse dire, même si c'était à eux de faire la course, c'est que je n'avais pas été toujours dans leur roue.

Mais reprenons calmement les choses dans l'ordre. À 38 ans, et j'ai eu beau m'entraîner comme un damné sur mes belles routes calmes de la Creuse, le miracle de Paris-Nice ne s'est hélas pas reproduit une troisième fois. Je me console avec une étape du Dauphiné libéré. En fait, je me dis que ça me met un peu moins de pression pour mon douzième Tour. C'est la soixante et unième édition du Tour et on y attend surtout Merckx pour sa cinquième victoire. En 1973, il a fait l'impasse, et là, il revient avec une grosse équipe Molteni, avec plusieurs de mes anciens équipiers belges. Moi, j'ai le dossard 61, et maintenant ma garde rapprochée est hollandaise avec Bal, Knetemann et Vianen. Genet, Hoban, Mourioux, Perin et quelques bons compagnons complètent l'équipe Gan de Louis Caput et Claude Sudres. Au moment du départ, à Brest, il pleut, et je me demande si mon embarquement sera pour Cythère ou pour galère.

En fait, j'ai peur de ne pas tenir les trois semaines avec un Eddy Merckx qui n'a de cesse d'emballer la course, de faire toujours mieux, de se battre lui-même et surtout de réussir la passe de cinq victoires, pour rejoindre Anquetil. Et le prologue me confirme dans mes doutes sur Merckx, qui démarre au quart de tour, comme jadis l'ami Darrigade, je perds 33 secondes sur 7 km… Je suis vingt-septième. Un de mes plus mauvais débuts. Le saut en Angleterre à Plymouth m'amuse, même si ça me paraît beaucoup de complications pour une seule étape. Maintenant, si ça sert la cause de l'artichaut de Saint-Pol-de-Léon, c'est bien. Le bon contre-la-montre par équipes d'Harelbeke, où nous terminons au milieu du tableau à 2'30" de la Molteni, dissipe un peu mes appréhensions… Ensuite, Merckx, Guimard et Sercu se passent les bouquets, mais Eddy tient le maillot jaune et nous sommes au pied des Alpes. Jusque-là, j'ai pédalé assez facile, et dans la 9e étape, entre Besançon et Aspro-Gaillard, au kilomètre 202 de cette étape qui en compte 241, figurez-vous que je m'étonne ; ici débutent les 14 km du premier col de première catégorie du Tour, le Salève. De 650 m on passe à 1 283. Du raide ! Guimard et Thévenet explosent. Nous ne sommes que quatre à rester en compagnie du Cannibale : Agostinho, Aja, Panizza et moi. À l'arrivée, les écarts sont sensibles, Thévenet et Guimard rejetés à 9 minutes. Je me demande ce qui se passe. À la 2e étape alpestre entre Aspro et Aix-les-Bains, qui me réussit depuis 1962, je n'hésite plus : je suis bien et Merckx un peu moins. Dans le mont du Chat, Aja est parti et, devinant que Merckx coince, je le suis sur une injonction de Louis Caput qui me glisse simplement « Raymond ». M. Magne klaxonnait, Louis Caput souffle. La caravane sort de sa torpeur : Poupou a lâché Merckx ! Au sommet, il a 57 secondes de retard sur moi et, comme je n'ai que 2 minutes de passif, le Tour s'émoustille. L'arrivée est à 20 km, et je la connais bien, et je fais bien la descente. Derrière, Eddy prend tous les risques, à se briser la nuque s'il va dans le décor. Il y a danger. Il revient dans le circuit final où nous sommes avec Mariano Martínez et nous flingue. Agostinho a perdu plus de 30 secondes et je lui chipe la deuxième marche. Le lendemain, c'est repos à Aix-les-Bains. Ce sera ma perte. Tout le monde me voit en vainqueur possible, m'assaille. Eddy est sous le choc. Le surlendemain, il remet les pendules à l'heure entre Aix et Serre-Chevalier, il s'est requinqué et, avec López Carril et Pingeon, qui a attaqué, il passe mieux le Galibier que moi. Je termine honorable dixième, mais à 6 minutes. Je songe qu'en 1967, c'est moi qui avais donné un coup de pouce à Pinpin. Le rêve passe, il est même fendu en deux. André Herne, du *Télégramme de Brest*, grand témoin de l'épisode, avec un médecin qui étudie mon cas depuis quelques années, confie qu'en proie à une colère sourde, je me serais laissé aller à confier : « Je n'ai jamais été aussi triste de ma vie. » J'ai la conviction d'avoir perdu un Tour à ma portée. De fait, les Espagnols Aja et López Carril m'éjectent du podium. Pourtant, le franchissement du Ventoux en leur compagnie dans Savines-Orange me rassure. Les Pyrénées seront une fois encore décisives et, jusqu'ici, elles m'ont réussi une seule fois, à Luchon, il y a dix ans. J'allais dire : Merckx était au biberon. C'est à peine exagéré. Avant d'entrer dans le vif du sujet, Jean-Pierre Genet, l'ami fidèle, qui a été Maillot jaune, lui, et lanterne rouge, enlève sa troisième étape à Colomiers. Entre Colomiers et La Seu d'Urgell, presque tous les favoris sont devant sauf Guimard, Pingeon et Thévenet qui a abandonné dans les Alpes. À La Seu d'Urgell, quelques voitures de la caravane sont plastiquées par des indépendantistes basques, je crois, et Claude Sudres est obligé de faire le coup de poing pour se faire respecter. Je vais suivre son exemple sur la route de Saint-Lary-Soulan. C'est le 15 juillet. Il y a cinq cols, quatre seront oubliés. Et si Merckx était dans un nouveau jour sans ? Le cinquième, c'est le Pla d'Adet. L'arrivée est à 8 km. Les « Poupou » jaillissent sur la route. J'ai des ailes. Les transistors crachouillent. J'ai vu qu'il avait un problème de développement. Je vais attaquer. Robert Chapatte, sur sa moto, me crie : « Il est cuit. » Je prends 30 m. Il est dans le lacet du dessous. Mais je me retourne trop souvent pour voir où il en est et Caput vient à ma hauteur me dire : « T'occupe pas de ce qu'il y a derrière, fonce ! » Par le biais de Radio Tour, dont je picorc au vol des motos et autos des bribes, j'entends : « Poulidor vient de lâcher Van Neste, qui était en tête. Maintenant, c'est lui qui est seul en tête. » Puis j'entends encore : « Derrière, López Carril vient de lâcher Merckx. » Moi, je pédale comme un dératé, et comme si c'était aujourd'hui. Comme dans Paris-Nice. Je rêve un peu trop. Ici, c'est le Tour. Au sommet, c'est du délire. Je gagne avec moins de 1 minute sur López Carril. Pollentier est troisième, Merckx cinquième, à 1'37". Je me replace en regrettant qu'il n'y ait pas de bonifications comme en 1964. Comme si cela aurait pu désavantager Merckx. Pas le temps de trop rêver, tout juste celui d'admettre quand même que j'ai fait une grande étape. Mais il faut penser au lendemain et au surlendemain, car on emprunte le Tourmalet. La double lame, la double légende. Les deux fois, Jean-Pierre Danguillaume signe l'exploit. Mais la première, où il a démarré dans Aspin, je suis sur ses talons, et, dans un brouillard à couper au couteau, je reprends encore 42 secondes à Merckx. Du coup, j'évince Aja de la troisième place du podium. Le lendemain, au départ, on entreprend le Tourmalet dans l'autre sens, et si Aja me devance de 30 secondes au sommet, moi, j'y devance nettement Merckx. Pour la quatrième fois, je suis devant, même si, à la sortie des Pyrénées, j'ai 5'18" de passif sur lui, et 2'53" sur López Carril. On me reproche de ne pas avoir attaqué plus tôt. Je réponds que j'aurais bien voulu, mais qu'à 38 ans, mes facultés de récupération ne sont plus ce qu'elles étaient. Peu rancunier, M. Goddet me tresse des lauriers et parle de moi comme d'un « superbe antique ». Sur le Circuit du Lac, à Bordeaux, je fais tomber la poussière, je suis quatrième, Merckx me colle 20 secondes, mais moi, j'en reprends 37 à l'Espagnol. Comme Eddy est hors course, comme Coppi en 1952, je vais me battre pour la deuxième place. En fait, si tout va bien, je serai premier derrière Merckx, comme Ockers derrière Coppi. J'ai donc 2'26" à reprendre sur López Carril, et seulement les 37,5 km du contre-la-montre d'Orléans pour y parvenir. Pollentier surprend Merckx et moi López, pour 1 seconde. À l'arrivée sur le Circuit de la Source, après avoir tout donné, je m'entends encore répéter : « Combien ? Combien ? » López Carril arrive peu après, et là on me crie : « Ça y est ! 1 seconde d'avance pour toi. » J'en tremble, tellement je me suis impliqué dans ce challenge. « Vous êtes sûr ? » et comme un officiel me confirme la bonne nouvelle, je répète : « Incroyable, 1 seconde ! » J'ai laissé l'Espagnol en pétard à 2'27". La foule est en délire. Dans *France-Soir*, Michel Costes parle de « la seconde d'Orléans ». Mais 1 seconde, c'est rien, et López Carril, que je n'ai jamais vu aussi nerveux, n'aura de cesse de m'inquiéter, de me chercher entre Orléans et Paris, où je ne le perds pas une seconde de vue malgré les centaines d'inscriptions à ma gloire. Et c'est sur des charbons ardents que j'entre à la Cipale après avoir repoussé à 2 km de l'arrivée une dernière attaque de l'Espagnol. Il essayait de me filer sous le nez dans le final, mais je ne me suis pas laissé surprendre. Mon équipe est aussi deuxième par équipes, et je suis aussi sur la deuxième marche du combiné. Décidément, c'est le 2, qui me va... Déro pourra encore me croquer uniquement avec des 2. À l'hôtel de ville, où je reçois des mains de Jacques Chirac la médaille de vermeil de la Ville de Paris, parmi les invités dans ces salons grandioses, une dame âgée et très digne m'aborde et me tend discrètement une enveloppe. De quoi s'agit-il ? Je l'ouvre et découvre un chèque de 10 000 francs (le numéro de *L'Équipe* est à 1,50 franc), une belle somme. Je tombe des nues. Je refuse. Je lui rends l'enveloppe. Elle me la retourne me disant : « Je ne suis pas une "supportrice" de Poulidor mais une admiratrice de ce sportif dont il faut louer la droiture, le courage, le mérite. Je tenais à lui faire ce cadeau. Il en fera ce qu'il voudra. » En écrivant cette histoire, j'en suis encore tout retourné. C'est vrai que deuxième à mon âge... Sans avoir gagné le Tour comme Bartali, qui était un champion de mon enfance, je vais lui ressembler un peu pour ce qui est de la longévité. Et là, je me dis qui sait si, sans ma défaillance du Galibier, je n'aurais pas pu finir plus près d'Eddy et lui poser quelques problèmes. À l'arrivée, il y a 8'04" entre nous et, là-haut, j'ai perdu 5'23".

Qu'importe, cette place est inespérée. Pierre Chany parle dans *L'Équipe* d'une « continuité sans précédent et d'autant plus extraordinaire que son auteur a été éliminé deux fois par des chutes alors qu'il pouvait prétendre monter sur le podium. Il n'y a pas d'exemple d'un champion si assidu aux places d'honneur qui n'ait porté le maillot jaune jusqu'au bout au moins une fois. Or, Poulidor n'a jamais eu la joie de revêtir cette tenue que d'autres, moins méritants, ont rangée dans leur armoire ».

En fait, en ne portant jamais LE fameux maillot, en étant même le seul vainqueur moral à ne le jamais porter, alors qu'Eugène Christophe et René Vietto le portèrent tout de même, en forme de compensation, je vais recevoir spontanément de la France profonde beaucoup mieux qu'un maillot jaune, une reconnaissance offerte par plusieurs générations de supporters…

En 1964, j'avais failli empêcher Jacques Anquetil de réussir la passe de cinq victoires, dix ans après, j'ai réussi exactement la même chose avec Eddy Merckx. En rentrant à Saint-Léonard, le facteur ne me maudit pas, mais presque, tant il est inondé de lettres d'admiration de mes supporters. À Brest, c'était bien un embarquement pour Cythère dont il s'agissait.

1975

OÙ EST POUPOU ?

Départ de Belgique, de Charleroi, sur la Sambre, en route pour la fraîcheur avec une halte à Sablé-sur-Sarthe, en pays de Loire, puis à Chalon-sur-Saône. Sans oublier la station de Super Lioran dans les monts du Cantal. Ce Tour sent le terroir et l'histoire, à l'image de Pouilly-en-Auxois, pays des côtes de Beaune et des ducs de Bourgogne.

Dans la galerie de mes souvenirs, ce Tour 1975 est l'un des plus mauvais. J'étais malade dès le départ, j'avais de la fièvre, sans doute une bronchite, qui a atteint une partie de la Gan, et je n'ai jamais trouvé le bon rythme. Je me sentais fatigué, sans force, incapable de me battre. Ce Tour m'a fait souffrir et j'ai mal accepté les critiques des journalistes qui ont écrit que j'avais disputé un Tour de trop. Peut-être pensaient-ils avoir raison ; en 1975, j'avais tout de même 39 ans, mais je ne voulais pas terminer sur une mauvaise impression, et c'est la raison pour laquelle j'ai tenu à m'aligner l'année suivante, ce qui m'a réussi. Je ne me posais pas trop de questions, je voulais finir ce Tour malgré ma mauvaise condition, alors que je sortais d'un Dauphiné libéré, remporté par Bernard Thévenet, devant Francesco Moser et Joop Zoetemelk, où j'avais plutôt bien marché, en terminant quatrième. L'étape la plus dure pour moi, la plus humiliante aussi, a été celle de

Valloire-Morzine-Avoriaz (225 km) gagnée par Vicente López Carril. J'étais dans le gruppetto, une place inhabituelle pour moi, en compagnie de Walter Godefroot, Rik Van Linden, Gerrie Knetemann, Willy Teirlinck, Gerben Karstens, tous les sprinters étaient là, et Walter est monté à ma hauteur et a crié fort : « Tiens, aujourd'hui les grimpeurs sont avec moi ! » Ça m'a fait mal, pourtant il l'avait dit sur le ton de la plaisanterie, mais je n'étais pas habitué à traîner à l'arrière à 24 minutes ! Ma situation était d'autant plus embarrassante que je ne pouvais pas me soigner efficacement, il aurait fallu avaler des comprimés contenant certaines substances interdites par les lois antidopage.

Ce Tour est parti de Charleroi, en Belgique, où Moser bat Merckx de 2 secondes dans le prologue. Le lendemain, Merckx termine encore deuxième, à nouveau battu par Cees Priem à Molenbeek. Troisième défaite pour Merckx, septième sur le vélodrome de Roubaix où Rik Van Linden s'impose. Je termine onzième, avec les principaux favoris, dont Merckx, Thévenet, Gimondi. Nous arrivions sur la piste « ouverte » de Roubaix. Ça allait. Je dois vous confier que ne supportais pas les pistes couvertes, dans les virages j'attrapais le mal de mer, cela me rendais malade. Je ne sais pas pourquoi, mais c'était comme ça et j'en étais conscient.

À ce propos, je ne résiste pas à l'envie de vous raconter une mésaventure incroyable qui m'est arrivé sur la piste couverte de Madrid. Je venais de disputer l'escalade de Montjuïc à Barcelone, que j'ai gagnée à trois reprises (en 1965, 1967 et 1968), et mon manager, Roger Piel, avait négocié une course-poursuite contre Julio Jiménez. Il n'y avait que 4 km, je pouvais tenir. J'ai donc accepté. Je n'ai pas mangé avant la course, j'ai pris des comprimés de Nautamine pour soigner le mal de mer et j'y suis allé. J'avais la tête qui tournait dans les virages, je n'étais pas bien, j'ai eu du mal à terminer, je gagne la poursuite sans conviction ; Jiménez et moi, on termine pratiquement au ralenti ! J'étais tout de même soulagé, c'était fait. Mais l'organisateur avait prévu une course à l'américaine et un match Anquetil contre Poulidor. C'était la catastrophe, bien sûr, j'ai refusé de la faire en expliquant que j'étais malade, que je vomissais de la bile. L'organisateur ne s'est pas démonté. Il est revenu en compagnie d'un pistard amateur espagnol, il lui a fait endosser un maillot Mercier, lui a posé le dossard avec le numéro deux, l'a coiffé d'un casque qui le protégeait bien et l'a baptisé… Poulidor. Je vous jure que l'histoire est vraie. Le coursier a disputé l'américaine contre Anquetil. Dans les sprints, il l'a même battu, le public madrilène s'est levé et scandait « Poulidor, Poulidor ! », moi, caché dans le vestiaire, je n'en revenais pas ! Poulidor avait battu Anquetil, ils m'ont même doublé le contrat ! Après la course, Jacques est venu me voir, il avait bien sûr compris notre stratagème, et s'est montré complice, même s'il était furieux contre moi : « Tu m'as battu à tous les sprints ! » Pareille aventure ne serait plus possible de nos jours.

Sur ce Tour 1975, Merckx a mis les pendules à l'heure lors du contre-la-montre disputé sur le circuit de Merlin-Plage (16 km) où il a endossé le maillot jaune. On imaginait tous qu'il allait remporter son sixième Tour. Et puis l'impensable s'est produit dans la montée de Pra Loup. Merckx a attaqué dans le col d'Allos, il avait réussi à devancer Thévenet, son challenger, deuxième à 58 secondes au classement général, et il grimpait vers Pra Loup. Et puis subitement son coup de pédale a changé, il piochait, ses épaules bougeaient plus que de coutume, il accusait le coup. Felice Gimondi d'abord, puis Bernard Thévenet l'ont doublé sans trop comprendre ce qui se passait. En quelques kilomètres, Merckx a perdu son sixième Tour, et Thévenet, qui endossait le maillot jaune au sommet, a conquis son premier titre. C'était inouï. Moi, je me traînais, je termine à 12 minutes avec Hennie Kuiper. Finalement, je me classe dix-neuvième à Paris, c'est ma plus mauvaise place ! Maigre consolation, notre formation Gan-Mercier (avec Jean-Pierre Genet, Yves Hézard, Barry Hoban, Gerrie Knetemann, Jean-Claude Misac, Michel Périn, Georges Talbourdet, Gérard Vianen, Joop Zoetemelk et moi) enlevait le classement par équipes.

Pour la première fois, le Tour se terminait sur les Champs-Élysées et le président de la République, Valéry Giscard d'Estaing, a remis le maillot jaune au vainqueur, le Bourguignon Bernard Thévenet. Quelques jours avant, je lis dans *L'Équipe* que le Président recevra à l'Élysée les leaders du Tour, à savoir Thévenet, maillot jaune, Rik Van Linden, maillot vert, Lucien Van Impe, maillot à pois, Walter Godefroot, le vainqueur de l'étape… et, exceptionnellement, Raymond Poulidor. Je n'avais pas envie de m'habiller spécialement pour cette réception, je préférais me reposer et j'ai demandé à Claude Sudres de se renseigner. Il a rencontré Félix Lévitan qui lui a expliqué que la réception était réservée aux leaders et que Poulidor n'était pas invité. Ça m'arrangeait. Lorsque la délégation a franchi la porte de l'Élysée, la première question que M. Giscard d'Estaing a posé a été : « Mais où est Poulidor ? » Il n'était pas content mais Lévitan ne s'est pas dégonflé, il lui a répondu que je n'avais pas eu envie de me déplacer. Plus tard, le président Giscard d'Estaing a visité un salon du cycle où j'officiais pour France Loire. Il n'avait pas oublié et sa première réflexion a fusé net : « Alors Poulidor, on me fait faux bond ! » Je lui ai expliqué la situation et il m'a salué en me tapant sur l'épaule : « Vous savez bien que vous venez à l'Élysée quand vous voulez ! »

1976

LE « QUADRAGÊNEUR » VOUS SALUE BIEN

Merckx a fait l'impasse sur le Tour, pas ses compatriotes Maertens et Van Impe. Moi, je fais mes adieux, je ne voudrais pas qu'ils soient trop moches. J'ai 40 ans, c'est mon quatorzième Tour. Mes supporters me poussent littéralement vers le podium et, sur les Champs-Élysées, après un bon retour à Fleurance et au puy de Dôme, je m'arrache pour « sauter » l'ami Delisle. Une apothéose.

« Le Tour de trop ? » En 1975, j'aurais donc fait le Tour de trop. Pour les uns, il y a un point d'interrogation à la fin, pour les autres, non. Roger Pingeon, consultant sur *TF1*, n'y est pas allé par quatre chemins pour la première arrivée du Tour sur les Champs-Élysées : « Merckx se trouve sur la pente déclinante. Gimondi approche de la retraite. Quant à Poulidor, je ne pense pas qu'il renouvelle à jamais l'expérience de 1975. On le reverra sans doute dans le Tour comme suiveur ou commentateur. Mais plus jamais comme coureur. »

À 30 ans, Merckx n'a jamais terminé que deuxième, quant à moi, si je suis bien 19e – je l'écris à dessein en chiffres –, d'une part, j'ai 39 ans, et, d'autre part, je pourrais faire prévaloir que, moi aussi, j'ai été victime du virus qui a coupé les jambes à tous mes équipiers de l'équipe Gan. Qui plus est, si j'ai aussi pris un refroidissement en 1975, c'est à cause d'un reporter de *TF1* qui a prolongé indûment une interview. *TF1*, c'est la chaîne à laquelle collabore Pingeon, qui a arrêté sa carrière il y a deux ans sur une onzième place, après l'avoir commencée en 1965 sur une douzième. Il me semble qu'il a débuté un an plus tôt que moi sur le Tour, et que lui aussi a abandonné deux fois, mais peut-être pas sur une chute comme votre serviteur. Qu'importe. Son jugement fait mal, il est trop péremptoire.

À mes supporters, je dois autre chose. Finir à 58 minutes de Bernard Thévenet, ce n'est vraiment pas glorieux même avec des circonstances atténuantes. Merckx n'a que 30 ans, et il peut encore faire l'impasse sur le Tour 1976, moi pas. Je vais en avoir 40 le 15 avril. Je sais bien que c'est le tournant, que si je parviens à boucler ce Tour 1976, ce sera mon quatorzième et dernier. Le record de Dédé Darrigade serait égalé, mais lui n'avait que 37 ans quand il a jeté l'éponge. Alors ? Je ne cesse de m'interroger. Je ne veux pas, je ne peux pas donner raison à mes détracteurs et redevenir coureur amateur, ou éleveur, ou consultant, que sais-je ? Je ne me sens pas tout à fait mûr pour renoncer ainsi en rase campagne. La fièvre et les maux de tête qui m'ont accompagné durant tout le Tour 1975 sont à présent bien dissipés, et mon séjour habituel à la neige, à Saint-Gervais, début janvier 1976, me fait encore plus de bien que d'habitude, parce que, là aussi, je sais que c'est le dernier, le dernier piloté par l'excellent M. Martel, maire et président de la Fédération de ski.

En fait, il s'agit de voir comment je me comporte sur le terrain. Est-ce que je suis ridicule ou pas ? Cette histoire de « Tour de trop » me taraude à un point dont vous n'avez pas idée. Et ces brassées de lettres que je reçois comme autant de bouées de sauvetage. Suis-je vraiment un « quadragêneur », comme le dit joliment Antoine Blondin ? Paris-Roubaix et ses pavés me rassurent au-delà du raisonnable : je termine dix-huitième à 2 minutes des meilleurs, après quatre crevaisons et une chute ! Et là, mes amis belges me donnent un merveilleux coup de fouet. À la faveur de la Flèche Wallonne, que j'ai gagnée en 1963, pour mes 40 ans, ils me réservent à Verviers, à l'hôtel de ville, une réception que je ne suis pas près d'oublier : des montagnes de cadeaux, le gâteau et les 40 bougies, les discours. Je n'ai plus 40 ans, mais simplement deux fois 20. Claude Sudres, désormais Tonton, est mon ange gardien. Il sait combien cette histoire de Tour de trop m'a fait mal, et il fait tout pour l'effacer. Avec *L'Équipe* et le Gan, il lance même une opération auprès des lecteurs : « Fêtez les 40 ans de Raymond. » C'est de la folie. Je reçois plus de 40 000 cartes et lettres. Yves Mourousi ouvre même des sacs de courrier au départ de Paris-Bourges. Pour répondre à tous avec le sourire, Tonton commande une carte à Robert Dero, le maître caricaturiste de *L'Équipe*, j'y lance : « 40 000 mercis. » Dero m'a à la bonne. Avec ma coiffure, mes pommettes, mon sourire, ma longévité, je suis peut-être un bon client, mais il ne m'a jamais raté. Il a bien dû me croquer 500 fois. Son meilleur portrait de moi est peut-être celui confectionné en n'utilisant que des 2. Vous devinez pourquoi : l'éternel deuxième, à la manière d'Arcimboldo, le peintre italien qui personnifiait les saisons avec des fruits de saison. Je me rends compte combien j'ai de la chance d'avoir autant d'amis, de supporters, y compris parmi les artistes. Je suis passé de l'autre côté du miroir, comme dirait M. Vialleville, mon instituteur : « Maintenant, il s'agit d'en bien sortir, Raymond. »

Pour ce soixante-troisième Tour, qui part de Merlin-Plage en Vendée, je finis donc par dire oui. Je ne suis pas « trop » mal, et je pourrais toujours aider mon ami Zoetemelk, je sais. Peut-être à gagner, non ? En Vendée, où sous l'œil de Claude Sudres, Pierre Chany livre un match homérique à un jeune serrurier, pour prouver qu'il lui reste des rudiments de son premier métier, la visite médicale se passe mieux que prévu. Si j'ai bien 40 ans, la Faculté, comme on dit, me trouve un cœur de 20 ans. Décidément, si ça continue, ce Tour, je ne vais plus y faire bonne figure mais le gagner. D'ailleurs, Merckx n'est pas là. Il reste quand même de méchants clients avec Thévenet, Ocaña, Van Impe ou Kuiper. On dit aussi grand bien d'un jeune débutant belge, un certain Freddy Maertens. J'ai le dossard 21, et tous les dossards à « gros » chiffres m'ont toujours bien réussi. J'ai déjà été troisième avec le 148, le 26, le 78, et le 76, deuxième avec le 19, le 27 ou le 61. Il n'y a que les petits chiffres qui me portent la poisse : quand je suis tombé en 1968 et en 1973, j'avais le 6 et le 1. Si, du côté de la numérologie, je suis calé, c'est déjà ça, non ? Et en plus on arrive le 18 juillet, vous savez. Je n'ai plus qu'à pédaler, ça va aller tout seul ou presque.

Dans le contre-la-montre du départ, je suis huitième à 27 secondes de Maertens, qui est tellement le client annoncé qu'il gagne encore le lendemain, puis au Touquet (contre-la-montre de 37 km). Je m'épate, car si je suis dixième, je suis nettement devant Van Impe, Thévenet ou Zoetemelk. Le maillot jaune, le néophyte belge le gardera jusqu'aux Alpes, empochant encore une étape, avant de le laisser à Zoetemelk, qui brille à L'Alpe d'Huez, que le Tour retrouve, et à Montgenèvre. Au courage et au métier, je termine encore dans les dix premiers pendant que le mythe de l'Alpe, « montagne des Hollandais », est lancé par l'ami Joop. Pas d'étincelles, je suis dans la roue des meilleurs, et je me retrouve sur le podium derrière Van Impe et Zoetemelk. Inespéré. Je pointe à 1'36". Je suis sur un petit nuage. Hélas, dans les Pyrénées, Joop crève, et il n'y aura pas d'ours pour me pousser quand le Normand Delisle triomphe à Pyrénées 2000. Il prend le maillot jaune, et le garde jusqu'à Saint-Lary-Soulan, où une opération combinée par Cyrille Guimard, directeur sportif débutant mais toujours clairvoyant, remet son poulain Lucien Van Impe sur orbite, avec la complicité de Luis Ocaña, qui n'aime pas Zoetemelk, pourtant le plus fort. Là où j'avais été étincelant deux ans plus tôt face à Merckx, je ne peux accrocher le bon wagon. Ce jour-là, c'est l'ardoise, comme je le craignais un peu : 10 minutes. Les miracles, ce n'est qu'une fois. Consolation : Delisle qui perd son maillot jaune au profit de Van Impe est encore plus mal que moi. Au général, il est passé troisième à 9'27", et je suis juste derrière. À Auch, contre-la-montre, je crée la surprise en terminant sixième et en me rapprochant un peu plus de lui. Le journaliste, qui m'avait fait prendre froid en 1975, et qui voulait m'interviewer sur la ligne, est cette fois vertement éconduit par Claude Sudres, qui joue magnifiquement les mères poules. Il sait combien cette résurrection me tient à cœur, et fait tout pour qu'elle soit vraiment complète. Ma menace énerve le bon Raymond Delisle, qui perd un instant les pédales : nous allons voir ce que nous allons voir au puy de Dôme, où il m'a déjà lâché, dit-il. Entre deux nouvelles victoires de Maertens, ce match pour la troisième place donne un peu de piquant à la fin du Tour. En effet, pour les deux premières, les jeux sont faits ; même si Zoetemelk s'impose au puy de Dôme, Van Impe et son maillot jaune sont à 12 secondes. Moi, en revanche, je largue à la régulière l'ami Delisle, qui a démarré deux ou trois fois sous mon nez pour me bluffer. Il s'accroche avant de céder, et d'admettre : « Il y a d'autant moins de déshonneur à cela que Poulidor est un très grand monsieur. » Il a oublié que le Puy m'a toujours bien réussi. Je lui reprends 30 secondes. À deux jours de Paris, ce n'est plus un Tour de trop pour moi, presque un Tour de mieux. Dans le contre-la-montre sur les Champs-Élysées, où Maertens remporte sa huitième victoire, égalant les records d'Eddy Merckx et Charles Pélissier, avec Delisle, on se tire une belle bourre sur 6 km, mais c'est le 18 juillet, mon chiffre fétiche, et c'est mon exercice favori. Je finis plus fort et, d'extrême justesse, lui reprends la troisième marche du podium. Malgré son baroud d'honneur, Delisle finira quatrième à 9 secondes. Je pointe peut-être à 12 minutes de Van Impe, reste que je suis troisième pour la cinquième fois, et accessoirement meilleur Français. Ma contre-performance du Tour 1975 est balayée dans les grandes largeurs. Je peux recevoir dignement les félicitations de mes milliers de supporters. Je réalise alors que si je ne suis peut être pas le seul coureur à avoir connu parc des Princes, Cipale, et Champs-Élysées, je suis le seul à avoir terminé au moins une fois sur chaque podium.

À 30 ans, Van Impe sort de son rôle de meilleur grimpeur, pour gagner enfin le Tour. Dans *Miroir du cyclisme*, Pellos peut nous offrir une charge dont il a le secret en collant une barbe de pépé à Delisle, Bracke, Genet, Van Springel ou Perurena. MM. Goddet et Lévitan ne sont pas épargnés, et j'ouvre bien entendu le cortège. Il aurait aussi pu me faire sortir par la grande porte. C'est ça qui importait pour les supporters qui m'adressent, chez moi ou à *Cyclisme magazine*, des milliers et des milliers de cartes et de lettres de gratitude débordant d'affection, de tendresse ou de poésie. Les quatre plus belles pages du spécial « Poulidor raccroche » sont celles du courrier des lecteurs. Un admirateur a ma signature sur sa casquette et dans son portefeuille. Un autre me demande pourquoi ne pas baptiser Poulidor un village. Un troisième, qui m'a croisé à La Courneuve, à la fête de *L'Humanité* avec mon cher instituteur, me félicite pour les mots que j'ai prononcés : « Les choses essentielles à ne pas perdre de vue commencent par la santé. » Zoetemelk, qui a réchappé à une fracture du crâne lors du Midi Libre 1974, en sait quelque chose, et sa deuxième place vaut bien des victoires.

Mais au moment où je tire ma révérence au Tour qui m'a quand même rendu célèbre, je dois vous faire un aveu. Il s'agit d'une histoire qui vous paraîtra peut-être un peu loufoque mais qui est authentique. Comme après la tournée des critériums que vous pouvez imaginer, je rendais visite à mon vieux maître, M. Magne, à Arcachon. J'ai eu une drôle de surprise. Vous savez qu'il est attaché à Arcachon à cause de son épouse Germaine, puisqu'il a même porté sur son maillot le crabe du club local. Nous partons donc comme d'habitude pour notre partie de pêche en mer sur son petit bateau, que je pilote, quand il me dit : « Raymond, j'ai quelque chose à vous avouer. » Venant de lui, mon père spirituel, quelqu'un à qui je dois tant, je me demande ce qui se passe. Et il prend son élan, et avant ou après que l'on ait amorcé, je ne sais plus, il me demande si je me souviens de la fois où, à mes débuts, il m'a examiné avec son pendule. Car il avait un pendule que tous ses coureurs craignaient quand il ne les faisait pas marrer. « Oui, je m'en souviens », lui dis-je. « Eh bien, figurez-vous que mon pendule m'a indiqué que vous n'obtiendriez jamais de grands résultats en juillet. Une catastrophe pour moi, pour nous, pour un coureur du Tour. Je vous l'ai caché jusqu'à aujourd'hui, mais, puisque vous avez définitivement pris vos distances avec la Grande Boucle, je me dois de vous le confesser. Vous ne pouviez pas gagner, vous ne pouviez pas prendre le maillot jaune, les astres étaient contre vous. Tantôt ils ont pris la main d'un mécano, tantôt la forme d'une crevaison, même venu du néant, Errandonea vous a coiffé *in extremis* à Angers. Vous n'y pouviez rien. Même au parc des Princes, on aurait pu avoir un tremblement de terre pour empêcher votre sacre. Quand c'était quasiment fait, c'est une moto qui vous fauchait. » J'en suis tout retourné, quand il achève : « En contrepartie, votre gentillesse a fait mieux encore, elle vous a permis de gagner le cœur des Français, et un maillot jaune éternel. »

Après cette curieuse révélation, je me dis : avoir la santé et la chance de croiser la route de personnages comme MM. Magne, Roger Piel, Claude Sudres, Louis Caput et une dizaine d'autres, qui vous tirent vers le haut, valait bien toutes les victoires dans le Tour, non ?

Mais avant de tourner cette page sur le Tour de France comme acteur du Tour, je réalise que je n'ai pas salué mon ami et équipier Jean-Pierre Genet, qui a rejoint prématurément M. Magne en 2005. Nous étions très pudiques et très complices à la fois. Et je ne peux résister à vous communiquer ce qu'il disait sur moi, sur nous, lors d'une interview dans le « spécial Poulidor » d'après Tour 1976. « Avec un peu plus de hargne, peut-être aurait-il été plus loin. Il était vraiment fort. Mais il lui arrivait de rêvasser. Et il m'arrivait de l'engueuler alors. Il n'a jamais demandé à boire à un équipier. Quand Pingeon a gagné le Tour, il peut dire merci à Raymond, mais Raymond l'a aidé parce qu'il pensait que l'autre l'aurait fait pour lui : ça c'est typique de la mentalité d'entraide des gens de la campagne. » Comme le reporter lui demandait : « Après treize ans de carrière commune, aucun regret ? », il répondait ce que je peux répondre aujourd'hui : « Bien sûr que non. Je recommencerais pareil. »

À la fin de l'année 1976, le grand quotidien régional *Sud Ouest* demandait à 618 lecteurs représentatifs quelle personnalité ils aimeraient inviter pour le réveillon de la Saint-Sylvestre. Suivait une liste de 17 noms, dont je crois ceux de Mgr Lefebvre, Éric Tabarly, Jimmy Carter, Jacques Chirac, Valéry Giscard d'Estaing, François Mitterrand, Amin Dada, Georges Marchais, Mme Mao, Guy Drut ou moi. Eh bien, figurez-vous que c'est moi qu'ils ont choisi. Le journaliste Pierre Veilletet expliquait ce succès par le fait que j'étais « le champion tel qu'il est, et non tel qu'il devrait être ». Qu'en pensez-vous ?

Tout à l'heure, je vous parlais des pépés de Pellos, mais j'oubliais de vous faire une autre confidence. Figurez-vous que ma longévité avait aussi inspiré Jacques Roulant, l'homme de *La Caméra invisible*. On s'était vus avec son équipe. Ils envisageaient de me grimer en papy de 80 ans, et de me faire tourner au milieu des cyclosportifs de Longchamp. J'étais filmé de A à Z, en particulier au moment où je les lâchais tous. Et je ne vous dis pas quand je me démasquais ! Le sortilège évoqué par M. Magne a-t-il fonctionné jusque-là ? Toujours est-il que ça ne s'est pas fait. Heureusement, il y a eu de nouvelles belles pages autour du Tour…

1977-1989

MES ANNÉES TÉLÉ

1977, MES DÉBUTS EN TANT QUE CONSULTANT

Ce Tour de France sent bon les plantes et les remèdes de grand-mère. Il s'élance en effet de Fleurance, ville dont Maurice Mességué est le maire. Il fait un détour par l'Espagne, à Santa María de Vitoria, et par l'Allemagne, à Fribourg-en-Brisgau. Le dernier jour, il offre aux Parisiens deux étapes, initiative peu courante, avec un contre-la-montre de 6 km le matin (Paris-Champs-Élysées), dominé par la révélation de cette édition, l'Allemand Dietrich Thurau, et la course en ligne l'après-midi (90 km), dans Paris, remportée par le Français Alain Meslet.

Ma deuxième place derrière Van Impe, en 1976, représentait mon dernier rendez-vous sportif avec le Tour. Désormais j'entrais dans la vie civile. Cela me fait penser à M. Antoine Blondin que j'admirais et respectais. Il se moquait gentiment de moi en disant : « Poulidor, il m'appelle M. Blondin dans le civil et Antoine lorsqu'il me rencontre dans la course ! » Hé oui ! Il y a bien une différence entre cette vie errante dans les pelotons et celle qui aurait pu m'attendre sitôt ma carrière terminée si je n'avais pas eu la chance d'être sollicité comme je l'ai été. Mon premier rendez-vous « non sportif » a été avec la radio, avec *France Inter*, en 1977, grâce à Jean-Paul

Brouchon. Il avait souhaité que je suive le Tour en qualité de consultant, avec un preneur de son, un journaliste, et un chauffeur, c'étaient les débuts de cette nouvelle profession, « consultant », qui aujourd'hui est très répandue, il n'y a pas une chaîne de télévision ou de radio qui n'ait son consultant quel que soit le sport. Pierre Albaladejo avait essuyé les plâtres le premier et moi je suivais. Nous étions mal vus par le syndicat des journalistes qui tenait à défendre la profession et nous reprochait de ne pas avoir de carte de presse. Pour le syndicat, c'était une évidence, je prenais la place d'un journaliste, je ne devais donc pas faire le Tour avec *France Inter*. Jean-Paul avait répondu que c'était plutôt l'inverse et que je facilitais, au contraire, l'emploi de trois personnes ! Mais nous avions un autre problème à régler, avec la Fédération française de cyclisme, parce qu'en théorie j'étais encore coureur et j'appartenais à l'équipe Mercier qui disputait ce Tour de France avec Joop Zoetemelk comme leader. C'était donc difficile que je sois commentateur ; on aurait pu m'accuser de prendre parti, mais ce (petit) problème a très vite été réglé grâce à Jacqueline Baudrier, P-DG de *France Inter*, et sponsor du Tour de France. Mme Baudrier avait suivi une étape alpestre, nous étions aux premières loges, juste devant les coureurs dans la descente du col. Notre chauffeur roulait à très vive allure au volant d'une 604 Peugeot qui ne tenait pas la route. Elle avait peur, elle nous suppliait de ralentir en nous questionnant : « Mais est-on obligé de rouler si vite ? » Tu parles, les coureurs étaient dans le coffre de la voiture !

J'ai donc débuté une nouvelle carrière de « journaliste » et j'ai découvert un métier sous pression. C'est un exercice difficile. Il ne faut pas être trop sévère envers les coureurs, qui m'auraient reproché d'avoir oublié qu'il y a quelques mois encore, je faisais partie du peloton, tout en donnant mon avis et en me montrant critique. Il n'y a pas de bon consultant qui utilise la langue de bois.

Mon professeur Brouchon, que j'avais surnommé Orson Welles, me livrait de précieux conseils : « Sois court », « Sois précis », « Attention, tu en dis trop, là tu vas être trop long » et je découvrais un métier fabuleux qui me plaisait beaucoup. Le soir, après l'étape, il participait à un débat à l'arrivée du Tour de France animé par Lucien Jeunesse, le grand pape du *Jeu des mille francs*. Le public aimait suivre ces discussions en plein air qui prolongeaient la magie de l'étape dans la convivialité et la bonne humeur.

Jean-Paul était un ami. En 1974, lorsque j'ai lâché Merckx dans le mont du Chat, Jean-Paul Brouchon me suivait et m'encourageait : « Cette année, ça y est, tu vas gagner ton Tour de France », me criait-il. Puis Merckx m'a rejoint dans la descente. Jean-Paul voulait être le premier à me féliciter. En se précipitant pour descendre de moto à Aix-les-Bains, il s'était foulé une cheville en tombant dans le fossé. Il a continué de suivre le Tour avec un plâtre !

Outre la radio, cette année-là, j'intervenais également dans *Le Parisien libéré*.

Ce Tour 1977 a consacré une deuxième fois Bernard Thévenet, après sa victoire en 1975. Cette édition a aussi révélé un jeune Allemand de 22 ans, Dietrich Thurau, qui portait les couleurs de l'équipe Ti-Raleigh, emmenée par Hennie Kuiper. Thurau a endossé le maillot jaune dès le prologue de Fleurance (5 km) en devançant les meilleurs spécialistes dont Knetemann, Merckx, Bruyère et Bracke. Il a récidivé le surlendemain en s'imposant dans la première étape pyrénéenne, Auch-Pau (253 km). Puis il a porté fièrement sa belle tunique or pendant une quinzaine de jours, jusqu'à Morzine. Il termine cinquième à Paris et remporte naturellement le classement des jeunes. Dietrich n'a pas confirmé par la suite l'immense talent qui l'habitait. Excepté une victoire dans Liège-Bastogne-Liège en 1979, devant Bernard Hinault. Il n'a pas su se constituer un palmarès à la hauteur de son potentiel. Il préférait s'illustrer et gagner sa vie sur la piste. C'est à l'issue du contre-la-montre en côte Morzine-Avoriaz (14 km), remporté par Lucien Van Impe, que Bernard Thévenet a détrôné Dietrich Thurau. J'évoquais la faiblesse d'Eddy Merckx, en fin de carrière, mais il démontrait chaque jour une volonté toujours exceptionnelle. On l'avait vu lâché et malade dans L'Alpe d'Huez, sous le maillot Fiat, encouragé par son directeur sportif Raphaël Géminiani. Il terminait vingtième à plus de 13 minutes tout de même, ce qui ne correspondait pas à ses performances habituelles. Merckx se classa sixième à Paris. Son plus mauvais Tour. Côté français, j'avais eu la joie de saluer la double victoire d'étape de mon ami Jean-Pierre Danguillaume, qui réussissait à s'imposer à Roubaix et à Besançon.

1978, LE PLUS POPULAIRE AVEC ZITRONE

> Le Tour fête ses 75 printemps, il s'élance de Hollande pour visiter Leiden, près de la mer du Nord, et fait une incursion en Belgique. Mais il n'oublie pas une région de France chère à son cœur, l'Auvergne, qui lui offre deux arrivées au sommet, à Super-Besse et au puy de Dôme.

Cette année-là j'ai quitté le micro de la radio pour celui de la télévision. C'est la chaîne privée *TF1* qui m'avait embauché avec Marc Menant, Bernard Giroux, Jean-Michel Leulliot et Léon Zitrone. Je me souviens encore de la grille de l'Eurovision qui ouvrait le direct – cela veut dire que tous les pays recevaient en même temps les images du Tour – et de la petite musique qui l'accompagnait. Dès qu'on l'entendait, on savait que le Tour commençait. Je cède au plaisir de vous parler de Léon Zitrone, grand journaliste, spécialiste des courses hippiques et des mariages princiers, qui a présenté le *Journal de 20 heures* pendant vingt ans pour *TF1* mais aussi pour *Antenne 2*. Zitrone, dans ces années 1970-1980, c'était « Big Léon », un sacré personnage, une vraie star de l'info. Je suivais le Tour dans sa voiture. Il pouvait être aussi courtois et galant avec les femmes que désagréable avec les hommes ! Il fallait toujours qu'il soit reconnu et au centre des préoccupations du public. Je me souviens qu'une année, à Dijon, je venais juste d'arrêter le vélo et je me trouvais entouré par de nombreux jeunes avec lesquels je discutais sur la piste. Ils me manifestaient une grande admiration, j'étais la star du coin. Zitrone s'est approché, il a écarté les jeunes sans retenue et s'est adressé à moi, sans gêne : « Alors Poupou, nous sommes bien les deux seules personnes les plus populaires de ce Tour ! » Bien sûr, ils l'ont reconnu et il a été obligé de signer des autographes, ce qu'il aimait, mais tout en respectant, comme s'il était pressé !

J'ai encore en mémoire sa « technique » pour passer le sommet des cols, lorsque l'arrivée était jugée au sommet : il descendait de voiture à la dérivation des véhicules, 300 ou 400 m avant, et remontait à pied. Évidemment, les gens le reconnaissaient et l'applaudissaient. S'adressant à une personne qu'il connaissait dans les tribunes, il lui demandait où était passé son chauffeur, et déplorait son absence en râlant : « Mais comment va-t-on me descendre maintenant ? » Et une voix s'était élevée au-dessus de la foule pour lui répondre : « À la carabine ! »

Zitrone était unique. Durant tout le parcours, c'était une succession d'acclamations : « Allez Zitrone ! », « Bravo Léon ! ». Il avait été surpris lors d'une étape que des supporters crient : « Bonjour Bernard, allez Bernard Giroux ! » En se retournant vers lui dans la voiture, il ne s'était pas dégonflé et lui avait rétorqué : « Mais vous avez de la famille ici ? »

Lorsque j'étais dans la tribune de l'Eurovision devant le petit écran de contrôle pour commenter l'étape, Jean-Michel

Leulliot me mettait en garde : « Si Zitrone arrive, tu ne lui passes pas le micro, le direct c'est nous ! » J'avais compris la consigne, mais « Big Léon » était malin. Alors que j'étais concentré sur le déroulement de la course, car ce métier est très stressant, je vous le confirme, j'en ai fait l'expérience, je sentais de petits picotements dans mon dos. C'était Zitrone qui s'amusait à me pincer ! Il a insisté jusqu'à ce que je sois obligé de me retourner, dès lors il était dans le champ de la caméra et j'étais obligé de lui passer le micro, c'était « Monsieur » Zitrone tout de même ! Ah ! Ces années télé n'étaient pas faciles !

J'ai donc commencé mes débuts devant la caméra avec ce Tour 1978. Le prologue à Leiden (5 km) commençait bien pour les Bataves qui plaçaient quatre coureurs dans les quatre premiers : Jan Raas, Gerrie Knetemann, Joop Zoetemelk et Hennie Kuiper. Ce tir groupé s'est poursuivi le lendemain avec la victoire, à Sint Willebrord, de Jan Raas, vainqueur également à Senlis, et les succès d'étape d'Hennie Kuiper (devant Bernard Hinault) au sommet de L'Alpe d'Huez, de Joop Zoetemelk au puy de Dôme, de Knetemann à Lausanne et le dernier jour sur les Champs-Élysées.

Zoetemelk portait encore le maillot jaune, qu'il avait ravi au Belge Joseph Bruyère, avec seulement 14 secondes d'avance la veille du contre-la-montre décisif, Metz-Nancy (72 km). C'est ce jour-là qu'Hinault, dont c'était les débuts dans le Tour, endossa son premier maillot jaune, à deux jours de l'arrivée finale à Paris. Ce Tour avait été marqué par deux événements importants, la grève des coureurs à Valence d'Agen et la tricherie de Michel Pollentier à L'Alpe d'Huez.

Le parcours se caractérisait par de trop nombreuses demi-étapes, ce qui nuit à leur récupération. L'ensemble des coureurs a donc décidé de manifester son mécontentement au cours d'une grève devenue historique, lors de l'étape Tarbes-Valence d'Agen. Ce jour-là, ils ont mis pied à terre et passé la ligne d'arrivée en marchant, provoquant la colère des organisateurs et du public. Bernard Hinault, ceint de son maillot de champion de France, accompagné des principaux leaders des classements, se tenait en tête du cortège, ce qui était courageux de sa part pour son premier Tour. Mais il avait déjà le rôle de patron. Il se comportait dans les compétitions comme dans les critériums : il était capable de mener un train d'enfer pendant 80 km sans s'occuper des autres ! Il possédait la classe et le moteur nécessaire pour devenir un grand champion, c'est évident. Sans parler de son caractère ! Je l'ai côtoyé en tant que coureur sur quelques courses – moi, j'étais en fin de carrière –, notamment lors d'un Tour de Lombardie en 1976. Nous étions en concurrence pour le trophée Prestige Pernod, classement établi sur l'ensemble des grandes courses, qui étaient un véritable championnat de France. Le Tour de Lombardie était décisif. J'entends encore ses déclarations dans le hall de l'hôtel *Sempione* : « Hé Poupou, demain je suis dans ta roue, pas question que tu me largues ! » Je lui avais répondu sur le même ton de la plaisanterie : « Fais attention au vieux ! »

Le jour de la course, nous nous sommes retrouvés avec cinq coureurs en tête, Roger De Vlaeminck, qui s'impose, Bernard Thévenet, Wladimiro Panizza, Joop Zoetemelk et moi, dans l'ordre d'arrivée. On avait lâché Hinault dans la dernière difficulté, il se classe finalement dix-septième à 1'44". Le soir, à l'hôtel, on ne se chambrait plus, au contraire, il était venu me féliciter : « Ah ! Toi le vieux, tu m'as épaté ! » Finalement, Hinault décrochait son premier Prestige Pernod à 22 ans et moi, à 42 ans, je terminais deuxième de ce classement que j'avais remporté en 1964, 1966, 1969 et 1972 !

Pollentier portait le maillot de champion de Belgique et occupait la quatrième place du classement général, il s'était échappé et avait remporté l'étape prestigieuse de L'Alpe d'Huez où il endossait le maillot jaune. Mais au contrôle antidopage, il avait été surpris avec un appareillage destiné à livrer une fausse urine contenue dans une poire cachée sous son aisselle. Il fut disqualifié du Tour mais son histoire mérite d'être éclaircie. Je ne révèle plus un grand secret en disant qu'à cette époque, les coureurs belges prenaient tous du Stimul, ils savaient que ce produit n'était pas décelé lors du contrôle. Le soir, à L'Alpe d'Huez, on a trompé Pollentier volontairement en lui faisant croire que, désormais, le Stimul passait au contrôle. Il a eu peur et imaginé tout cet appareillage. Pollentier était cette année-là un candidat sérieux à la victoire sur le Tour. Qui l'a volontairement poussé à la faute ? Mystère !

1979, UN DUEL QUI FAIT MONTER MA TENSION

> Un petit tour dans le sud du pays et puis s'en va. Le Tour s'élance en effet de Fleurance, la ville de Maurice Mességué et remonte très vite vers le nord et l'est pour saluer Roubaix, Bruxelles, Metz, Belfort et le ballon d'Alsace. C'est le Tour de la moitié de la France !

Ce deuxième Tour de France remporté par Bernard Hinault a surtout été marqué par son duel avec le Hollandais Joop Zoetemelk. Je crois que le summum de leur rivalité a été atteint lors de la 9e étape entre Amiens et Roubaix (201 km), sur un véritable parcours de Paris-Roubaix qui a vu Hinault perdre son maillot jaune au profit de Zoetemelk.

Joop, de Miko-Mercier, possédait plus de 3 minutes d'avance sur Bernard Hinault, de Renault Gitane, il évoluait à l'avant dans un groupe de cinq coureurs échappés, avec Dietrich Thurau, Ludo Delcroix et André Dierickx, et Michel Pollentier. L'étape était formidable, Hinault luttait merveilleusement pour sauver son beau maillot, il était entouré du Suédois Sven-Åke Nilsson et de Christian Seznec, deux équipiers de Zoetemelk qui ne prenaient pas les relais, mais également de Ueli Sutter et Paul Wellens, Willy Teirlinck et Bernard Vallet. Jean-Michel Leulliot avait d'ailleurs fait remarquer que, curieusement, de nombreux grimpeurs se retrouvaient en tête sur les pavés, ce qui était inhabituel ! Un peu plus loin Hennie Kuiper tentait de revenir seul sur le groupe d'Hinault. C'était une course palpitante, dans la poussière et les pavés, un vrai Paris-Roubaix mais en plein été. On voyait bien que le Tour basculait, Zoetemelk allait ravir la tunique or au « Blaireau », j'étais tellement tendu derrière mon écran de contrôle avec mon micro que ce suspense m'a causé de l'hypertension. C'est la seule fois où cela m'est arrivé ! Finalement Ludo Delcroix a réussi à prendre quelques mètres pour remporter l'étape sur la piste de Roubaix, il offrait un deuxième succès à son équipe après celui de Joseph Jacobs à Saint-Brieuc, pays d'Hinault. Et Joop, ravi, a endossé le maillot jaune, avec son fils dans les bras. Il comptait exactement 2'08" d'avance.

En fait, Hinault avait été victime d'une crevaison sur les pavés au moment où le peloton était encore compact. Il avait perdu du temps et se retrouvait isolé pour mener la poursuite. Mais le Blaireau était bien le plus fort, rendez-vous compte qu'il accusait un retard de plus de 2 minutes à Roubaix et, au final, il gagne son deuxième Tour avec plus de 13 minutes d'avance sur Zoetemelk. Prodigieux ! C'est dans les trois étapes contre la montre, comme Anquetil, que Bernard a refait son retard et pris de l'avance, d'abord à Bruxelles (33 km), puis à Avoriaz (54 km) où il relègue Zoetemelk à plus de 2 minutes, et enfin à Dijon (48 km). Hinault et Zoetemelk étaient bien les plus forts et ils l'ont prouvé le dernier jour en s'échappant ensemble sur les Champs-Élysées. C'était un grand moment. Le vainqueur du Tour et son dauphin défilaient en tête sous les vivats du public.

Naturellement Hinault, qui s'adjugeait également le maillot vert, a mis un point d'honneur à finir son Tour en beauté en remportant sa septième victoire d'étape sur la plus belle avenue du monde.

Sur ce Tour, *TF1* et *Antenne 2* se partageaient les retransmissions. Une concurrence confraternelle nous opposait avec Robert Chapatte et Pierre Salviac. Un jour, c'était l'équipe de *TF1*, dont je faisais partie, qui officiait et le lendemain celle d'*Antenne 2*. Ainsi, Chapatte avait commenté la 1re étape, qui, cette année-là, faisait place tout de suite à la montagne : Fleurance-Luchon, disputée sous la pluie et le brouillard, avec les cols de Mente et du Portillon. Nous, nous avions pris l'antenne le lendemain avec le contre-la-montre de Luchon-Superbagnères, évidemment dominé par Bernard Hinault. La formule de l'alternance me plaisait : les jours de repos, je suivais l'étape au cœur du peloton sans avoir l'obligation de travailler. C'était presque des vacances, en tout cas je n'étais tendu qu'un jour sur deux ! J'avais eu le plaisir de côtoyer Robert Chapatte, bien sûr. C'était un grand professionnel, il connaissait parfaitement le cyclisme, pour l'avoir pratiqué dans les années d'après-guerre au sein des équipes Génial-Lucifer, Mercier, Helyett, ou Rochet. Lorsqu'il commentait une poursuite de 5 km, il n'oubliait aucun détail, il voyait tout. Il était capable de reconnaître tous les coureurs et, lors des sprints massifs, de donner la liste des dix premiers sans se tromper et sans l'aide de la photo-finish qui n'existait d'ailleurs pas. Chapatte, c'était un personnage, il marchait au whisky, comme Jacques Anquetil, ce qui lui a valu de gros problèmes de santé sur la fin de sa carrière. Sur le Tour, sa plus grande difficulté, c'était de trouver un coin tranquille pour soulager sa vessie. Il était exigeant : il fallait qu'il n'y ait pas de public, que l'endroit soit ombragé… Sacré Robert !

1980, LE COUP DE PAU D'HINAULT ET DE ZOETEMELK

Francfort accueille le Tour pendant trois jours pour le grand départ. Depuis 1965 et Cologne, la caravane ne s'était plus élancée d'Allemagne. Cette édition ne perd pas le nord et s'y installe confortablement : Metz, Liège, Spa et Lille sont courtisées avant de se diriger vers l'océan et Saint-Malo. Peu de Pyrénées, presque pas d'Alpes, le Tour fait du tourisme !

Voilà un Tour que je ne peux pas oublier, il a permis à Joop Zoetemelk de décrocher enfin une victoire amplement méritée après ses nombreuses places d'honneur : il avait en effet terminé deuxième du Tour à cinq reprises, avant sa victoire : en 1970 et 1971 (derrière Eddy Merckx), 1976 (derrière Lucien Van Impe), 1978 et 1979 (derrière Bernard Hinault) et il le sera encore en 1982 (derrière Hinault). Il aurait pu faire une carrière à la Poulidor.

Mais cette édition a surtout été marquée par l'abandon de Bernard Hinault à Pau. Quelle histoire ! J'ai été le témoin principal de cette fuite en avant de Bernard qui voulait à tout prix éviter les journalistes. Ce jour-là, je devais participer au tirage du loto national pour *TF1*. Lorsque je suis arrivé dans les studios, j'ai eu l'immense surprise d'y retrouver Bernard Hinault. Il paraissait plutôt décontracté et il venait, lui aussi, participer au tirage du loto. C'était franchement surprenant de retrouver un Maillot jaune du Tour à 20 heures, dans un studio plutôt qu'à son hôtel en train de terminer son repas et de se reposer. Je n'ai rien perçu de son abandon, bien au contraire. On a discuté quelques instants, il semblait sûr de lui : « Tu vas voir demain, les gars, je vais les exploser, je vais attaquer dès le départ, ils se souviendront de moi. » J'étais impressionné et heureux de voir qu'il avait un bon moral. À cet instant, pas une seule seconde je n'aurais pu me douter qu'il était sur le point d'abandonner le Tour. À mon avis, il avait préparé son départ et il cachait bien son jeu. C'est du pur Hinault ! Le lendemain, on a appris son abandon, à cause d'un genou qui le faisait énormément souffrir. C'était le grand événement, le Maillot jaune avait quitté la course dans le plus grand anonymat, il s'était réfugié chez son équipier Hubert Arbes, à Lourdes, et Joop Zoetemelk, alors deuxième à 21 secondes, devenait le leader de la course.

Hinault avait expliqué à la journaliste Marie-Christine Debourse, de *TF1*, qu'il n'avait pas voulu montrer l'image d'un coureur que l'on plaint et que son départ en cachette avait été cautionné par la direction de la Régie Renault. Je me souviens encore de ses déclarations pleines de pudeur : « Lorsqu'on quitte le Tour, ce n'est pas de gaîté de cœur. Je ne voulais pas affronter les journalistes. Ce n'était pas mon jour, je ne voulais pas que l'on me pose des questions auxquelles je n'aurais pas eu envie de répondre. »

Joop Zoetemelk a démontré qu'il méritait sa victoire, malgré l'abandon d'Hinault, en s'imposant dans l'ultime contre-la-montre, à Saint-Étienne, devant Gerrie Knetemann et Joaquim Agostinho. Joop était un grand coureur par étapes, on l'a injustement catalogué comme un suceur de roue parce qu'il est arrivé au moment où Merckx commençait son règne, après avoir enlevé le Tour de l'Avenir 1969. C'était pourtant le seul à pouvoir le suivre, il terminait toujours deuxième, mais il avait le mérite de l'accompagner jusqu'au bout. Les journalistes belges en ont profité pour le démonter et le traiter injustement. Curieusement, on ne parle pas de lui lorsqu'on cite les grands coureurs du Tour, on l'a oublié. Mais Zoetemelk, qui a été mon équipier au sein de l'équipe Gan-Mercier, de 1974 à 1976, possède l'un des plus beaux palmarès du cyclisme. Il a été champion du monde, en 1985 à Giavera del Montello, en Italie, devant Greg LeMond et Moreno Argentin. Il a remporté un Tour d'Espagne, en 1979 (devant Francisco Galdós), trois Paris-Nice (1974, 1975 et 1979) et les plus belles classiques dont Paris-Tours à deux reprises (en 1977 et 1979), la Flèche Wallonne (1976) et la course préférée des Hollandais, l'Amstel Gold Race (en 1987). En 1974, il était le favori du Tour (il avait terminé quatrième de l'édition précédente dominée par Luis Ocaña). Il venait de remporter les trois courses par étapes auxquelles il avait participé avant le Tour, à savoir Paris-Nice, la Semaine catalane et le Tour de Romandie. Hélas, il a été victime d'un grave accident dans « Le Midi Libre », quelques semaines avant le départ du Tour, et n'a pas pu défendre ses chances.

L'abandon d'Hinault à Pau a occulté un autre événement du Tour ce même jour que j'ai eu la chance de vivre aux premières loges. C'est la visite de Georges Marchais, alors premier secrétaire du Parti communiste français. Le lendemain, il devait suivre l'étape Pau-Bagnères-de-Luchon. Un personnage haut en couleur, au franc-parler, à l'invective facile, qui ne se laissait pas faire lors des débats politiques. Il adorait le Tour et était très calé en cyclisme. J'ai passé une soirée formidable en sa compagnie, avec mes deux amis journalistes de *L'Huma*, Émile Besson et Abel Michéa, au style très imagé, et Jean-Pierre Danguillaume. Georges Marchais nous a éblouis par sa connaissance du sport, nous n'avons pas parlé politique ce soir-là, mais de la rivalité Anquetil-Poulidor. Une conversation arrosée ! Il faut dire qu'Émile Besson est un « poulidoriste » convaincu tandis qu'Abel Michéa était plutôt « anquetilliste ». Mais il a toujours été honnête dans ses écrits lorsqu'il s'agissait de relater ma course, tout comme Pierre Chany, supporter d'Anquetil, mais auquel il ne faisait pas de cadeau. Ces journalistes étaient tous des amis, des plumes du cyclisme. Mais mon idole, c'était Albert Baker d'Isy, un grand monsieur du sport, qui m'avait fait rêver lorsque adolescent, je lisais ses comptes-rendus dans *Miroir Sprint*. Il fut l'un des grands reporters du journal *Paris-Soir* dans les années 1930 et avait été à l'origine de la création du Critérium national et surtout du Grand Prix des Nations, deux épreuves qui ont contribué à écrire la légende du cyclisme dans les années d'après-guerre. Je n'oublie pas que mon ami Jacques a remporté neuf Grand Prix des Nations en neuf participations !

Hélas, je l'ai vu lors du Tour de Lombardie 1960, où il était l'envoyé spécial de *France-Soir*. Il était ivre, il se traînait, et son image si désastreuse m'avait peiné et déçu. Ainsi vont, parfois, les grands personnages…

Et puis je dois aussi vous parler d'Antoine Blondin, que j'admirais. Souvent, j'allais le voir en salle de presse, c'était un spectacle que de le voir écrire. D'abord, il sommeillait, il était couché sur sa table, et on se demandait bien ce qu'on allait pouvoir lire d'intéressant le lendemain, puis il levait la tête et il commençait à rédiger. Ça durait une bonne demi-heure environ. Il ne supportait pas les ratures et déchirait sa feuille pour recommencer à écrire proprement chaque fois qu'il gribouillait trop son texte qu'on téléphonerait. Ensuite, il le téléphonait. Le lendemain, en ouvrant *L'Équipe*, nous étions tous admiratifs en parcourant son article. Chaque fois, c'étaient de vrais chefs-d'œuvre. Le lendemain de l'abandon d'Hinault, il écrivait ces lignes, alors que la première étape pyrénéenne venait d'être remportée par Raymond Martin : « Il est difficile d'oublier la secousse tellurique provoquée par l'annonce du renoncement de Bernard Hinault dans la nuit paloise, le char de l'étape naviguant sur un volcan, le désarroi de l'information, submergée par le raz-de-marée et le ras-le-bol d'une compétition plongé dans une "Nanarchie" totale. On comprendra qu'il s'agit du directeur sportif si l'on vous rapporte que l'alphabet cyrillique [allusion à Cyrille Guimard] ne manquait pas de caractère pour tenter de justifier l'attitude de son poulain (les voilà bien, aussi, les lettres de mon Poulain), tour à tour trop tardive ou trop prématurée, mais, de toute façon, digne d'un personnage qui se doit de donner une image de marque irréfragable. »

1981, L'ÉTONNANT RETOUR DU GRAND FREDDY MAERTENS

Départ de Nice, dans un décor maritime splendide, bercé par le chant des cigales, un lieu de vacances aux fragrances de thym et de lavande, que le Tour n'avait plus approché depuis 1975. Direction le sud-ouest, puis remontée rapide vers la Belgique et la Hollande, avant une longue traversée des Alpes. Ce Tour sent la pissaladière, le cassoulet, les moules frites et la tartiflette !

Ah, ce Tour 1981 ! Bernard Hinault le remporte. C'est sa troisième couronne, mais pourtant, l'événement, c'est bien le retour au premier plan du Belge Freddy Maertens. Cela faisait plus ou moins deux ans qu'il avait disparu des classements et puis, soudain, on le retrouvait sur le Tour au premier plan. Il s'est adjugé 6 étapes et le maillot vert, s'imposant comme le maître des sprints. Après une longue absence, lors des saisons 1979 et 1980, marquée par des soupçons de dopage, on avait l'impression de revenir au Tour 1976, à ses débuts, lorsqu'il terminait à la huitième place du classement général et remportait 8 étapes, record absolu qu'il partage avec Charles Pélissier (en 1930) et Eddy Merckx (en 1970). Avant son come-back, il avait déjà ramené deux maillots verts à Paris, sous les couleurs de Velda-Flandria, en 1976 et en 1978 (devant Jacques Esclassan).

Maertens était un coureur doté d'une pointe de vitesse exceptionnelle, mais également un excellent rouleur. Je me souviens que, dans le Tour 1976, il brillait sur les contre-la-montre et nous mettait, nous, les favoris, loin derrière. Il avait enlevé le prologue (8 km) à Saint-Jean-de-Monts, le chrono du Touquet-Paris-Plage (37 km), en reléguant un rouleur comme Roy Schuiten à plus de 2 minutes, et celui des Champs-Élysées.

C'était un sacré personnage. Sur les critériums, j'avais remarqué qu'il lui fallait sa bouteille de champagne avant la course, il la buvait avec son ami Michel Pollentier et recommençait après l'arrivée. Je m'en étais étonné auprès de Guillaume Driessens, leur directeur sportif, qui m'avait répondu avec une belle philosophie : « Bah ! ça leur plaît ! »

Le plus étonnant, c'est que, quinze jours avant le début du Tour, Freddy Maertens aurait été incapable de gagner une course de troisième catégorie. Or, sur ce Tour 1981, il revient au premier plan dès la première étape disputée dans l'arrière-pays niçois et marquée par une échappée de Bernard Hinault, vainqueur du prologue et donc maillot jaune, aidé de son équipier, le régional Charly Bérard et de Jean-René Bernaudeau (qui, ce jour-là, chutera à deux reprises). La course avait été mouvementée, on pensait qu'Hinault voulait assommer le Tour et garder le maillot jaune du premier jusqu'au dernier jour, mais finalement Hinault et ses accompagnateurs s'étaient fait rejoindre et Maertens enlève l'étape au sprint devant Sean Kelly. Le peloton s'était scindé en deux tellement ça roulait fort ! Maertens en avait donc sous la pédale. On croyait que c'était un feu de paille mais il a récidivé à Narbonne, sous une pluie battante, puis à Bruxelles, à Hasselt, en région flamande et sur les Champs-Élysées. Il fallait bien se rendre à l'évidence, il était redevenu le beau coureur qu'il était. C'est incroyable ! Dans le peloton, certains jours, il faisait peur aux coureurs par son comportement ; il avait des gestes bizarres. On voyait qu'il revenait de loin. Il poursuivit sur sa lancée en remportant le Championnat du monde, à Prague, cinq ans après son premier titre décroché en 1976 en Italie, à Ostuni, et, une semaine après, il n'avançait plus. Maertens était à nouveau à la dérive.

Que s'était-il passé ? J'ai pu recueillir ses confidences, il a souffert d'une énorme escroquerie et dit s'en être sorti grâce à son épouse. En fait, son directeur sportif n'avait pas déclaré ses revenus. Lorsqu'il est parti au Mondial de Prague, sa femme avait reçu une lettre l'informant que ses biens allaient être saisis, mais elle la lui a cachée pour ne pas l'angoisser. Au retour de son beau Championnat du monde, il a vu sa maison sous scellés et a craqué. On aurait tous fait la même chose...

Une fois encore, on se partageait les retransmissions avec *Antenne 2*. Chapatte et Raphaël Géminiani avaient commenté la montée de L'Alpe d'Huez remportée par Peter Winnen devant Bernard Hinault à 8 secondes. Et nous, à *TF1*, avec Jean-Michel Leulliot et Bernard Giroud, nous avions vibré en retransmettant l'étape du lendemain, au Pleynet, où Bernard Hinault était arrivé en solitaire, ceint du maillot jaune. Ce jour-là, l'un des cars de l'Eurovision est tombé en panne, et on avait pu suivre le deuxième groupe grâce à des vues d'hélicoptères. Jean-Michel Leulliot était un journaliste très méticuleux, obsédé par les écarts, il fallait toujours être précis et donner rapidement les temps de passage entre les différents groupes. Aujourd'hui, avec le GPS, c'est très facile, mais là, il fallait être attentif, et Bernard Giroud sur la moto avait du travail. Leulliot était le fils de Jean Leulliot, un grand journaliste qui avait débuté à *L'Auto*, avec Henri Desgrange. Il fut à l'origine du renouveau de Paris-Nice et un acteur principal du cyclisme d'après-guerre. Moi, je lui étais très précieux pour identifier les coureurs. J'étais avantagé, je venais de terminer ma carrière et je les avais tous côtoyés. C'était plus facile qu'aujourd'hui, parce qu'ils ne s'embarrassaient pas du casque et des lunettes, et puis la plupart portaient des noms d'Europe occidentale, il n'y avait pas de Kazakhs ou de Slovènes ! En observant simplement leur allure, je les reconnaissais, ce qui facilitait le commentaire de Jean-Michel.

Bernard Giroud était surtout chargé de recueillir les interviews d'après course, qu'il commentait sur la moto. Il était également passionné par la formule 1 et je reste persuadé que s'il n'avait pas été victime de son accident d'offshore, lors d'une compétition sur l'île de Wight, en 1987, il aurait permis à la France d'avoir son grand prix de formule 1. Il travaillait à ce projet avec Yves Mourousi, le présentateur du journal de *TF1*. Bernard était un charmant garçon, mais il avait peur. Il luttait contre ça au point de se lancer dans des défis toujours plus risqués. Il avait disputé Paris-Dakar et s'était imposé dans la catégorie des autos en 1981 et 1987.

Ainsi, Hinault a remporté son troisième Tour, après son abandon de l'année précédente. Il avait mis un point d'honneur à gagner l'ultime contre-la-montre de Saint-Priest (46 km) et s'était échappé sur le final des Champs-Élysées dans le but de remporter l'étape. On voyait bien qu'il était animé d'un bel esprit de revanche. Ses mâchoires serrées, son regard noir, on eût dit qu'il en voulait à la terre entière ! La force d'Hinault, c'était son mental. Lorsqu'il souffrait sur le vélo, il insistait en se disant : « Si j'ai mal, les autres ont plus mal que moi ! »

Bernard avait un tempérament exceptionnel !

1982, UNE ÉTAPE ARRÊTÉE !

Grand départ de Suisse pour la première fois dans le Tour et cap vers l'est et le nord avec des étapes à Nancy, Longwy, Mouscron et Lille. Ce départ depuis le pays de l'horlogerie n'est pas anodin, le Tour se joue contre-la-montre, avec un prologue, un chrono par équipes et trois contre-la-montre individuels. Hinault était à l'heure !

Et de quatre pour Hinault ! Une fois de plus, le Breton a dominé cette édition en s'emparant du maillot jaune dès le premier jour à Bâle, lors du prologue. Puis il a laissé l'Australien Phil Anderson le porter tranquillement. Nous étions dans le Nord et les coureurs devaient disputer l'étape contre la montre par équipes (70 km), entre Orchies et Fontaine-au-Pire. Mais, ce jour-là, en raison d'une manifestation, l'étape a dû être annulée. Au trentième kilomètre, à Denain, un barrage des sidérurgistes d'Usinor, l'usine de la ville, interdisait le passage des coureurs.

Je travaillais encore pour *TF1* et je me souviens du reportage de Jean-Michel Leulliot qui annonçait que, pour la première fois de l'histoire du Tour, une étape avait été arrêtée. Au micro de Daniel Pautrat, un leader du mouvement expliquait que Denain, avec 30 % de chômeurs, détenait le maillot jaune du sans-emploi ! À Fontaine-au-Pire, le public n'était pas content. Ce sont ces mêmes manifestants qui ont saboté la course qui avaient participé durant des mois à collecter les fonds pour accueillir le Tour !

En fait, ils ne voulaient pas interdire totalement l'étape, ils pensaient que la course reprendrait son droit, mais ils ignoraient le règlement : on ne peut pas bloquer une course contre-la-montre et la faire repartir ensuite. Jacques Goddet et Félix Lévitan ont donc pris la décision de la reporter. Et, effectivement, ce contre-la-montre par équipes a été disputé quatre jours plus tard entre Lorient et Plumelec (69 km), le matin. Ensuite, l'après-midi, les coureurs devaient accomplir une demi-étape entre Plumelec et Nantes (138 km) remportée par Stefan Mutter. Les organisateurs du Tour avaient toutefois promis au maire de Fontaine-au-Pire de revenir l'année suivante, ce qu'ils ont fait en proposant la deuxième étape, Soissons-Fontaine-au-Pire, sur 100 km contre la montre par équipes. Les 1 200 habitants de ce village étaient comblés et enfin satisfaits.

C'est à Valence d'Agen, lors du chrono individuel, que Bernard Hinault a ravi le maillot jaune à Anderson en terminant deuxième derrière Gerrie Knetemann, un redoutable compétiteur dans cet exercice solitaire. Puis Hinault a conforté son avance dans le contre-la-montre de Martigues (32 km), il avait le Tour en poche et l'a remporté comme Anquetil.

Décidément, ce Tour 1982 allait être marqué par le contre-la-montre. En effet, je me souviens que, lors de l'épreuve individuelle de 48 km disputée à Saint-Priest, dans le département du Rhône, Hinault avait battu Gerrie Knetemann de neuf petites secondes, grâce à Jean-René Godard qui suivait à moto et avait enfreint le règlement en renseignant le Blaireau sur les écarts ! Puis, à Paris, Bernard a mis un point d'honneur à s'imposer sur les Champs-Élysées, avec le maillot jaune, ce qui symboliquement était très fort. Dans la cabine de l'Eurovision, on avait vu le Belge Pol Verschuere, déjà vainqueur d'une étape à Concarneau, tenter de s'échapper dans les derniers hectomètres, mais il a été rejoint et le sprint devenait inévitable. Soudain, au milieu de la meute, à côté du maillot vert de Sean Kelly, on a vu apparaître le maillot jaune de Bernard. Il sprintait ! Et il a gagné devant tout le monde !

Pour la troisième fois, Joop Zoetemelk terminait le Tour à la deuxième place derrière Hinault (1978, 1979 et 1982), après l'avoir gagné en 1980. Je vous ai parlé de sa terrible chute dans le Midi Libre, en 1974 ; je crois que, depuis ce jour-là, Joop n'a pas récupéré la totalité de ses moyens physiques, c'est vous dire ! Après sa chute, le soir, à l'hôtel, je l'observais, il avait les yeux blancs, il ne parlait pas. J'ai alerté Louis Caput, notre directeur sportif, je lui ai dit : « Mais Joop est dans le coma ! » Et c'était bien vrai ! Il avait une fracture du rocher, mais personne ne l'avait décelée lorsqu'on lui a fait passer des examens à l'hôpital. C'était un dimanche, il n'y avait pas de spécialiste. Les internes l'ont renvoyé à son hôtel où il est resté allongé en tenue de coureur cycliste. Il avait mal au cœur et ne se sentait pas bien. Puis on l'a transporté chez lui en ambulance. Ça n'allait toujours pas. Françoise, son épouse, voyant qu'il perdait le moral a appelé Bernard Sainz, celui que l'on surnommait le Dr Mabuse, et je dois dire que c'est lui qui l'a sauvé. Il s'est aperçu qu'il avait une fracture du rocher et l'a fait hospitaliser. Joop en a perdu l'odorat et, je me répète, une partie de ses moyens : dans ces conditions, sa deuxième place, une nouvelle fois derrière Hinault, relève de l'exploit.

Je poursuivais mes « années télé » allègrement. Depuis 1978 et mon premier contact avec *TF1*, la belle aventure se poursuivait. Bien sûr, nous ne retransmettions pas l'intégralité de l'étape comme aujourd'hui, mais les trente derniers kilomètres. Ensuite cela a très vite progressé afin de donner toujours plus à voir au téléspectateur. Mais trente bornes, c'était déjà bien, les coureurs savaient quand le direct commençait et cela influait sur le déroulement de la course. Le plus doué dans la technique de la prise d'antenne, c'était Henry Anglade. Il se renseignait et savait exactement à quel endroit du parcours commençait la retransmission. Lorsqu'on le voyait remonter le peloton, on comprenait que le direct allait commencer, c'était systématique. Il se portait en tête et l'allure augmentait subitement impulsée par son équipe.

1983, L'ARRIVÉE DES COLOMBIENS ET LA CHUTE DE SIMON

> Ce Tour se met au vert. Il s'élance de Fontenay-sous-Bois, près du bois de Vincennes, fait une halte sur l'île d'Oléron, passe par Fleurance, se rend à Roquefort-sur-Soulzon, dont le fromage est connu mondialement, et à Aurillac, en plein cœur du Cantal. Un vrai Tour pour vacanciers.

En cette année 1983, j'avais alors 47 ans, je ne me suis pas contenté de la télévision, j'ai eu également l'occasion de tourner un film publicitaire. Je me suis bien amusé, il s'agissait de vanter le terreau pour jardin de la marque Soldor. J'étais en jean, occupé à jardiner, et un voisin m'interpellait en me demandant comment je faisais pour avoir un si beau jardin. Alors là, je répondais avec le sourire : « Le bon terreau pour de bonnes plantes, c'est Soldor de SEM ! » Ce n'était pas la première fois que je faisais de la publicité. J'avais commencé en 1978. Je venais de quitter le peloton et BiC m'avait demandé de vanter les rasoirs jetables, leur grande nouveauté. J'ai hésité, je ne voulais pas me créer de nouvelles obligations et, pour décourager le baron Bich, j'avais demandé un gros cachet, persuadé qu'il refuserait. Mais, à ma grande surprise, il m'a téléphoné pour me dire : « On signe demain ! »

On me voyait me raser, une serviette autour du cou. Je m'étonnais de l'efficacité de ces nouveaux rasoirs, si solides. Je disais que cela faisait une semaine que je m'en servais ! L'annonce publicitaire offrait sept rasoirs pour 4 francs dont deux gratuits, et je l'approuvais en affirmant : « Pour moi, il n'y a pas de petites économies. » Ensuite, j'ouvrais une armoire pleine de rasoirs jetables et, en me tournant vers la caméra, je déclarais : « Une affaire comme celle-là, je ne pouvais pas la laisser passer ! »

Plus tard en 1996, j'avais 60 ans, j'ai fait de la publicité pour les mutuelles MNC. On était allé tourner ce film en Corse. Les responsables de la communication avaient mis le paquet. Ils avaient peur que je ne sois pas à l'heure pour aller en Corse et m'ont fait coucher à l'hôtel dans le Vieux-Nice. Puis ils m'ont emmené en Corse, sur un piton rocheux, en hélicoptère. Nous sommes restés une semaine pour tourner un film qui méritait une journée de travail, c'était le bon temps !

Je me baladais à vélo, et on m'interrogeait : « Alors Raymond, vous avez un secret pour être en forme comme ça ? » Moi, je répondais : « Oui, je continue de m'entraîner et, surtout, j'ai trouvé le bon équipier, MNC, la première mutuelle au service des seniors ! »

Ensuite j'ai eu la chance de faire la pub pour la *Samaritaine*. Mais vous connaissez déjà l'idée géniale qu'ils avaient eue de me faire porter un maillot jaune.

Si je vous parle de la publicité, c'est aussi parce qu'en 1983, le Tour, en principe réservé aux professionnels qui portent des maillots aux publicités extrasportives, s'ouvrait pour la première fois aux coureurs amateurs. C'était une grande nouveauté, et la seule équipe à répondre à cette formule innovante avait été une petite équipe amateur colombienne dont les maillots ne comportaient aucune publicité, si ce n'est l'inscription « Colombia » sur les couleurs nationales.

Laurent Fignon remporte cette année-là son premier Tour, mais c'est Pascal Simon qui aurait dû le gagner. Dans l'étape Pau-Bagnères-de-Luchon (201 km), il a carrément fait sauter le Tour et s'est emparé du maillot jaune, que portait jusqu'alors Sean Kelly, en reléguant Laurent Fignon, deuxième du classement général, à plus de 4 minutes. C'était donc bien parti pour qu'il soit aussi en jaune à Paris. Pascal Simon avait même dominé les Colombiens, dirigés par Luis Ocaña. Ces Colombiens étaient têtus, ils ne voulaient absolument pas écouter les conseils de Luis sur les braquets à installer pour monter le Tourmalet et l'Aubisque, on les voyait forcer avec des développements énormes. Je me souviens que l'un d'eux, Edgar Corredor, était tombé amoureux d'une fille lors du passage dans le Nord et il était descendu le lendemain en civil prêt à quitter le Tour pour aller la retrouver. Naturellement, Ocaña a eu vite fait de lui faire enfiler un cuissard et de le remettre en course !

Dans la grande étape pyrénéenne, Pascal Simon, accompagné de Pedro Delgado, a rejoint les deux coureurs échappés en tête de la course, le Colombien Patrocinio Jiménez, premier Colombien à enfiler le maillot à pois, et Robert Millar qui allait gagner l'étape et consolider son avance. C'est sur les rampes du dernier col de la journée, celui de Peyresourde, que Simon a porté son effort, tandis que Laurent Fignon décrochait à 5 km du sommet. À l'arrivée à Bagnères-de-Luchon, Laurent, qui s'emparait du maillot blanc de meilleur jeune, accusait un retard de plus de 3 minutes sur Pascal qui rêvait de remporter le Tour. Mais c'est le lendemain que le drame est arrivé, Pascal Simon a été victime d'une chute au 46e km et s'est fracturé l'omoplate. Il a été courageux de continuer. Mais, au pied de L'Alpe d'Huez, il a cependant été contraint de quitter le Tour. C'est Fignon qui tout naturellement s'est imposé.

La chute de Pascal Simon avait provoqué une grande polémique dans le peloton. Roland Berland, son directeur sportif, accusait un coureur. Il visait l'Américain Jonathan Boyer de l'avoir volontairement fait tomber. Bernard Bourreau, son équipier, était furieux et s'insurgeait en affirmant que, désormais, il fallait faire « de la boxe dans le peloton ». C'est dommage pour Pascal Simon qui appartient à une grande famille de cyclistes, ils sont quatre frères à tous avoir été professionnels : Pascal, bien sûr, mais aussi Régis, François et Jérôme, presque une dynastie ! Vraiment, en 1983, il avait sa chance, il venait de terminer quatrième du Dauphiné libéré remporté par Greg LeMond. Il confirmait sa victoire dans le Tour de l'Avenir 1981, ainsi que ses étapes remportées sur le Clásico RCN au nez et à la barbe des Colombiens en 1982, et surtout sa victoire d'étape sur le Tour, l'année précédente, à Orcières Merlette. La grande attraction de cette édition avait été les Colombiens, qui participaient à un Tour ne comprenant pas moins de six contre-la-montre : le prologue, la course par équipes disputée à Fontaine-au-Pire, et quatre chronos individuels, à Nantes (58 km), Dijon (50 km) et dans les ascensions du puy de Dôme et d'Avoriaz. Finalement, le premier Colombien, Edgar Corredor, s'est classé seizième à Paris. Mais c'était une prouesse, ils avaient perdu énormément de temps dans ces contre-la-montre. Raphaël Géminiani, qui avait suivi l'équipe colombienne, s'était moqué gentiment d'eux en disant : « J'ai roulé pendant toute l'étape en première ! »

Quant à Laurent Fignon, il méritait sa victoire et s'affirmait comme un grand champion en remportant l'ultime contre-la-montre, à Dijon, devant l'Espagnol Angel Arroyo et Stephen Roche. On l'a injustement critiqué. J'ai eu l'occasion de mieux le côtoyer sur le tard. Il avait tout de même eu le cran d'investir son argent personnel dans le cyclisme pour organiser Paris-Corrèze. Chapeau !

1984, FIGNON COMME COPPI

Ce Tour se dispute surtout dans les Alpes et se régale d'arrivées au sommet spectaculaires : place à La Ruchère, en Chartreuse, à L'Alpe d'Huez, en Oisans, à La Plagne en Tarentaise, à Morzine dans le Chablais, à Crans-Montana, en Suisse. Place au beaufort, au chartreux, au reblochon, aux tomes de Savoie, à la raclette et à la fondue ! Tout un Tour pour un fromage !

Luis Herrera est pour moi le grimpeur qui m'a le plus impressionné. Cette année-là, je suivais l'étape de L'Alpe d'Huez et j'étais bien placé derrière le petit grimpeur colombien. *TF1* ne diffusait pas, et c'est Chapatte qui officiait pour *Antenne 2* sur la moto. Herrera est parti dès les premiers virages de la montée de l'Oisans. Il enroulait un gros braquet, grand plateau à l'avant et quinze dents à l'arrière, c'était vraiment exceptionnel. Il a lâché Hinault, qui avait attaqué le premier, et s'est littéralement envolé vers la victoire.

Vous vous souvenez de cet épisode qui est entré dans la légende du vélo. Hinault qui attaque, sans conviction et sans trop de forces, avant la montée de l'Alpe et Fignon qui, à ce moment-là, le regarde et dira plus tard : « Il m'a fait rigoler ! » Pour mieux situer ce commentaire de Laurent, qui finalement n'était pas méchant, il faut se rappeler les faits : dans la côte de Laffrey, dernière difficulté avant L'Alpe d'Huez, Herrera et Fignon avaient attaqué et surpris tout le monde. Derrière, Bernard Hinault animait un groupe de contre-attaquants composé de Beat Breu, d'Angel Arroyo et de Robert Millar. Lorsque ce quatuor a rejoint Herrera et Fignon, Hinault n'a pas attendu et a attaqué tout de suite, ce qui a provoqué cette fameuse réplique de Fignon, qui portait le maillot de champion de France !

Dans L'Alpe d'Huez, Luis Herrera prend près d'une minute à un super Fignon ! Je peux vous assurer que, dans les virages de L'Alpe d'Huez, Herrera freinait. Oui, il freinait, comme Vietto l'affirmait, alors que l'on croyait à une galéjade, lorsqu'il montait le col de Braus au-dessus de Nice. Mais il était obligé, sinon ses pédales touchaient le bitume. Herrera montait si vite qu'il fallait que, dans les virages, il ralentisse légèrement, c'était vraiment incroyable à voir ! Mais quelle tête de mule ! Il n'écoutait personne ; à l'Alpe, il est resté au moins une heure sur la ligne d'arrivée sans se couvrir à discuter avec les journalistes. J'avais alerté Jean-Michel Leulliot, je lui avais dit qu'il risquait de prendre froid et que c'était une grosse erreur de débutant. Le lendemain, les coureurs s'attaquaient à une grande étape, avec l'ascension du Galibier, de la Madeleine et la montée finale vers La Plagne. Herrera était à l'agonie, il termina à plus de 19 minutes ! Il ne faisait pas le métier, il mangeait et buvait n'importe quoi. Si l'on regarde bien, c'est dans la montagne qu'il a perdu le Tour, il perd près de 6 minutes dans l'étape de Morzine et plus de 9 minutes dans celle de Crans-Montana, où Fignon a été éblouissant. Il avait l'intention de laisser gagner son équipier et ami, Pascal Jules, déjà vainqueur à Nantes, qui était en tête de la course avec Henk Lubberding. Mais, lorsqu'il a compris que l'Espagnol Arroyo et le Colombien Pablo Wilches devenaient trop menaçants, il est sorti tout seul pour aller gagner l'étape avec une facilité déconcertante.

Fignon a remporté ce Tour comme Coppi, les journalistes n'hésitaient pas à comparer son aisance à celle du grand *campionissimo*. Au total, il a enlevé 5 étapes sur ce Tour (les contre-la-montre du Mans, de La Ruchère et de Villefranche en Beaujolais, l'étape de La Plagne et de Crans-Montana) plus le contre-la-montre par équipes de Valenciennes. La veille du chrono en montagne à La Ruchère (22 km), j'étais en compagnie de Richard Marillier, directeur technique national du cyclisme, qui m'avait apporté les feuilles mentionnant l'ordre de départ des coureurs. J'avais été surpris : les commissaires faisaient partir Bernard Hinault, troisième du classement général, derrière Laurent Fignon qui pourtant était deuxième. Cela aurait dû être l'inverse et je m'en étonnai, mais on m'expliqua que les commissaires ne voulaient pas avantager Fignon qui, normalement, aurait dû s'élancer juste derrière son équipier Vincent Barteau, alors maillot jaune. Tu parles !

C'était la grande époque de Guimard et Tapie, le célèbre homme d'affaires. Cyrille dirigeait Fignon au sein de la formation Renault-Elf (avec Greg LeMond) et Bernard Tapie défendait les intérêts de sa société La Vie Claire grâce à Bernard Hinault. Le soir, lorsque les équipes sont rentrées de l'entraînement, la grande explication a eu lieu. Guimard a refusé cet ordre de départ fantaisiste et fait rétablir le bon ordonnancement. Ça gueulait de tous les côtés, Tapie était en colère et menaçait de ne plus faire repartir son équipe !

Quel beau podium que celui de ce Tour avec Fignon, maillot jaune, Hinault, sacré le plus combatif et LeMond, meilleur jeune. Et dire que ces trois hommes avaient porté le même maillot, celui de Renault-Elf, pendant deux saisons, en 1982 et en 1983. En 1984, Hinault atteignait le paroxysme de sa carrière, Fignon l'apogée de sa forme, et Greg LeMond s'apprêtait à s'emparer du maillot jaune à son Tour. Luis Herrera se classait vingt-septième à 58 minutes, malgré ses belles promesses. Qui serait le premier Colombien à remporter un jour le Tour ?

1985, ET DE CINQ POUR HINAULT !

Voilà un Tour qui sent bon la Bretagne et la Normandie. Départ de Plumelec et visite à Lorient, cités du Morbihan, pour goûter l'andouille de Guéméné et les fricassées. Puis un petit tour à Vitré en Ille-et-Vilaine et dégustation de sa pintade farcie. Petite halte à Pont-Audemer, dans l'Eure, réputée pour son gâteau, le mirliton. Hum !

Cette cinquième victoire de Bernard Hinault est historique parce que c'est le premier Tour de France qui est remporté avec les nouvelles pédales automatiques. C'est grâce au Blaireau et à la société Look, basée à Nevers, que cette grande révolution dans le matériel cycliste a été possible, ce qui montre bien que les entreprises françaises savent innover et être à la pointe de la technologie. Pour moi, le passage des pédales avec cale-pieds aux pédales automatiques est le progrès le plus extraordinaire que le vélo ait pu connaître. À mon époque nous avions également assisté à de belles évolutions, mais jamais aussi importantes que celle-là. Personnellement j'avais apprécié l'apparition de boyaux en soie, plus légers. J'avais surtout aimé la nouvelle roue libre qui nous permettait de passer de quatre vitesses à l'arrière à cinq vitesses. Pour nous, dans les années 1960, c'était une belle découverte et l'on ne pensait pas qu'un jour la roue libre comprendrait onze pignons ! Quel choix de vitesses !

Look avait trouvé le bon filon avec ces pédales automatiques et a, par la suite, poursuivi dans le domaine de l'innovation en fabriquant des cadres en carbone. L'avantage des nouvelles pédales était double : d'abord, on n'avait plus à serrer les courroies de cale-pieds. Je me souviens qu'elles cassaient souvent et qu'il fallait également remplacer la cale sous la chaussure, qui comprenait une rainure pour entrer dans la pédale. Cette cale s'usait vite. Là, c'était fini, plus de courroie, mais une fixation pratique et rapide. Le coup de pédale changeait également : avec nos vieilles chaussures plates, la plupart du temps trouées sur le dessus pour aérer le pied, nous finissions une étape de 250 km avec l'impression d'avoir une semelle en carton. Les nouvelles pédales introduisaient une nouveauté essentielle, la cambrure de la chaussure, qui changeait le coup de pédale et procurait plus de force dans le pédalage. C'était vraiment un avantage considérable, on terminait l'étape sans avoir mal aux pieds.

Les Japonais ont favorisé tous ces progrès techniques. Ils ont su écouter les coureurs et réfléchir à d'autres fonctionnements afin d'améliorer plus encore le confort et l'efficacité. Dans les années 1970, on les a vus débarquer sur le Tour. Ils photographiaient tous les aspects du vélo, posaient mille questions aux coureurs, et on se moquait de ces drôles de touristes en vacances sur le Tour, avec leurs petites musettes et leurs appareils. Mais ce n'étaient pas des touristes. Ils travaillaient tous dans des entreprises au poste d'ingénieur et sont retournés chez eux pour analyser et mettre en pratique toutes nos remarques. Certains coureurs avaient proposé un changement de vitesse quelque part au guidon pour plus de facilité, ce qui permettrait de pédaler tout en optant pour un rapport différent. Mais personne n'imaginait que cela serait possible et encore moins qu'on changerait de vitesse en actionnant un levier placé sous les freins. Les Japonais l'ont fait !

Le cyclisme était déjà en pleine mutation avec l'arrivée des Américains, dont Greg LeMond était un représentant très prometteur et un équipier de Bernard Hinault au sein de l'équipe La Vie Claire, mais aussi avec les Colombiens qui, cette année-là, nous ont offert un véritable festival en montagne. Ils ont commencé à se montrer dans les Alpes lors de l'étape Pontarlier-Morzine-Avoriaz (195 km). Bernard Hinault a accéléré le rythme dans le col méconnu du pas de Morgins et il est parti avec Luis Herrera dans sa roue. Le Blaireau portait le maillot jaune depuis le chrono de Strasbourg (75 km). Il avait débuté le Tour en fanfare en remportant le prologue à Plumelec, dans sa Bretagne natale qui l'a ovationné tout au long du parcours, puis en dominant le contre-la-montre par équipes (76 km) de Fougères. À Avoriaz, Bernard se classe deuxième, derrière Herrera qui remporte une nouvelle victoire d'étape après celle de l'an dernier à L'Alpe d'Huez. Le festival colombien commençait. Le lendemain, entre Morzine et Lans-en-Vercors, Herrera et Fabio Parra, son équipier au sein de la formation Café de Colombia, ont dynamité la course, au sommet, Luis a laissé gagner son ami pour le remercier de son dévouement. Deux Colombiens aux deux premières places de l'étape, c'était plutôt inhabituel, mais ils n'étaient pas dangereux au classement général, ils avaient perdu trop de temps dans les contre-la-montre. Il faudra attendre 1988 pour voir, enfin, un Colombien sur le podium à Paris, avec la troisième place de Fabio Parra.

Je voudrais insister sur deux événements qui ont marqué cette étape. Au bas de la descente du col de la Colombière, Jean-René Bernaudeau, de l'équipe Fagor, aujourd'hui directeur sportif comblé de la formation Europcar, avec Thomas Voeckler et Pierre Rolland, effectua une chute très sérieuse et dut être évacué vers l'hôpital d'Annecy, le visage en pleurs, causés par la douleur. Fort heureusement, il n'avait rien de cassé. C'est dans cette descente que le Blaireau a montré qu'il était le patron et s'est comporté comme le fera plus tard Lance Armstrong avec Filippo Simeoni sur la route de Lons-le-Saunier, en 2004. En effet, Joël Pelier, de l'équipe Skil, celle de Sean Kelly, avait décidé de tenter sa chance et de s'échapper, mais il restait encore cinq cols et Hinault, apparemment, souhaitait que le rythme ralentisse. Il a donc foncé dans la descente, avec Luis Herrera et Robert Millar dans sa roue, pour rejoindre Pelier et lui adresser ses plus vives remontrances. Pelier ne s'était pas démonté et je me souviens qu'il avait déclaré aux journalistes, à l'arrivée : « Quand Hinault veut attaquer, il attaque, moi aussi. Je ne m'occupe pas de lui ! »

1986, LA PAIX DE L'ALPE D'HUEZ

> Un Tour de France bien français, sans détour par l'étranger et, bien au contraire, avec des incursions dans les terres, au cœur de la France profonde. Le Tour salue Poitiers dans la Vienne, Nîmes dans le Gard, Gap dans les Hautes-Alpes et Serre-Chevalier dans la vallée de la Guisane, puis Saint-Étienne dans le Forez et Nevers dans la Nièvre. La France est belle en été !

On ne peut pas évoquer ce Tour 1986 sans rappeler un élément essentiel de l'édition précédente : en 1985, en effet, au terme de sa victoire, devant Greg LeMond, Bernard Hinault s'était engagé à favoriser le succès de son équipier l'année suivante. C'était une promesse qui avait été rendue publique, une sorte de remerciement en signe des services rendus parce qu'on peut toujours se poser la question : Hinault aurait-il remporté son cinquième Tour, en 1985, sans l'aide de LeMond, surtout après son accident de Saint-Étienne ? Greg s'est tout de même dévoué pour l'aider et a renoncé à ses intérêts. De la même façon, on s'interroge sur ce Tour 1986 : Hinault aurait-il gagné un sixième Tour sans cette fameuse promesse ?

Tout portait à croire, en tout cas au début du Tour, qu'Hinault n'avait pas renoncé à remporter un sixième Tour. Il s'impose dans le contre-la-montre individuel de Nantes (61 km), devant Greg LeMond à 44 secondes, et, surtout, il a attaqué dès la première ascension pyrénéenne,

Bayonne-Pau (217 km). L'étape était très dure avec des difficultés nouvelles : le col de Burdincurutcheta, puis celui de Bagargui, d'Ichère et le terrible col de Marie-Blanque.

Là, échappé en compagnie de son équipier Jean-François Bernard et de Pedro Delgado qui remporte l'étape, Hinault a creusé l'écart sur ses adversaires, il endosse le maillot jaune et relègue son équipier, auquel il avait promis la victoire finale à Paris, à plus de 5 minutes au classement général ! Pour tous les observateurs, Bernard avait déjà fait un grand pas vers un sixième Tour. « J'ai surtout voulu éloigner la menace colombienne », expliquait-il au micro des reporters, en désignant Luis Herrera comme le principal adversaire. Je pense qu'Hinault a été victime de son tempérament. Il a remis le couvert le lendemain entre Pau et Luchon Superbagnères (186 km) alors qu'il portait le maillot jaune et détenait déjà une avance confortable.

Après avoir gravi le Tourmalet, il attaque dans la descente, s'échappe seul dans Peyresourde, où il faiblit et se fait rejoindre, avant d'accuser le coup dans la montée finale de Superbagnères. C'est le grand jour de Greg LeMond, il devient le premier Américain à remporter une étape de montagne, mais surtout il se rapproche au classement général à 40 secondes d'Hinault, dont le maillot jaune est de plus en plus effiloché. Le Tour a basculé, le pouvoir au sein de l'équipe la Vie Claire également. Désormais LeMond veut son Tour. Greg LeMond ne comprenait pas le comportement d'Hinault, il s'en plaignait à Maurice Le Guilloux, le directeur sportif : « Mais pourquoi Bernard agit-il de la sorte ? » lui demandait-il. Cela reste obscur, la part du mystère Hinault, mais les deux hommes se sont retrouvés dans la montée finale de L'Alpe d'Huez où ce jour-là Hinault a vraiment aidé LeMond. Ils passent la ligne ensemble en se tenant par l'épaule. La paix des braves était scellée. Mais que s'est-il réellement passé lors de cette ascension mythique ? Je crois que l'explication la plus vraisemblable est que LeMond avait peur du public et ne voulait pas gagner à L'Alpe d'Huez, craignant sa réaction. Dès lors, Hinault lui aurait dit : « Tu restes dans ma roue et on passe la ligne ensemble. » Mais je pense que Greg était bien supérieur à Bernard lors de cette ultime montée.

Finalement, LeMond s'emparait de son premier Tour, les USA aussi, et le cyclisme s'engageait définitivement dans la mondialisation, séduit par cet américain sympa, qui fera plus tard la gloire de l'équipe Z (une marque de vêtement jusqu'alors inconnue) en se présentant sur le podium du Tour 1990.

Le cyclisme, en ce temps-là, était également obsédé par les innovations techniques améliorant la pénétration dans l'air et l'efficacité du pédalage. On avait vu Thierry Marie se présenter au prologue avec un appui dorsal, une selle ultramoderne équipée d'une sorte de reposoir afin de faciliter l'appui lombaire qui lui avait permis de remporter ce premier chrono en devançant Hinault de 2 secondes ! À mon époque on recherchait déjà un meilleur rendement et nos efforts se portaient surtout sur les roues. Je me souviens que lors du contre-la-montre de Châteaulin (26 km), que j'ai gagné devant Felice Gimondi, en 1965, j'avais monté mon vélo en 7/10 de millimètres de roues à 28 rayons ligaturés, équipées de boyaux collés à la gomme laque, celle qu'utilisaient les pistards. J'enlevais la première tresse du boyau que je collais sur les fils. Résultat : on transformait un boyau de 230 g en un boyau de 180 g. Tout comptait. J'enlevais également la tresse (la guidoline) de mon guidon, je courrais sans gants, tout cela pour faciliter une meilleure pénétration dans l'air. Aujourd'hui, ses trouvailles semblent dépassées au regard des équipements modernes.

1987, J'AI LOUPÉ LE RENDEZ-VOUS DE BERLIN

Le Tour pose ses valises à Berlin-Ouest et s'ouvre à la mondialisation alors que le rideau de fer n'est pas encore tombé. Pèlerinage à Karlsruhe, où est né le baron Drais, inventeur de la draisienne, puis visite à Stuttgart, berceau de l'automobile, avant de rejoindre l'Alsace, *via* Strasbourg.

Depuis mes débuts dans le monde professionnel, et sur le Tour de France en 1962, je n'avais manqué aucun rendez-vous. Mais cette fois-ci, je n'étais pas à Berlin pour le grand départ. En effet, je devais faire le Tour pour *Radio Nostalgie*, mais un événement imprévu m'en a empêché. L'un des responsables avait eu la bonne idée de partir avec la caisse ! Je suis donc resté à la maison.

Les étapes à l'étranger me laissent quelques souvenirs pénibles. Je pense à l'année 1964 lorsque nous avons couché à Barcelone. La personne chargée de choisir les hôtels au sein de l'organisation ne s'embarrassait pas, il lui suffisait qu'on lui garantisse que l'établissement offrait tout le confort. À cette époque personne n'allait vérifier sur place si, effectivement, les chambres étaient équipées d'une salle de bains, et l'on se retrouvait quelquefois dans des restaurants pour routiers ! De très nombreux hôteliers demandaient à accueillir l'équipe Mercier avec Poulidor. C'était peut-être flatteur pour moi, mais cela me jouait aussi de vilains tours parce que l'établissement, contrairement à ce que l'hôtelier assurait, ne correspondait pas toujours aux promesses. À Barcelone, nous avions nos chambres juste au-dessus des cuisines, il faisait 50 °C, c'était absolument impossible de dormir. Toute la nuit, nous avons respiré une odeur d'huile d'olive brûlée qui montait des fourneaux. C'était infect ! Le lendemain matin, je me suis levé avec les yeux enflés, les jambes lourdes, j'étais très fatigué, la colère m'habitait.

Je descends à la salle à manger pour prendre mon petit déjeuner, et on me fait attendre. Une heure après, je reviens pour tenter de me restaurer et une nouvelle fois j'entends « moment » dans un anglais approximatif. Cela a duré encore une bonne heure, à la fin, voyant que je ne pouvais pas prendre mon petit déjeuner, je me suis énervé, j'ai attrapé toutes les tables et je les ai renversées, j'étais furieux. Quelques minutes plus tard, Félix Lévitan est arrivé et il nous a logés dans un palace. Le comble, c'est que l'on a manqué de prendre froid tellement l'hôtel était climatisé ! Ah ! Ce n'était pas tous les jours dimanche. Une fois, sur Paris-Nice, Jean Leulliot l'organisateur nous a tous hébergés sous des tentes, juste après l'étape de Saint-Étienne. Il faisait un froid intense. Moi, cela ne me dérangeait pas, j'étais habitué à la dure. À la ferme familiale, j'arrachais les topinambours par –10 °C, les mains nues, sans gants !

Ce Tour 1987, que j'ai suivi attentivement, a échappé à Jean-François Bernard piégé sur la route de Villard-de-Lans, à cause d'une crevaison au plus mauvais moment. « Jeff » avait effectué une ascension contre la montre du mont Ventoux véritablement époustouflante, reléguant Luis Herrera que l'on pensait imbattable sur ce terrain à plus d'une minute. « Jeff » avait également remporté le contre-la-montre de Dijon (38 km) et repris plus d'une minute à Roche, mais ce n'était pas suffisant. Il a dû s'incliner contre le coureur Irlandais qui, cette année-là, réalisait le grand chelem en remportant le Giro, le Tour et le Championnat du monde. Il avait construit sa victoire en dominant le chrono du Futuroscope (87 km), face à des rouleurs chevronnés comme Charly Mottet, Dietrich Thurau, Jean-François Bernard ou le Norvégien Dag Otto Lauritzen.

Le dernier jour sur les Champs-Élysées, c'est un Américain qui s'impose au sprint et bat le Canadien Steve Bauer. Il s'agit de Jeff Pierce de l'équipe 7-Eleven. Cette formation révélait de beaux talents : Lauritzen avait remporté l'étape au sommet de Luz-Ardiden, et Davis Phinney celle de Bordeaux, confirmant son succès de l'année précédente à Perret-Liévin.

Ce Tour 1987 avait été marqué par le renvoi de Félix Lévitan remplacé par Xavier Louy, codirecteur du Tour avec Jacques Goddet. C'était un sacré événement. En novembre, Jacques Anquetil nous quittait, malade, atteint d'un cancer. Je me souviens que, lors du départ du Tour suivant, en 1988, j'avais déclaré : « Deux amis nous manquent, Jacques Anquetil et Félix Lévitan. » Jacques Goddet n'avait pas apprécié et était venu me reprocher de ne pas l'avoir cité. Je ne comprenais pas très bien sa remarque, j'ai été obligé de lui répondre froidement : « Mais monsieur Goddet, vous n'êtes pas mort, vous êtes bien parmi nous ! »

1988, UNE AFFAIRE D'ÉTAT

> En principe le Tour tourne en rond, mais il lui arrive de s'attarder dans une région de France. Cette fois-ci, il visite Limoges, en Haute-Vienne, Santenay, en Côte-d'Or, Chalon-sur-Saône, en Bourgogne, et même une cité méconnue, Ruelle-sur-Touvre en Charente.

Voilà quinze ans que toute l'Espagne attendait un nouveau vainqueur du Tour depuis le succès de Luis Ocaña en 1973. Quinze ans, c'est long, ils ne sont pas nombreux les Espagnols qui ont réussi à gagner le Tour, surtout si l'on excepte le long règne de Miguel Indurain, de 1991 à 1995. Federico Bahamontes, le grimpeur fantasque, qui s'arrêtait de temps en temps au sommet pour déguster une glace, a été le premier d'entre eux, en 1959. Ensuite, ce fut le vide total jusqu'à Ocaña, c'est dire la longue attente qu'ils durent supporter. Pedro Delgado, qui annonçait la prise de pouvoir future d'Indurain, son équipier au sein de la formation Reynolds, apportait un succès espéré depuis l'année précédente et sa deuxième place derrière Stephen Roche. Il a su confirmer, mais sa victoire est entachée d'un doute en raison d'un contrôle effectué les derniers jours qui a révélé la présence dans le sang d'une substance, le Probénécide, toujours autorisée par l'UCI, mais interdite par le Comité olympique. Delgado n'était donc pas « positif » vis-à-vis de la loi cycliste, mais ce médicament considéré comme un produit masquant jetait le trouble sur sa performance. Le plus surprenant, c'est que l'information avait été communiquée par Jacques Goddet à Jacques Chancel afin qu'il l'annonce à la télévision. On avait l'impression que les Français tiraient sur Delgado. Ainsi, l'affaire Delgado est très vite devenue une affaire d'État entre la France et l'Espagne, où les responsables politiques des deux pays s'en sont mêlés, et tous les journaux espagnols ont pris sa défense.

Il s'était emparé du maillot jaune lors de l'étape de L'Alpe d'Huez, remportée par le Hollandais Steven Rooks devant son compatriote Gert-Jan Theunisse. Delgado termine troisième à 17 secondes et confirme la prédiction de L'Alpe d'Huez qui désigne comme vainqueur final du Tour celui qui porte le maillot jaune au soir de cette étape ! Le lendemain, il survolait le contre-la-montre (38 km) de Villard-de-Lans, repoussant Jean-François Bernard à 44 secondes et un rouleur confirmé comme Erik Breukink à plus de 2 minutes. La performance de Delgado annonçait une nouvelle vague de coureurs espagnols capables de grimper mais également de rouler et de se défendre dans les contre-la-montre.

En 1988, il y avait pas moins de 7 équipes espagnoles au départ du Tour sur les 22 engagées, jugez vous-même : Kelme (avec Vicente Belda), Reynolds (Pedro Delgado, Julian Gorospe et un certain Miguel Indurain qui débutait), Kas (emmenée par l'Irlandais Sean Kelly), Teka (et son grimpeur de poche Enrique Aja), Fagor (avec le Britannique Robert Millar comme leader), Caja Rural (avec Marino Lejarreta) et BH (avec Anselmo Fuente).

Les Espagnols sont surtout très solidaires entre eux, un peu comme les Italiens lorsqu'un « étranger » débarquait sur le Giro. J'ai un souvenir très fort du Tour d'Espagne que j'ai disputé – et remporté – en 1964, pour préparer le Tour. On m'avait prévenu en me disant que j'allais me casser les dents, que les Espagnols entre eux savaient former une coalition contre l'« étranger » et que la plupart de ceux qui avaient tenté de s'imposer dans la Vuelta avaient échoué. Je dois dire que j'ai réussi à m'imposer en profitant de la rivalité entre deux équipes espagnoles, chose peu commune, la Kas, une marque de jus de fruits, avec notamment Julio Jiménez et Francisco Gabica et la formation Ferrys, défendue par ses leaders José Pérez Francés, Fernando Manzaneque et Luis Otaño. La lutte avait été sévère, surtout dans les sprints intermédiaires où l'on se disputait les bonifications. Heureusement, j'étais aidé par les sprinters maison, Frans Melkenbeeck, Robert Cazala et Dédé Le Dissez. J'ai pris le maillot *amarillo* en remportant le contre-la-montre tracé entre Becilla et Valladolid (65 km) quarante-huit heures avant l'arrivée finale à Madrid.

L'année suivante, je suis revenu pour gagner à nouveau la Vuelta mais, cette fois-ci, les coureurs espagnols, qui n'avaient pas apprécié ma victoire, se sont juré de m'empêcher de gagner à nouveau et ils ont réussi. Pourtant, dès le quatrième jour, lors du contre-la-montre (41 km) entre Mieres et Puerto de Pajares, j'ai fait un numéro, j'ai doublé plusieurs coureurs, remporté l'étape et endossé le maillot de leader. C'était bien parti. Puis, lors de l'étape, Benidorm-Sagunto (174 km) Van Looy a attaqué, mon équipier Rolf Wolfshohl qui sautait sur tous les coureurs qui voulaient s'échapper a fait le travail et s'est retrouvé dans le bon wagon. Les fuyards comptaient plus de 10 minutes d'avance. Mes équipiers me demandaient ce qu'on faisait, mais je ne pouvais que laisser faire. Le soir, Wolfshohl portait le maillot *amarillo* et j'étais deuxième du général. Rolf a été un équipier fabuleux. Malgré sa tunique de leader, il accomplissait le travail de trois équipiers, mais, lorsqu'il participait à une échappée pour la contrôler, les gars roulaient avec lui. C'était tout sauf Poulidor vainqueur ! M. Magne me rassurait, il me disait : « Il va finir par s'épuiser », mais Wolfshohl tenait la forme de sa vie, il n'a pas craqué et a remporté cette Vuelta où je termine deuxième !

Avant que Pedro Delgado ne s'empare du maillot jaune, à L'Alpe d'Huez, la tunique or était passée d'une épaule à l'autre. C'étaient désormais les Hollandais qui la détenaient. Teun Van Vliet l'avait endossée à l'issue de l'étape contre la montre par équipes de La Haye-Fouassière-Ancenis (48 km) dominé par la formation Panasonic, puis Henk Lubberding s'en était emparé après l'étape de Liévin et enfin Jelle Nijdam la lui avait ravie après le contre-la-montre individuel de Wasquehal (52 km). Les Hollandais faisaient la loi sur ce Tour, Jean-Paul Van Poppel (Superconflex) avait enlevé quatre étapes (au Mans, à Besançon, à Bordeaux et la dernière sur les Champs-Élysées), Adrie Van der Poel (PDM) s'était imposé à Pau, Jelle Nidjam (Superconflex) à Liévin, et Steven Rooks (PDM) à L'Alpe d'Huez, c'était un beau tir groupé.

Ce Tour avait fait découvrir aux suiveurs une nouveauté qui permettait de rassembler avant le départ les principaux partenaires de l'épreuve et quelques invités, je veux parler du village départ. Les premières années ce rendez-vous en plein air et très convivial apportait un charme supplémentaire au Tour. Les coureurs se déplaçaient pour répondre aux interviews des journalistes et le public, limité, pouvait apprécier ces moments de détente au contact des champions et des invités de la chanson ou du cinéma. Mais très vite, le village départ, comme le Tour, a été victime de son succès, les gens se passaient les invitations sous les barrières et on comptait bien plus de personnes que prévu ! Aujourd'hui, l'entrée du village est très surveillée. C'est fastidieux, mais j'en comprends l'utilité. Le charme a disparu pour laisser la place à un grand rendez-vous de communication d'entreprise.

1989, LE DEUXIÈME LEMOND

Un Américain s'empare du Tour et, d'un seul coup, le parcours se donne des airs futuristes, où vitesse et technologie se côtoient. Départ du Luxembourg, place financière mondiale, et direction Spa et son circuit de Francorchamps, puis le Futuroscope et enfin Toulouse, cité de l'espace, où LeMond, se prépare à prendre son envol.

Incroyable mésaventure que celle de Pedro Delgado, en ce début de Tour, au moment de prendre le départ du prologue à Luxembourg. Il devait s'élancer à 17 h 17 et, au moment du top, il n'y avait personne sur la rampe de départ. C'était hallucinant, les commissaires cherchaient du regard s'ils le trouvaient dans la foule, le temps s'écoulait et Delgado n'était toujours pas là. Il était allé s'échauffer et s'est perdu dans les installations du Tour, il ne trouvait plus l'entrée, il a paniqué et perdu plus de 2 minutes avant même de s'élancer. On l'a vu arriver précipitamment, vêtu de son beau maillot jaune conquis l'année précédente et partir dans une lutte acharnée contre le temps. Que pouvait-il faire ? En 7,8 km il n'a pas eu d'autre recours que de tenter de limiter la casse. Erik Breukink remporte ce prologue – où un certain Miguel Indurain se classe septième à 10 secondes – et Pedro Delgado finit bon dernier à 2'54" ! Mais le plus grave n'était pas là. Cette erreur l'a empêché de dormir, elle le hantait, si bien que lors de l'étape contre-la-montre par équipes, disputée le lendemain sur 46 km, il était démoralisé et sans force. Son équipe a été obligée de l'attendre à plusieurs reprises et se classe dernière de cet exercice collectif, à plus de 4 minutes, remporté par la formation Système U de Laurent Fignon. En deux jours, Delgado avait définitivement perdu le Tour !

Mais on oublie la suite. Delgado a très vite repris confiance et montré qu'il pouvait se battre. Lors du contre-la-montre suivant, individuel cette fois-ci, disputé entre Dinard et Rennes (73 km), il retrouve toute sa motivation et se classe deuxième à seulement 24 secondes du vainqueur, l'Américain Greg LeMond. Fignon termine troisième à 54 secondes. Ces deux-là vont se disputer la victoire finale sur ce Tour incertain jusqu'au dernier jour. Il défend les couleurs d'une petite équipe, ADR Agrigel Bottecchia, pour laquelle il a signé un contrat « aux résultats ». Greg, en effet, n'avait plus obtenu de grands résultats depuis deux ans, en raison notamment d'un terrible accident de chasse où il a échappé de justesse à la mort, et personne dans son équipe ne croyait à ses chances de remporter le Tour. Il y avait donc une clause de prévue en cas de victoire qui l'assurait d'une prime exceptionnelle. On sait comment l'histoire s'est terminée : Greg a remporté ce Tour le dernier jour, pour 8 secondes, contre Laurent Fignon dépité et il a reçu sa prime qui a mis en faillite l'équipe en question !

Je voudrais tout de même commenter le comportement de Laurent Fignon sur ce Tour. Je l'ai entendu plusieurs fois regretter à la télévision, lorsqu'il était consultant, qu'Andy Schleck n'attaque pas Alberto Contador. Mais qu'a-t-il donc fait en 1989 ? Il s'est contenté de son maigre avantage de 50 secondes qu'il possédait sur Greg LeMond depuis sa victoire à Villard-de-Lans. Et il a été battu le dernier jour ! On parle de LeMond et Fignon, mais franchement si Delgado ne perd pas autant de temps en début d'épreuve, il a de sérieuses chances de remporter le Tour. Il termine finalement troisième à Paris à 3'34" de LeMond, après avoir rattrapé une grande partie de son retard en montagne, et notamment à L'Alpe d'Huez, où il rate la victoire, devancé par Gert-Jan Theunisse.

Ce Tour a été le premier dirigé par Jean-Marie Leblanc que j'avais côtoyé comme coureur. Il défendait les couleurs de Pelforth-Sauvage-Lejeune (avec Jan Janssen) en 1967 et 1968, puis celles de BiC, en 1969-1970 et en 1971, d'abord avec Jacques Anquetil, puis avec Luis Ocaña. Personne n'imaginait qu'il serait un grand journaliste à *La Voix du Nord* et à *L'Équipe*, et deviendrait le patron du Tour. Je me souviens de lui notamment lors des Quatre Jours de Dunkerque disputés en 1970. Il portait le maillot de leader et l'a perdu le dernier jour à cause de nombreuses attaques. Personne ne lui avait fait de cadeau et il s'en était plaint en montrant sa colère. Finalement, c'est Willy Van Neste qui remporta l'épreuve.

LeMond remportait donc son deuxième Tour, après sa victoire en 1986, il allait encore enlever un troisième Tour l'année suivante. Cet homme très sympathique me fait penser qu'il existait dans les années 1960 plusieurs prix annexes pour récompenser le coureur le plus élégant ou le plus aimable ainsi que les fameux prix Citron (décerné au coureur le plus antipathique) ou Orange (au plus sympa !). Une année, j'ai reçu le prix Orange des mains de la chanteuse d'origine cambodgienne, Tiny Yong, qui était en compagnie d'Henri Salvador avec lequel elle avait enregistré une chanson *Tais-toi petite folle*. Ah ! Ces classements manquent au Tour de France… Sûrement plus que la vive polémique que suscita l'utilisation d'un guidon de triathlète par Greg LeMond. Un guidon interdit, toléré, permis, autorisé, et finalement utilisé par tous !!!

1990-1993

OPÉRATION « GOURMANDISE »

Vous savez que, pendant très longtemps, on nous a taxés, nous les coureurs, d'hommes-sandwichs parce qu'on faisait de la réclame avec nos maillots, nos cuissards. Mais cette expression est devenue encore plus vraie quand les sponsors non cyclistes ont été admis dans le peloton. Là, avec les crèmes glacées ou la charcuterie, nous sommes vraiment devenus des hommes-sandwichs pour de bon. Avant de vous raconter la suite de mes aventures dans cet univers *via* la caravane du Tour, je voulais quand même vous demander si vous vous souveniez de la véritable aventure de Jean-Claude Daunat ? Nous avons couru ensemble le Tour 1972. Vous savez ce que j'ai fait ensuite, mais vous ignorez probablement que lui est devenu le roi du sandwich ! Il a en effet fait fortune avec son fameux triangle pain-jambon-fromage. À en fabriquer 200 000 par jour. Moi, plus modestement, j'ai été approché, au début des années 1990, par un commercial-publicitaire fou du Tour qu'il suivait, animait et impulsait même à l'occasion depuis 1964 pour son agence ABZ. Le A, c'était lui, celui de Yves Arnal. Il a longtemps fait la pluie et le beau temps sur la caravane, l'espace de 34 Tours. Et quand il s'est retiré en 2004, on ne l'a pas oublié. À mon niveau, il a essentiellement fait le beau temps, encore que la pluie, les jours de canicule soit aussi la bienvenue. Bref, il faisait flèche de tout bois, et soudain le nom de Poulidor est sorti de son carquois. Depuis 1964, où il est entré dans la course, on se connaissait un peu, et puis, au fil des Tours, on a fini par s'apprécier… Il me lança ainsi dans de nombreuses opérations tournant autour des industries alimentaires, vous le savez, mais les opérations que nous fîmes entre 1990 et 1993 tant pour Superdiet que Patigel, en fait pour les Grands Moulins de Paris, furent d'autant plus épatantes qu'il mit souvent la main à la pâte. Il faisait ainsi du clef en main pour les grandes entreprises, en s'appuyant sur ma notoriété pour faire entrer dans la caravane du Tour des produits innovants recherchant une grande vitrine populaire. Il aimait à reprendre la belle formule de Jacques Goddet : « Le Tour est une affiche de 4 000 km, à vous d'en faire quelque chose. » Combien de produits la caravane n'a-t-elle pas ainsi joyeusement imposés ? M. Arnal proposait l'idée et, quand elle était adoptée, il pouvait au besoin la concrétiser lui-même sur le terrain, en payant de sa personne, et en pilotant lui-même les véhicules à l'occasion. Je peux dire que, grâce à lui, on a révélé bien des produits à mes supporters tout en s'amusant, tout en les amusant, et aussi tout en les régalant. Avec lui, ou son chauffeur Régis Authiat, dans des véhicules parfaitement customisés, et équipés pour la conservation, on a ainsi fait découvrir à la France profonde de la pâtisserie de grande qualité toute préparée et à des prix défiant toute concurrence. Qui plus est, des produits qui brisaient l'esclavage de la ménagère. Cela allait de somptueux gâteaux à des mignardises, dont j'ai encore l'eau à la bouche. Je me souviens que, dans la gamme, nous avions des religieuses, des bavarois, ainsi que le royal aux poires. Avec moi qui suis gourmand, vous voyez ce que ça pouvait donner. Nos véhicules étaient parfois carénés en gâteau, et je me souviens qu'une de nos religieuses géantes était même tombée dans L'Alpe d'Huez. Sans bobo. C'était quand même

des chutes autrement moins désagréables que les miennes, non ? À l'avant de la course, on s'arrêtait pour faire goûter nos produits pilotes, et je payais de ma personne assez facilement, vous vous en doutez. Mais comme on se dépensait beaucoup, à l'arrivée sur les Champs-Élysées, le test du pantalon était toujours négatif : je rentrais facilement dedans.

Présentation des produits, animation dans des antennes régionales, on n'avait pas le temps de refroidir. M. Arnal avait même installé un système radio qui me permettait de dialoguer avec les invités. Comme ils ne connaissaient pas souvent les arcanes du Tour, je les initiais, tout en leur présentant nos produits et des champions amis. Je ne garde que de bons souvenirs de cette expérience qui s'est régulièrement terminée sur les Champs-Élysées par un banquet imprévu dont vous n'avez jamais dû entendre parler. En effet, pour l'apothéose, on avait tellement d'invités qu'on avait une livraison spéciale, et malgré l'afflux et la consommation qui sied à un feu d'artifice final, il nous restait souvent des mignardises. Comme, en fin d'après-midi, à côté de l'Élysée, j'avais remarqué des clochards en mal de gourmandises, avec les amis, Yves et Régis en tête, on leur offrait donc régulièrement une réception improvisée, mais digne de la garden-party du président de la République. Je vous le garantis. Je ne sais pas s'ils s'en souviennent, moi si. En prime, j'avais l'impression que ça effaçait un peu de cet immense péché de gourmandise commis à l'échelle de la France pendant un mois.

Il faut que vous sachiez aussi qu'à ce moment-là, les caricaturistes Blachon, Chenez ou Siro, qui m'avaient choisi comme tête d'affiche de leur exposition « Humour et p'tit vélo » à Vassivière, près de chez moi, m'avaient représenté souriant sur l'étiquette d'une boîte de conserve. Avec un bouquet de vainqueur « Poupou était le plus populaire des produits du Limousin ». Vous le voyez, on n'échappe pas à son destin. Sans être un gastronome, j'aime bien manger. Et un repas sans dessert… Vous connaissez la suite. C'est lors d'une de ces étapes gourmandes dans le *Midi* que je fis la connaissance d'un vieux supporter qui était aussi sculpteur. Il voulut m'offrir le verre de l'amitié et me montrer aussi mon buste sur lequel il travaillait. Je n'avais pas franchi la porte de son atelier que j'entendis une drôle de voix lancer : « Vas-y Poupou ! » Je réalisai alors que, sur son perchoir, il y avait un superbe perroquet. Mon hôte m'éclaira : « C'est tout ce qu'il sait dire... »

Ces quatre ans, que je place pour ma part sous le signe de la gourmandise, caravane sucrée oblige, la course proprement dite ne les vivra pas autrement d'ailleurs. Avec la chute du mur de Berlin, on a même l'impression que tous les champions de l'Est foncent sur le Tour, comme sur un pot de miel. Et comme LeMond avait déjà montré que le Tour réussissait aux Américains, on a droit à un minichoc est-ouest, cette fois, une guerre chaude, dont les Espagnols tireront les marrons du feu, car dans l'ombre, après six Tours d'apprentissage, un immense champion, dans tous les sens du terme s'est préparé, a maigri, appris à franchir les cols en puissance et croquer les contre-la-montre. Quand Anquetil m'avait doublé en 1962, M. Magne l'avait comparé à une « Caravelle », là, il faudrait parler de « Rafale ». Il fait 15 cm de plus que moi, et avec les nouveaux équipements, les roues lenticulaires, les guidons plongeants et le casque profilé, il ressemble presque à un extra-terrestre. Oui, c'est un titan. Jusque-là les Espagnols avaient donné des petits grimpeurs au Tour, puis des phénomènes plus complets et plus guerriers comme Bahamontes et Ocaña, là, Miguel écrase tout et pour la première fois, un Espagnol enlève plusieurs Tours de rang. Et ce, il faut le dire malgré l'opposition toujours farouche des Italiens, particulièrement bien représentés par les solides Bugno et Chiappuci, bientôt rejoints par un autre monstre, le sprinter Cippolini. Je lui préfère Miguel, qui ne parle que quand il a quelque chose à dire, et qui vient de la campagne comme moi. Nous avons les mêmes valeurs, et je me marre quand je pense qu'à ses débuts, il a même abandonné une fois pour donner un coup de main à la ferme pour la moisson. Si je n'avais pas débuté dans le Tour à 26 ans, j'aurais probablement fait pareil. On a dit que c'était le vainqueur le plus triste du Tour, je ne suis pas du tout de cet avis. Je trouve qu'au contraire, il a apporté de la densité et de la sérénité à la course.

C'était un moment où les moyens physiques primaient, il était là. On ne demandait ni un mannequin, ni un orateur, ou un bateleur, je trouve qu'il fut un grand vainqueur du Tour. Cette période a d'abord vu en 1990 Greg LeMond enlever son dernier Tour, quasiment en solitaire, comme un touriste-routier des années folles. Et j'aime ça aussi, car la course-poursuite qu'il mena après Chiappucci en 1990, et qui s'acheva victorieusement chez moi, avec la prise du maillot jaune, fut épatante. Une poursuite de plus de 3 000 km, il n'y a que des Américains qui puissent faire ça.

Et donc dans le sillage de Greg LeMond et de son guidon de sourcier – bonjour M. Magne –, on retrouve des champions comme Hampsten ou Armstrong, qui ont compris que pour des pédaleurs, le nouvel Eldorado, c'est ici et pas ailleurs. Ils ne brillent pas encore comme des pépites, mais font des étincelles à L'Alpe d'Huez, ou Verdun. Heureusement, car les champions de l'Est, ont également déferlé. Olaf Ludwig et Abdoujaparov se contentent du maillot vert, Konishev, Poulnikov ou Jaskula visent plus haut, mais c'est encore trop tôt. Ce qui frappe vous l'avez compris, même si les mignardises me distraient de temps en temps de la course, c'est la mondialisation. Américains, Russes, Ouzbeks, Polonais, Colombiens donnent au Tour des couleurs jamais vues. Pas encore un Tour de Babel, mais presque, car on y parle même le Danois avec Riis, ou Skibby, et le Brésilien avec Ribeiro, vainqueur à Rennes, en 1991. Ce brassage est épatant pour un observateur amoureux du Tour.

Le souci, car il faut bien qu'il y en ait un, ce sont les Français. Après la crucifixion de Fignon sur les Champs-Élysées, on dirait qu'ils ont du mal à s'en remettre. Thierry Marie, Thierry Claveyrolat, Jean-Claude Colotti, Gilles Delion, dont le papa est dans le chocolat, auront de belles fulgurances, et Marie, Pensec, Leblanc, Virenque et Lino porteront même le maillot jaune, mais ce n'est pas tout à fait ça. Leur course est encore un peu trop en creux. Une page se tourne, Fignon et Mottet sont sur le reculoir, même s'ils se battent comme des lions en 1991, et Luc Leblanc, mon compatriote, avec eux. Il faut attendre un peu pour que Jalabert, Virenque et consorts, qui entrent dans la ronde, trouvent leur marque, même si Laurent est déjà maillot vert en 1992. On se console donc en lorgnant du côté de la place de premier Français. C'est tristounet, je peux vous le dire, moi, qui l'ait été malgré moi ; personne dans les dix, si Lino, et puis Dojwa est quinzième. Pour nous, c'est le temps des vaches maigres, je me console encore avec Indurain, qui, dit-on, en gagne ou en achète beaucoup. Ça me rappelle le temps où l'on disait que, comme M. Magne, j'achetais sans arrêt des vaches. C'est Bernard Hinault, qui lui a une belle ferme. Lui aussi est passé de l'autre côté de la barrière, et les exploits d'Indurain ne le laissent pas indifférents. Ce qui est sûr, c'est que les moyennes grimpent, et dépassent même une fois les 39 km/h. On va vite. Nous dans la caravane, un peu moins. Heureusement. J'ai 57 ans.

1994-1995

ET LA « POULICHE » DEVINT POULAIN

Le chocolat Poulain est sur le Tour depuis que la caravane existe, depuis les années 1930. Aliment pratique, riche en calories, et estimé par de nombreux coureurs, au même titre que la banane ou le pruneau, le chocolat Poulain a vite été séduit par la réclame que pouvait lui procurer une présence préférentielle en montagne. Et quand, en 1975, M. Félix Lévitan eut l'idée de génie de reprendre un maillot à pois très visuel pour distinguer le meilleur grimpeur, Poulain a fait des bonds. Des pois, des taches, le Poulain en avait aussi sur sa robe. Une réussite. La vie est curieuse parce que vingt ans avant la création du fameux maillot à pois, dans les courses en Limousin, on me surnommait la « Pouliche ». Ce sobriquet avait d'ailleurs intrigué Louison Bobet lors d'un Bol d'or des Monédières. Et ne voilà-t-il pas qu'en 1994, j'étais approché pour animer un peu le dispositif Poulain sur le Tour. L'équipe en place était déjà épatante avec l'ancien international de rugby Robert Paparemborde, qui remettait le maillot à pois, plus des miss qui, à l'occasion, embrassaient leur lauréat. Mais quand on m'avait embauché, probablement encore sur une idée de M. Arnal, c'était pour que je m'investisse dans une très belle opération : « Les petits poulains »... En début et en fin d'étape, sur 15 à 20 km, il s'agissait de roulotter avec les tout jeunes cyclistes licenciés, ou pas, dans les clubs du coin. Ils pédalaient avec nous, on leur donnait des tee-shirts, des barres de chocolat... Et Poulidor était au milieu d'eux. Une opération bonheur qui permit à des gamins de passer un bon moment et qui en aida quelques-uns, paraît-il, à devenir des champions. Ce serait le cas du grand sprinter nordiste Arnaud Tournant. Sa maman était une supportrice inconditionnelle et, quand elle vit que j'étais dans ce peloton de minots, elle envoya aussitôt son jeune Arnaud. Peut-être le déclic. Ce n'était pas une opération de détection, mais il se passait quelque chose. La preuve, vous connaissez la fabuleuse carrière qu'il fit ensuite. Pouliche, Poupou, Poulain, ce n'était pas Dubo, Dubon, Dubonnet, mais bon...

J'ai l'impression que les Tours en 4 me portent chance, suis-je trop superstitieux ? En 1964 et en 1974, je réussis deux de mes meilleurs Tours, terminant chaque fois deuxième après avoir fait rêver mes supporters. En 1984, j'étais passé de l'autre côté de la barrière, mais cette édition avait également été passionnante avec un grand match Fignon-Hinault, et une belle montée en puissance des « Britanniques » au sens large, puisqu'ils étaient quatre dans les dix premiers avec LeMond, Millar, Kelly et Anderson. Ce coup-ci, signe du destin, on retourne en Angleterre, inauguration du tunnel sous la Manche oblige. Oui, on retourne car, en 1974, on s'y était déjà risqué, et j'y étais comme acteur. Et cela n'avait pas empêché Eddy Merckx de parapher un cinquième succès. Qu'en serait-il cette fois avec Miguel Indurain qui, lui, vise une quatrième victoire consécutive ?

Pour avoir suivi les choses de près car, avec Poulain, nous étions vraiment au cœur de la course, presque sur les talons de Virenque, toujours meilleur grimpeur, et de Pantani, je peux vous dire que ma martingale avec le 4 s'est prolongée. Vraiment un beau Tour, avec le trentième anniversaire de Miguel, fêté dignement le 16 juillet à Albi, ville où je me vois toujours dans le coaltar après ma chute en 1968. Mais revenons au meilleur. En fait, Miguel est au sommet de son art et, malgré Zülle, Pantani, ou Ugrumov, dans le final, il ne sera pas vraiment inquiété. Ce coup-ci, et c'est pour ça que je suis heureux, c'est Luc Leblanc, un compatriote, qui va chercher des poux dans la tête du grand Miguel. Luc est d'ailleurs tellement bon, qu'il terminera quatrième, au pied du podium après avoir empoché la victoire dans la belle étape Cahors-Lourdes-Hautacam. Je n'insisterai pas sur le 4, car je finirai par vous taper sur le système.

Miguel prend, comme prévu, le maillot jaune à l'issue du grand contre-la-montre de Bergerac et, ensuite, il le garde treize jours, jusqu'aux Champs, où il fait un pas de plus vers les plus grands du Tour, avec quatre victoires. Il a laissé Leblanc et Virenque virevolter dans les Pyrénées, et le Letton Ugrumov baguenauder dans les Alpes. Le Tour se mondialise, c'est ce qui me frappe sans cesse en voyant Abdoujaparov enlever sur les Champs son troisième maillot vert. Je n'ai pas à voyager, et je n'aime pas tellement ça. Mon bonheur est donc de découvrir les nouvelles têtes sur le Tour, et là, je suis encore servi. Celui qui me fait également très plaisir avec Leblanc, c'est Eros Poli, un géant italien de presque deux mètres, qui mène à bien une échappée au long cours sur le Ventoux, un col que j'aime bien, pour triompher à Carpentras. Quant à Eddy Seigneur, le bien nommé, il s'impose sur les Champs, et ajoute un joli quatrième bouquet à la moisson française car Jacky Durand, le franc-tireur, a triomphé à Cahors. Je n'ai rien dit. Bjarne Riis est quatorzième, après avoir été cinquième en 1993, et avant d'être troisième en 1995. Pascal Lino et Jean-François Bernard, qui nous ont procuré de belles joies, sont sur la pente douce, onzième et dix-septième, comme Éric Caritoux, le vigneron du Ventoux, qui a gagné une Vuelta, comme moi, et Charly Mottet.

Un joli petit Tour, qui est ponctué par un beau symbole, puisqu'on fête aussi le cinquantième anniversaire du débarquement allié sur les plages normandes : c'est un Allemand,

Olaf Ludwig, qui enlève la prime du Mémorial de Saint-Lô, cependant que l'Américain Greg LeMond, triple vainqueur, renonce. Le Tour instrument de réconciliation internationale, ça me va bien.

En 1995, Virenque et Pantani brillent en montagne, mais l'homme clef, c'est toujours Miguel Indurain, « le Sphinx de Pampelune », comme l'a joliment surnommé Francis Lafargue, son mentor. Miguel, toujours aussi impressionnant de puissance, et toujours aussi modeste, est mine de rien en quête d'un cinquième Tour consécutif, ce qui ne s'est jamais vu. Qui peut inquiéter le géant ? Virenque ? Il le fera un peu, tout en restant dans les dix premiers, mais c'est le maillot à pois qui intéresse exclusivement le « roi Richard », qui rêve de la passe de trois. Celui qui l'inquiétera d'ailleurs un peu dans ce challenge est un pur grimpeur, comme lui, l'Italien Marco Pantani, qui me rappelle Charly Gaul. Il triomphera d'ailleurs à Guzet-Neige et à l'Alpe. Jalabert inquiétera davantage l'Espagnol, et on ne s'y attendait pas. Le 14 juillet dans l'étape Saint-Étienne-Mende, que je connais par cœur, il déclenche même une offensive victorieuse, lui permettant de supposer que le maillot jaune, qu'il a porté à Saint-Méen, pourrait bien remplacer le vert, qu'il porte, et qu'il a déjà empoché en 1992. Virenque tient à ses pois, et Jaja a déjà eu le vert. Alors ? Après avoir bien animé la course, il finira d'ailleurs quatrième, au pied d'un podium sur lequel montent Riis, le longiligne Danois, et Zülle, le Suisse à lunettes. À l'arrivée à Paris, Alex termine à 4'35" de l'Espagnol, exactement le même écart qu'il y avait en 1992 entre Miguel et Chiappucci.

Je vous parlais des Suisses, il ne faudrait pas que j'oublie de vous dire que Rominger, qui, en 1993, était en lice pour la victoire, est encore là, mais en repli, il sera huitième. En fait, Miguel a gagné en deux coups de marteau, comme souvent, le premier, il l'a asséné dans les Ardennes, et le second, chez moi à Vassivière, contre-la-montre. Je ne peux pas m'empêcher de penser à ma casquette quand je vois son casque profilé en métal spécial. Que le temps passe vite. J'ai l'impression qu'il utilise même de nouvelles chaussures. Vous vous en souvenez, moi, je briquais davantage les miennes.

Ensuite, après avoir laissé Abdou faire son numéro sur les Champs, où l'on bat notre record de distribution de gadgets, Miguel n'aura plus qu'à ficeler sa cinquième couronne, en ayant une pensée pour Fabio Casartelli, qui a mortellement chuté dans la descente du Portet-d'Aspet. Vous le savez, en 1973, j'y étais également tombé et j'avais dû abandonner après avoir été tiré du fossé par Jacques Goddet. Là, hélas, rien à faire pour Fabio. Et une fois de plus, je songe à ma bonne fortune. Quand je dis ça, on se moque parfois de moi, et pourtant, n'ai-je pas raison ? Pour ne pas conclure sur une note triste, je vous rappelle qu'à Limoges, Lance Armstrong signe sa deuxième victoire sur le Tour. Et nous sympathisons un peu.

1996-2000

MES ANNÉES *MAISON DU CAFÉ*

1996, BJARNE RIIS GAGNE LE TOUR EN 46 KM

> Un petit tour au nord, un petit tour au sud et un grand tour au centre. Départ de Hollande, de 's Hertogenbosch, passage en Espagne, à Pampelune, chez Miguel, et séjour prolongé au cœur de la France, de Tulle à Brive-la-Gaillarde, de Besse à Villeneuve-sur-Lot.

J'avais renoncé à travailler pour la télévision. J'avais 60 ans, je commençais à avoir des difficultés pour reconnaître tous les coureurs. De nouveaux noms, de nouveaux visages apparaissaient et déjà casques et lunettes empêchaient de bien les identifier. Mais, surtout, je devais tourner la page, passer à autre chose. « Poulidor » avait une valeur marchande. J'ai eu des propositions grâce à Yves Arnal, un homme d'imagination. En 1996, j'ai commencé ma collaboration avec *Maison du Café*. On m'avait habillé des pieds à la tête aux couleurs de l'entreprise : pantalons marron, veste blanche avec une inscription marron très discrète « Maison du Café » et même des cheveux légèrement teints... couleur café, comme chantait Gainsbourg ! Je m'étais tout de suite identifié à mon nouveau rôle d'ambassadeur de cette entreprise qui mettait une voiture avec mon nom écrit en grand à ma disposition pour suivre le Tour et être à l'écoute des invités et du public. Ce fut un immense succès. Sur la route, les gens m'interpellaient et m'arrêtaient pour discuter ou obtenir un autographe. À l'arrivée nous disposions d'un podium où je dédicaçais des cartes postales. Un monde fou faisait la queue.

Maison du Café, grâce à M. Arnal, avait bien fait les choses : les véhicules étaient équipés de tasses géantes qui pivotaient. Impossible de ne pas comprendre dès le premier regard que l'on avait affaire à une marque de café. Pour ceux qui doutaient, une véritable usine à torréfaction ambulante, installée sur un Iveco, diffusait la bonne odeur du café sur tout le parcours de l'étape. C'était génial, on sentait ce parfum de loin, il donnait envie de boire un bon café, que d'autres véhicules proposaient gratuitement au public. Et puis, le slogan qui s'échappait des haut-parleurs frappait les esprits sur une musique entêtante : « J'aime la maison, la maison du café… »

Est-ce que Riis marchait au café ? Je plaisante mais, sincèrement, ce Tour 1996 qu'il remporte, effaçant d'un seul coup le grand Indurain, a surpris les spécialistes. Personne ne s'attendait à sa victoire.

Quelques années auparavant Bjarne Riis était encore réduit au rôle de porte-bidons pour Laurent Fignon, au sein de l'équipe Super U, puis Castorama, c'est dire l'incroyable ascension qu'il a eue. Il a intégré la sulfureuse formation Gewiss en 1994, après un passage chez Ariostea, et remporté tout de même deux étapes sur le Tour, en 1993, à Châlons-sur-Marne et en 1994, à Albi. Il s'était classé cinquième du Tour en 1993 et troisième en 1995, derrière Miguel Indurain et Alex Zülle. Trois leaders de cette équipe Gewiss, soupçonnée de dopage organisé, mais nous n'avions pas encore connu le séisme de Festina en 1998, avaient dominé la Flèche Wallonne 1994 : Moreno Argentin, Giorgio Furlan et Evgueni Berzin. Ils trustaient les trois premières places !

Puis Bjarne Riis a intégré l'équipe Telekom, avec Jan Ullrich, et s'est révélé en remportant le Tour. Je ne veux pas être méchant avec Riis, mais je dois dire objectivement qu'il a gagné le Tour en 46 km lors de l'étape tronquée du Monêtier-les-Bains-Sestrières. Ce jour-là, la neige tombait sur le Tour, en plein mois de juillet, on avait rarement vu ça, et les cols étaient impraticables. La caravane a donc gravi en voiture, avec les coureurs à l'intérieur, le col de l'Iseran et du Galibier. Certains cyclos qui attendaient le passage du Tour nous ont lancé des pierres, en signe de colère, parce qu'ils constataient que le Galibier était tout de même praticable, mais c'est l'Iseran qui posait problème avec une tempête de neige et un vent si violent qu'aucun coureur n'aurait pu passer.

Ensuite, Riis nous a offert ce que l'on appela la « démonstration d'Hautacam ». Il descendit à la hauteur de tous ses adversaires, et les toisa du regard avant d'attaquer. Cela avait l'air facile, trop facile, mais personne n'a rien vu jusqu'en 1998. Même Riis, lui-même, le reconnaîtra plus tard, en faisant des aveux touchants.

Cette année a également été marquée par la défaite d'Indurain, chez lui à Pampelune, c'était le premier Tour qu'il perdait (il finit onzième) en six ans. Je pense que la météo exécrable a accentué son échec, Riis aimait le froid, Indurain la chaleur. Cette année-là, la météo était favorable à Riis…

1997, ULLRICH PREND SON TOUR

Est-ce un hasard : ce Tour pour gastronome a été remporté par un Allemand plutôt glouton. Les suiveurs se régalent : voici Marennes et ses huîtres d'Oléron, Montbéliard et sa saucisse, Sauternes et ses vins liquoreux, Vire et son andouille. On passe même à Fribourg goûter sa célèbre cuchaule, sorte de brioche au lait et au safran.

Dans la voiture de *Maison du Café*, au milieu de la caravane, mon travail m'enchantait. Oh ! Ce n'était pas un travail. Plutôt des relations publiques et, sur le Tour, c'est franchement un plaisir. M. Yves Arnal avait eu l'idée de relier par radio interne toutes les voitures d'invités de *Maison du Café*. Ils avaient donc en direct et pour toute la journée Poulidor avec eux. Chacun me posait des questions au fur et à mesure du déroulement de l'étape, et je m'efforçais de répondre le plus précisément possible. Les invités étaient ravis. Mon job en compagnie de M. Arnal, chef de la caravane, me permettait de rencontrer de nombreuses personnes de tous horizons et de partager ma passion du vélo. M. Arnal était un homme méticuleux et ordonné, il veillait sur tout. Il fallait que tout se déroule parfaitement, il visait l'excellence en permanence. Diriger la caravane du Tour ce n'est pas une mince affaire ! *Maison du Café* disposait de nombreux véhicules ainsi que de nombreuses hôtesses qui se déplaçaient en rollers sur la ligne de départ pour offrir du café au public. On ne voyait qu'elles et ne respirait que l'arôme du bon café !

Celui qui attirait les regards, c'était le jeune Allemand Jan Ullrich. Deuxième du Tour l'année précédente, derrière Bjarne Riis, il se présentait en challenger sérieux. Son atout ? Une force exceptionnelle dans le dos et les reins qui lui permettait d'enrouler de gros braquets, même en montagne où il ne montait jamais en danseuse. Toujours assis, Ullrich grimaçait et refaisait une partie de son retard grâce à cette puissante musculature dorsale.

Mais Ullrich avait également un gros défaut, il faisait mal le métier, surtout l'hiver. On le voyait réapparaître en mars avec plus de dix kilos en trop, et il était obligé de se débattre tout au long des épreuves d'avant Tour pour retrouver la ligne et la forme.

Mais quel coureur ! Il aurait pu remporter plusieurs Tours. Hélas pour lui, il est tombé sur Armstrong. Ullrich, comme Indurain, aimait la chaleur. Je me souviens qu'en 2003, lors du contre-la-montre de 47 km entre Gaillac et Cap'Découverte, il avait excellé sous la canicule et avait remporté l'étape en repoussant Armstrong, pourtant spécialiste de l'exercice solitaire, à 1'36". Les spectateurs faisaient cuire leurs œufs sur le capot des voitures tellement il faisait chaud !

Ce Tour 1997 partait de Rouen, chez Anquetil, et, dès le prologue, Jan Ullrich avait annoncé la couleur en se classant deuxième, à seulement 2 secondes, du grand spécialiste, le Britannique Chris Boardman. Mais c'est dans la montée d'Arcalis que l'Allemand est allé chercher son maillot jaune en se montrant supérieur aux deux grimpeurs qu'étaient Marco Pantani (deuxième à 1 minute) et Richard Virenque (troisième). Personne ne pouvait lui résister. Il a enfoncé le clou à Saint-Étienne lors du contre-la-montre disputé sous une légère pluie avec l'ascension du col de la Croix de Chaubouret. Ullrich relègue Virenque, Riis et Pantani à plus de 3 minutes. Il était omniprésent en montagne. Dans L'Alpe d'Huez, il laisse la victoire à Pantani et termine deuxième à 47 secondes. Même scénario le lendemain dans l'ascension vers Courchevel : Virenque gagne, Ullrich prend la deuxième place. Il a légèrement fléchi le dernier jour, dans le chrono de Disneyland (63 km) en se faisant battre (de 45 secondes) par le rouleur espagnol Abraham Olano, mais il était vraiment le plus fort.

Ce Tour avait été conçu de telle façon qu'il n'y ait pas eu de temps mort entre la fin des Alpes et le retour vers la Capitale. Il faut dire qu'après Morzine, les coureurs se rendaient en Suisse, à Fribourg, et en Alsace, à Colmar, où les difficultés ne manquaient pas, avec notamment la montée du Grand Ballon et du ballon d'Alsace. À mon époque, la fin de la montagne annonçait une lente procession vers Paris, que ce soit depuis les Alpes ou les Pyrénées. Nous avions surnommé le trajet Pau-Bordeaux l'« étape des cigales » parce qu'il ne s'y passait jamais rien, la plupart du temps sous un soleil de plomb ! Une année, nous avons voulu jouer une bonne blague aux journalistes qui avaient l'habitude de s'arrêter en cours de route pour se faire un bon repas pendant que nous, nous avancions à la vitesse d'un escargot, assommés par la chaleur. Avec l'accord du peloton, nous avions lancé une échappée royale composée d'Anquetil, votre serviteur, Simpson, Altig et compagnie. On a fait durer le plaisir quelques kilomètres, les journalistes ont tous rappliqué, mais nous nous sommes vite calmés. C'était l'époque où une grande complicité unissait les journalistes et les coureurs. Lorsqu'ils rentraient dans les chambres pour les interviews, ils ne regardaient pas ce qui traînait sur la table de nuit. On parlait de vélo, de l'étape, de problèmes humains.

1998, L'AFFAIRE FESTINA MET LE TOUR À GENOUX

On aurait dû s'en douter, ce Tour pas comme les autres était forcément à la recherche de produits. Ce fut l'EPO pour les coureurs de Festina et bien d'autres. Pourtant, tout au long du parcours, il y avait le choix avec le whisky de Dublin, le muscat de Frontignan, le chocolat Suchard de Neuchâtel ou l'oignon de Roscoff ! Mais, allez savoir pourquoi, ils ont préféré l'EPO...

Drôle de Tour ! On partait de Dublin, la ville de Bram Stoker, l'auteur de *Dracula*, on aurait dû se méfier, forcément il allait nous jouer un mauvais tour. L'affaire Festina a surpris tout le monde par son ampleur et son organisation. Pour les plus jeunes je vous rappelle brièvement les faits : le soigneur de l'équipe Festina, Willy Voet, une équipe qui comprenait notamment Richard Virenque, Laurent Brochard, Christophe Moreau et Alex Zülle, est arrêté à la frontière belge, sa voiture est fouillée, et les douaniers y trouvent de nombreux produits dopants, dont la fameuse EPO, érythropoïétine pour les savants. Une molécule qui faisait un ravage dans le peloton à ce moment-là. L'enquête rapide, menée par les policiers, permet de révéler que toute l'équipe prenait cette substance interdite dans le cadre d'un dopage organisé. L'équipe Festina a été renvoyée, au grand dam du public qui ne voulait pas voir son coureur préféré, Richard Virenque, perdre ce Tour qu'il pouvait remporter.

J'étais en Corrèze, au pays de Jacques Chirac, le jour où Richard et ses équipiers ont été exclus. Ils devaient disputer le contre-la-montre de Meyrignac-l'Église (58 km) et s'étaient même rendus au départ en tenue cycliste. Puis il y a eu la fameuse entrevue du *Café Gilou* où Jean-Marie Leblanc a écouté les coureurs et leur a remis une lettre leur précisant qu'ils devaient quitter le Tour. Chaque année, les touristes viennent voir ce fameux café et c'est désormais devenu un lieu de tourisme !

Mais cette affaire a mis au jour d'autres agissements troubles dans d'autres équipes, et le Tour a bien failli ne jamais revenir à Paris. Je crois que les coureurs ont accepté de quitter le Tour par respect pour Jean-Marie Leblanc, alors patron de l'épreuve, qui a fait preuve d'un courage et d'une diplomatie exceptionnels. Son passé de coureur l'a certainement servi.

Mais je me pose tout de même encore quelques questions. J'aimerais bien comprendre la raison qui a poussé ces coureurs à tricher, alors que la plupart d'entre eux ont connu une seconde carrière, sans l'aide de ces produits interdits, tout aussi brillante, sinon plus. Prenez Richard Virenque, il a été puni, il a payé et, lorsqu'il est revenu, il s'est imposé dans de belles étapes du Tour. Je pense à ses victoires à Morzine (en 2000 et 2003) au Ventoux en 2002 ou à Saint-Flour en 2004. Il a même remporté Paris-Tours en 2001, une classique réservée aux sprinters. Pour moi, ce succès dans Paris-Tours est certainement la plus belle victoire de sa carrière. Il n'a pas eu besoin d'EPO. Il a prouvé qu'il n'en avait pas besoin. Alors pourquoi ?

La seconde question que je me pose est certainement liée à la première : je me demande si toute cette lutte antidopage qui, aujourd'hui, prend la forme d'un véritable acharnement, dans le cyclisme principalement, ne bénéficie pas aux laboratoires qui sont censés effectuer les analyses ? Finalement, tout cela n'est-il pas une grande histoire d'argent où les coureurs sont les dindons de la farce. On leur fait avaler des produits, puis on leur dit qu'ils ont triché, on les punit, et le système continue...

Tout cela me ramène à 1966 et aux premiers contrôles antidopage effectués sur le Tour. Nous étions à Bordeaux, le jour de repos quand la police a débarqué dans l'hôtel. La plupart des coureurs se sont sauvés et ont déserté leur chambre. Je suis resté pratiquement seul.

Aujourd'hui, les médecins qui poussent les coureurs à se doper sont très en avance, tout est devenu trop médicalisé, trop scientifique, et le cyclisme y perd la tête. Je suis favorable à un grand coup de marche arrière, à un Tour plus humanisé, plus romantique, sans oreillette, sans coureurs autorisés à s'abriter derrière la voiture du directeur sportif pour retourner dans le peloton après un ennui mécanique. À mon époque, les commissaires dressaient le barrage, on luttait seul contre le vent pour revenir et quelquefois on n'y parvenait pas. Et la règle de conduite du peloton ne s'embarrassait pas de préjugés, c'était celle de l'attaque systématique dès qu'un leader était victime d'une crevaison, ou d'une chute... C'était la guerre et c'est ce cyclisme de l'offensive, de douleurs et de courage que j'aime et que je voudrais revoir. Aujourd'hui, les cyclistes terminent leur course, ils rejoignent leur hôtel avec leurs téléphones portables sans cesse allumés ou leurs écouteurs branchés sur les oreilles et ils ne se parlent même plus entre eux. Ils n'analysent même pas la course, ils sont dans leur monde. Forcément le directeur sportif a tout pensé à leur place et leur donne les ordres dans l'oreillette...

À Dublin, les organisateurs avaient eu la bonne idée d'inviter Félix Lévitan, qui avait été écarté du Tour pendant de longues années. Je l'avais rencontré en compagnie d'Eddy Merckx, de Miguel Indurain et de Bernard Hinault et j'avais lancé cette boutade : « Vous voyez, M. Lévitan, à nous quatre nous totalisons quinze Tours de France. » Il a réfléchi un petit moment, tout étonné, puis il m'a répondu : « Mais vous n'avez pas gagné de Tour, mon cher Raymond ! »

1999, LE PRODIGIEUX RETOUR DE LANCE ARMSTRONG[1]

Un drôle de Tour que celui d'Armstrong, vainqueur du cancer. De quoi croire au miracle. C'est peut-être pour cela que l'épreuve traverse des villes dédiées à leur saint. Voici Saint-Nazaire en Loire-Atlantique, voici Saint-Flour, dans le Cantal, Saint-Galmier, où coule l'eau de Badoit, et Saint-Gaudens en Haute-Garonne. Il ne manquait plus que Lourdes.

Pour la troisième année consécutive, je me retrouvais dans la caravane du Tour avec l'équipe de *Maison du Café*. Nous avions toujours autant de succès, nos véhicules avec leurs tasses géantes étaient devenus incontournables comme la distribution de café tout au long du parcours. Sur les voitures de couleur ambre, comme le café, une mention importante précisait : « Torréfacteurs depuis 1753 », nous étions considérés comme des spécialistes du café, du petit plaisir, de la pause détente. Le Tour, surtout au départ, et dans le village, appréciait cette convivialité qu'apportait *Maison du Café* et ses formidables moyens. J'étais très à l'aise au milieu de cette équipe, si bien que, lorsque le sponsor a arrêté et qu'une autre marque de café a voulu le remplacer et m'a demandé de continuer avec eux, j'ai refusé. Je suis un homme de passion et de parole qui aime la fidélité, et qui a de la reconnaissance. J'aurais été incapable de travailler pour un concurrent ! Mais cela ne surprendra pas mes admirateurs, je

1. Lance Armstrong a été sanctionné par l'Union cycliste internationale qui lui a retiré ses 7 victoires sur le Tour de France et l'a radié à vie, le 22 octobre 2012 Il a reconnu publiquement s'être dopé au cours d'une interview télévisée avec la journaliste américaine Oprah Winfrey le 17 janvier 2013. Les doutes persistaient depuis sa première victoire dans le Tour en 1999. Le 2 août 2005, *L'Équipe* avait titré « Le mensonge Armstrong » apportant les preuves que le coureur s'était dopé, à la suite d'une grande enquête menée par le journaliste Damien Ressiot.

suis resté fidèle aux Cycles Mercier durant toute ma carrière, j'ai été salarié chez eux pendant près de quarante ans, de mes débuts en 1960 jusqu'en 2000, avec la société France Loire !

C'est donc avec ma chemise blanche et mon pantalon marron aux couleurs traditionnelles de *Maison du Café* que j'ai découvert le début de l'ère Armstrong. Qui croyait en lui ? Cyrille Guimard raconte toujours cette anecdote, celle où il voulait engager Armstrong, et lui avait présenté un contrat lui offrant un salaire très bas. Eh bien, malgré cette précaution, le sponsor n'avait pas voulu signer !

Il s'était surtout révélé comme un formidable coureur de classiques, vainqueur de la Flèche Wallonne en 1996, de la Clásica San Sebastián en 1995, deuxième l'année précédente, battu par Armand de Las Cuevas, deuxième de Liège-Bastogne-Liège, en 1994, l'année où Evgueni Berzin s'impose. Il avait surtout enlevé le Championnat du monde en 1993, disputé à Oslo, devant le vainqueur du Tour, Miguel Indurain, et une étape du Tour, à Limoges, en 1995. C'était un coureur de courses d'un jour. Puis, en 1996, un cancer l'éloigne du peloton et, lorsqu'il revient, il est complètement transformé. Il apparaît comme un coureur de courses à étapes. L'année de son retour, en 1998, il gagne le Tour du Luxembourg et termine quatrième du Tour d'Espagne.

La légende Armstrong est en marche.

Il venait d'un autre monde, celui des malades du cancer qui en réchappent, c'était déjà un sacré combat de gagné, et il allait dominer le Tour pendant sept ans sans interruption. Alors, on peut évoquer le dopage, on peut douter de certaines de ses victoires et lui enlever un, deux ou tous ses succès comme veut le faire l'Usada, l'agence antidopage américaine, mais cela ne changera rien à sa force, à son mental et à son mérite. Je suis un supporter de Lance Armstrong pour toutes ces raisons. Je respecte l'homme, j'admire le champion, je sais la somme d'efforts et de renoncements qu'il faut pour atteindre son niveau. Qu'il pleuve, qu'il vente ou qu'il neige, Armstrong ne sautait jamais un entraînement.

Il savait que je le défendais. Nous nous étions déjà vus furtivement sur le podium du Tour où je devais lui remettre le maillot jaune lorsque je travaillais pour le Crédit Lyonnais, sponsor du classement général. Un jour, lors du Tour de France 2009, Alain Gallopin est venu me voir et m'a dit : « Armstrong voudrait te parler. » Je suis monté dans son bus, qui était gardé comme une forteresse, et nous avons longuement bavardé de tous les sujets. Il était heureux de me rencontrer et moi aussi ! À ses côtés se trouvait Alberto Contador. Ce Tour vivait au rythme de leur dualité et de leur opposition. Bien qu'ils soient dans la même équipe, j'ai bien vu qu'une grande tension les éloignait. Mais, en sortant du bus, j'ai compris que c'était une star. Il y avait la foule autour de lui, tout le monde voulait le voir, l'approcher, le toucher. Armstrong, c'était vraiment le boss !

Ce Tour 1999, Lance Armstrong l'a dominé dans les contre-la-montre et la montagne. Il prend le maillot jaune, son premier maillot jaune, à l'issue du chrono de Metz (56 km) qu'il remporte devant Alex Zülle (à 58 secondes) et Christophe Moreau (à 2'22"). Le lendemain, au cours de l'étape Grand Bornand-Sestrières (213 km), il est éblouissant et effectue sa première grande démonstration en montagne, avec une vélocité spectaculaire ! Son atout, c'était ce coup de pédale très rapide qu'il pouvait développer en montagne, à force de travail, d'entraînement et de volonté. J'avais rencontré Daniel Mangeas, le speaker officiel du Tour, quelques jours avant le grand départ du Puy du Fou, nous avions parié sur le nom du futur vainqueur du Tour et il avait été catégorique : « Ne cherche pas, c'est Armstrong qui va gagner ce Tour, je l'ai vu à la Route du Sud, il grimpe de façon incroyable. »

Effectivement, il avait dominé la grande étape du plateau de Beille, devant Jonathan Vaughters, le vainqueur final, aujourd'hui directeur sportif de l'équipe Garmin. La méthode Armstrong ne laissait pas de place au hasard, tout était programmé, préparé, étudié. C'est la même méthode qu'aujourd'hui l'équipe Sky, celle de Bradley Wiggins, a choisie. Mais elle est très exigeante et demande beaucoup de sacrifices.

2000, ENCORE ARMSTRONG[1]

> Ce Tour a perdu le nord, il l'évite complètement.
> Tracez une ligne horizontale de Vannes à Fribourg, la course se situe au-dessous. Elle traverse des villes de province pas souvent empruntées : Agen, Revel, Avignon, Draguignan, Belfort, Troyes. Et la dernière étape contrairement à la tradition part de Paris pour atteindre les Champs-Élysées.

Ce Tour qui partait du Futuroscope rompait avec la tradition. Les organisateurs avaient en effet supprimé le prologue et nous plongeaient d'entrée dans le vif du sujet avec une première étape… contre-la-montre de 16 km, remportée par le Britannique David Millar, devant Lance Armstrong (à 2 secondes), Laurent Jalabert, en grande forme (à 13 secondes), et Jan Ullrich le spécialiste allemand (à 14 secondes).

Pour se racheter de leurs fantaisies, les dirigeants du Tour avaient choisi de replacer un mythe dans la course, je veux parler du Ventoux. Ce col difficile que j'ai découvert lors de mes débuts professionnels en l'attaquant à fond, après avoir cueilli quelques cerises au point de faire sourire mes adversaires qui ne m'ont revu qu'à l'arrivée à Carpentras, ne pardonne pas. C'est un vrai juge de paix. La chaleur vous asphyxie et vous lamine.

Souvent, l'étape du Ventoux est celle de la soif. Cela me donne l'occasion de vous confier que je ne buvais pas beaucoup en course. J'avais un principe, je prenais un bidon au départ et un

1. Nous avons choisi de respecter les propos de Raymond Poulidor et de ne rien changer dans ses déclarations de l'époque. Rappelons que le coureur américain a été, depuis, radié à vie par l'Union cycliste internationale et privé de ses 7 victoires sur le Tour de France. Il a également reconnu s'être dopé.

autre au ravitaillement, je pouvais courir une étape de deux cent cinquante kilomètres avec seulement deux bidons. Je vais vous dire la vérité, on se privait de boire à cette époque, on nous disait que ce n'était pas bon pour l'organisme de se charger d'eau et M. Magne nous empêchait de boire. C'était la règle. Et le soir, à table, il nous obligeait à consommer de l'eau tempérée, surtout pas fraîche, pour ne pas être malade. Aujourd'hui, lorsque je vois qu'il y a même une moto fraîcheur sur le Tour, cela me fait sourire !

Ce jour-là, dans le Ventoux, Marco Pantani, sans doute le principal adversaire d'Armstrong, voulait s'imposer, mais l'Américain a formidablement résisté et lui a fait la faveur de le laisser gagner. Quelle polémique ! Pantani n'acceptait pas ce cadeau empoisonné, il avait, disait-il, gagné à la régulière et il l'a prouvé trois jours plus tard en gagnant à Courchevel. Il a même voulu assommer le Tour en se lançant dans une très longue échappée le lendemain sur la route de Morzine, mais il a été un peu trop présomptueux et il a perdu plus de 13 minutes. Il aurait pu faire sauter la banque, c'était audacieux, courageux et tout à fait conforme à son caractère de pirate de la route !

C'est lors de la 10e étape, Dax-Lourdes-Hautacam, que Lance Armstrong a affirmé sa supériorité et endossé le maillot jaune. Il avait programmé d'attaquer là, dans cette montée, et il l'a fait. Avec lui, tout était vraiment préparé minutieusement, pensé, ordonné.

Ce côté méticuleux, mais également imprévisible, parce que Armstrong savait exploiter les moments de course favorables à l'offensive, me fait penser à Eddy Merckx.

Souvenez-vous de mon premier Paris-Nice que je gagne contre lui, en 1972. Là où j'ai évité de perdre cette belle course, c'est à Autun, lors de la 2e étape. Merckx, toujours imprévisible, avait décidé d'exploiter la fin de course et il avait attaqué. Heureusement, j'étais bien placé et vigilant, je suis allé le chercher et, tous les deux, nous avons continué notre effort. Dommage qu'à l'arrivée une moto m'ait gêné dans le virage sinon je remportais l'étape. Mais qu'importe que ce soit Merckx qui ait gagné, ce jour-là, j'ai évité de perdre Paris-Nice. En effet, si je n'avais pas été vigilant, il me prenait au moins 1 minute dans le final et c'en était fini pour moi. Je suis sûr que Merckx avait prévu cette attaque, tout comme Armstrong avait programmé la sienne dans Hautacam.

Je me souviens que la 6e étape de ce Paris-Nice se terminait sur le circuit Paul-Ricard où se déroulaient de nombreuses épreuves de motos. Nous avions deux tours à parcourir et je n'y voyais plus très clair, j'étais vraiment épuisé par la lutte que nous avions menée toute la journée contre le mistral. J'avais faim, ma vue se troublait, je n'étais pas bien. Heureusement, j'ai eu la satisfaction de féliciter mon équipier, Jean-Pierre Genet, qui a réussi à remporter cette étape. Le lendemain, on partait d'Hyères, la ville de mon ami Lucien Aimar, et l'on sillonnait l'arrière-pays varois pour atteindre les Alpes-Maritimes et l'arrivée à Nice.

Ce jour-là, le grand Joseph Bruyère, fidèle équipier de Merckx, prenait des relais très puissants et très longs. Merckx était dans sa roue et moi derrière. Je me demandais jusqu'à quand j'allais tenir ce rythme infernal, je sentais qu'ils allaient me distancer, lorsque j'ai entendu Merckx crier en flamand, pour ne pas que je comprenne : « Moins vite, moins vite ! » Il avait mal aux jambes lui aussi et j'étais rassuré. J'ai remporté ce premier Paris-Nice dans le contre-la-montre final avec l'ascension de la Turbie. J'étais sur mon terrain. Merckx avait placé ses équipiers tous les quatre cents mètres pour être renseigné sur ses temps de passage, puisqu'il partait derrière moi, il était en effet encore leader de la course, et moi deuxième du classement général. Je lui ai pris 20 secondes en deux bornes, j'étais lancé. L'année suivante, j'ai à nouveau remporté Paris-Nice, mais mon succès est passé pratiquement inaperçu !

Armstrong était attendu au tournant. Chaque année depuis sa victoire en 1999, on voulait le voir gagner et sa victoire paraissait naturelle. Il a tenu sept ans au plus haut niveau de 1999 à 2005.

2001-2012

JE FAIS SAUTER LA BANQUE

Le génie est une longue patience. À la campagne, on le sait, dans les villes, on l'oublie souvent. Ce maillot jaune que j'avais raté aussi souvent et parfois de peu, il allait me tomber sur la tête en 2001. J'allais avoir 65 ans, l'âge de la retraite. Le Crédit Lyonnais, LCL, la banque qui parrainait le maillot jaune depuis une éternité, allait en effet me choisir comme ambassadeur. Pas une revanche, mais une consécration à l'âge de la retraite théorique. Un tel miracle ne pouvait arriver qu'à la campagne, ce fut dans le Beaujolais, à Régnié-Durette, chez le prince des artistes de la vigne et du vélo, M. Paul Cinquin. M. Arnal n'y est pas étranger, et M. Daniel Isaac, alors chargé de la communication de la grande banque, en fut le déclencheur. Ma collaboration avec la *Maison du Café* arrivait à son terme, j'avais d'autres propositions, mais elles ne m'enchantaient pas vraiment. Bref, j'étais libre.

Et, au fil d'une conversation, avec MM. Arnal et Isaac, un verre de nectar du pays à la main, on se dit « Pourquoi pas ? ». Il fallait un peu étudier la question, mais c'était séduisant, non ? La banque du maillot jaune embauchant celui qui ne l'avait jamais porté, tout en l'ayant unanimement mérité, c'était un joli coup. Quant à moi, endosser un tee-shirt jaune à 65 ans, ce n'était pas pour me déplaire. Enfin, enfin. Certes, ce n'était pas en course, mais quand même, c'était un signe du destin, non ? Je pensais alors au pendule de M. Magne et à M. Marcel Bidot, qui, avant d'être champion puis mon directeur sportif, avait débuté au Crédit Lyonnais. Ça ne s'invente pas. De la même manière que le Crédit Lyonnais avait été la banque de Maurice Garin, le premier vainqueur du Tour en 1903. C'est à cette banque qu'il dépose son chèque de garantie quand, en 1904, il lance un défi à Henri Cornet qui vient de lui souffler sa seconde victoire sur le tapis vert. Un instant, j'ai l'impression que cette rencontre parfaitement fortuite était en fait parfaitement programmée. Les astres, après m'avoir écarté du maillot jaune par tous les moyens, autorisaient enfin la rencontre, tardive certes, mais néanmoins éclatante.

L'accord se scellait en douceur, on se donnait avec M. Isaac un Tour de rodage ou d'apprentissage réciproque et on concluait. Douze ans après, je peux vous confier que la vie est belle en jaune LCL. En fait, à présent, je peux vous le dire, les records en jaune d'Anquetil, d'Armstrong ou d'Indurain, je les ai tous explosés, et les invités me le disent d'ailleurs avec le sourire. Car mes missions, c'est ça : s'occuper des personnalités invitées par la banque, leur montrer, raconter la course et mes courses, signer des autographes sur le stand de la banque au village départ tous les matins, et le soir faire des animations dans des agences locales à sept ou huit occasions. Pour ce faire, je navigue entre la caravane et le peloton dans une voiture aux couleurs LCL, arborant mon nom et mon portrait. Vous vous rendez compte ! Si Anquetil me voyait, il se marrerait. Serge Daney n'avait pas complètement tort quand il écrivait dans *Libération*, au moment où d'ailleurs Jacques nous quittait : « Poulidor prouvera que perdre, c'est encore gagner. »

Mes trois semaines de course sont donc parfaitement calibrées : je me lève toujours tôt, je déjeune avec l'équipe, je fonce au village départ, là, j'épluche les journaux sur le stand LCL, et je reçois invités, champions, clients. En prime, je signe des cartes de la banque me représentant avec le fameux tee-shirt jaune. Et, pour votre information, j'en signe plus de vingt mille. Ça fait du bruit, et des heureux. Dans la journée, on suit l'étape avec des invités comme Mme de Fontenay, Gérard Lenorman, ou Stéphane Plaza, dont le père a fait le Tour, et dont le grand-père a été mécano chez Peugeot. Il a été épaté quand je lui ai dit qu'il avait fait pipi sur mes genoux, car il ne connaissait pas toute l'histoire. Avec Mme de Fontenay, il est question de cette France profonde dont nous sommes issus, et à laquelle nous sommes très attachés. En fait, je n'ai aucun répit, impossible de faire la moindre grille de mots croisés pendant le Tour. À Saint-Lary, M. Mir, le maire, me fait inaugurer au Pla d'Adet une stèle évoquant mon attaque du 15 juillet 1974. Désormais, le virage porte mon nom. Si nous allons tous ensemble au restaurant, il ne s'écoule pas une minute sans que quelqu'un m'ait reconnu et vienne vers moi. Sur la route, il ne faudrait surtout pas s'arrêter, selon les consignes de sécurité, mais, que voulez-vous, dès que je vois un panneau « Raymond, tu nous manques ! », « Raymond, reviens ! », je craque, et c'est parti pour une rencontre qui illumine toute la journée. Le soir, aux agences, Daniel Mangeas et Jean-Paul Ollivier peuvent présenter, animer, et ensuite je bavarde avec les clients, je signe des cartes maison, ou les livres gagnés. Je croise ainsi des supporters venus de tous les coins de France, partis à 3 heures du matin de Barcelone, pour me voir, pour me croiser. Et alors, si on se serre la main ? Un jour, on déjeunait tous ensemble en plein air avec des paniers-repas quand j'ai remarqué un vieux monsieur qui nous regardait, regardait. J'ai fini par aller vers lui. Il était ému comme ce n'est pas possible. J'étais son coureur, son champion. Il me suivait depuis toujours, et là, surprise, on était côte à côte. On a échangé quelques souvenirs, il connaissait ma carrière par cœur. Il était bouleversé. Je crois qu'on a bu un verre ensemble. Tous ceux qui étaient là se souviennent de l'émotion qui était dans l'air. Il est parti sur la pointe des pieds, pour ne pas nous déranger. Après une bonne poignée de main. Sa fille qui n'était pas loin est ensuite venue nous dire : « C'est le plus beau jour de sa vie. » Vous devinez mon émotion. Le Tour, mon Tour, c'est aussi ça.

C'est aussi le bonheur de taquiner l'ardoisier du Burkinabé, le jeune Michel Bationo, vite devenu très populaire, et de le charrier en lui disant, pince-sans-rire, comme jadis M. Magne : « Mais, dis donc, tu finis par me faire de l'ombre… »

Oui, le bonheur continue sur le Tour. Le Tour m'en donne toujours autant, et j'essaie d'en rendre un peu.

Quand je commence à travailler pour le Crédit Lyonnais, Lance Armstrong[1] ne m'a pas attendu, il a déjà gagné deux Tours, et pour la passe de trois, pour rejoindre le regretté Louison Bobet, contre qui j'ai couru aux Monédières, il lui faut battre les mêmes adversaires qu'en 2000. Ça me fait songer qu'en fait j'assisterai depuis ma voiture jaune à ses cinq victoires de rang, et que je verrai même son retour en 2009 et sa sortie en 2010, où il est vingt-deuxième à presque 40 minutes d'Andy Schleck, puisque son ancien équipier Alberto Contador a été déclassé pour « une histoire de steak à cheval sur le règlement antidopage », comme dit mon chauffeur. Ça fait un beau compagnonnage, même si l'on ne se voit pas forcément tous les jours et même, si quand on échange, c'est plutôt court. Le couronnement de notre petite relation a failli se produire à Monaco. C'était au départ du Tour 2009, il était en tête dans le prologue, et Sophie Moressée-Pichot, qui pilote avec beaucoup de gentillesse et d'efficacité le dispositif LCL, sachant que j'aime bien le champion américain, m'avait

1. Nous avons choisi de respecter les propos de Raymond Poulidor et de ne rien changer dans ses déclarations de l'époque. Rappelons que le coureur américain a été, depuis, radié à vie par l'Union cycliste internationale et privé de ses 7 victoires sur le Tour de France. Il a également reconnu s'être dopé.

exceptionnellement pressenti pour lui remettre le maillot jaune. Il était en tête. En tête jusqu'au moment où il se fit déborder par Cancellara, Contador ou Wiggins. Finalement, Monaco ne me portait pas plus chance en 2009 qu'en 1964.

Bref, j'aime bien le champion américain et je trouve qu'on est assez injuste avec lui. Les contrôles rétroactifs qui pourraient lui faire perdre le bénéfice de ses sept victoires, pourquoi ne les fait-on pas avec les autres sports ? Pourquoi les cyclistes sont en réalité les seuls à être contrôlés comme des bandits de grands chemins, alors qu'ils ne sont que des coureurs de grands chemins ? Cet acharnement déplacé sur les géants de la route me désole profondément et me fait penser au regretté Louis Nucéra, qui nous défendait bec et ongles, ainsi qu'à Antoine Blondin, qui nous manque tant, quand il écrivait : « Les coureurs cyclistes sont des trimardiers qui sont devenus des braconniers. » Non, les coureurs cyclistes ne sont pas des saints, mais avez-vous connu des saints qui avalent quatre mille kilomètres de route pluvieuse, ensoleillée ou glaciale, parsemée de montées et de descentes, et émaillée de chutes, de crevaisons, ou de fringales ? Braconniers, je veux bien, à la rigueur, mais aujourd'hui, comme hier, que nous fait-on subir ? Pour qui nous prend-on ? Quand je pense que j'ai été contrôlé quasiment deux cents fois, avec le sourire, car j'étais tranquille, et que j'étais bonne pâte. Mais parfois, la première à Bordeaux en 1966, puis en 1968, un peu de doigté n'aurait fait de mal à personne. On est pour des contrôles respectueux, mais là, ça va trop loin en amont et en aval. Trop, c'est trop. Si j'étais idiot, pour faire chœur avec les chiens, comme aurait pu dire le président Mitterrand, qui aimait tant le Tour, pourquoi ne pas déclencher une procédure sur les Tours avec Anquetil, qui proclamait s'être dopé ? C'est impossible, indigne, indécent, incorrect, inacceptable. D'ailleurs, je dis ça parce qu'un voisin, qui a un grand sens de l'humour et de l'absurde, me taquine. Pourquoi ne pas refaire le procès de Jeanne d'Arc, et de Ravaillac ? Mon voisin me dit aussi que c'est Henri IV qui s'est jeté sous la lame. Le Tour est une entreprise humaine démesurée et pourtant soumise au jugement humain. On ne doit pas se doper, pour sa santé, pour la course, mais il ne faut pas couper des têtes à tous les virages, et à plus forte raison avec treize ans de retard. Les contrôles ont été faits ? Bien ou mal ? Il y a eu un verdict ? On le remet en cause ? On change donc les règles. Qui se souvient encore des paroles de *La Vérité*, la belle chanson de Guy Béart :

« J'affirme que l'on m'a proposé beaucoup d'argent
Pour vendre mes chances
Dans le Tour de France
Le Tour est un spectacle et plaît à beaucoup de gens
Et dans le spectacle
Y a pas de miracle
Le coureur a dit la vérité
Il doit être exécuté. »

Donc, dans tous les cas, le coureur est exécuté, c'est ça ? Ça ressemble à quoi un bouc émissaire ? On laisserait donc un trou de sept ans dans les palmarès et l'an prochain on devrait fêter la centième édition ? Je ne voudrais pas m'occuper de ce qui ne me regarde pas, mais j'ai été coureur professionnel du Tour, et tout ça heurte le bon sens : on laisse faire, on croit bien faire, puis on refait n'importe quoi, et on va trop loin. Non ?

En 2001, Lance Armstrong, qui a reconnu les difficultés comme toujours, et monté avec l'US Postal, les tuniques bleues, une équipe très professionnelle, s'impose donc comme en 2000 avec 6 minutes d'avance sur Ullrich et presque 10 sur Beloki. Il a survolé les deux étapes alpestres, brillé à Saint-Lary-Soulan, comme moi en 1974, puis à Saint-Amand. Qu'ajouter ? Que Jalabert a laissé le maillot vert à Zabel pour nous épater avec le maillot à pois ? Que François Simon, le premier Français (sixième), a pris le maillot jaune presque à l'endroit où son frère Pascal l'avait abandonné sur blessure en 1983 ? Chose importante, cette année 2001 a été marquée par l'inauguration d'une stèle dédiée à M. Goddet (1905-2000), au sommet de ce Tourmalet qu'il aimait tant. Déjà un Tour qu'il est parti. Car moi, je pourrais presque compter en Tour. Il avait vu Lance s'imposer en 1999, mais connaissait déjà le champion avant sa résurrection. Une nouvelle fois, la moyenne horaire valse au-dessus des 40 km, avec l'Américain, il en ira ainsi trois autres fois, dont une dépassera même les 41. D'aucuns feront encore des gorges chaudes, là-dessus ? Moi, je veux bien, mais peut-on s'interroger trente secondes ? Prenons par exemple le Tour 1926, le plus long de l'histoire avec 5 750 km. Lucien Buysse, le vainqueur, fait du 24 km. Peut-on trouver insensé de rouler 16 km/h de mieux cinquante cinq ans plus tard avec une distance réduite de plus de 2 000 km, des vélos allégés, et munis de développements multiples ? Qui plus est sur des routes excellentes alors qu'elles étaient si improbables que les coureurs crevaient souvent. Par ailleurs, la préparation et la condition physique étaient hier réduites à leur plus simple expression, alors que ce n'est pas le cas à présent. Sans parler des moyens physiques des champions eux-mêmes. Avant de jeter la pierre, pourquoi ne pas développer une véritable étude, parfaitement neutre ? M. Jacques Goddet, que nous évoquions, aurait bien aimé un tel travail.

Bobet égalé, comme Greg LeMond, le compatriote qui l'a devancé sur la chaussée des géants, l'Américain, dont la maladie surmontée a décuplé l'ambition, a maintenant dans le collimateur les quintuplés d'Anquetil, Merckx, Hinault et Indurain. Oui, sa volonté est telle que les cinq Tours de rang, comme Miguel, sont dans son tableau de marche interne. Il va y parvenir en 2003, l'année même du Centenaire ! Un sans-faute, qu'il amorce au Luxembourg en 2002, avec la bénédiction de Charly Gaul, l'Ange de la montagne. Ça fait plaisir de voir l'ancien champion avec qui j'ai débuté en 1962. Le temps a passé, et les poils de sa barbe bien poussés. Influence du grimpeur d'antan ? Toujours est-il que Lance, tout en puissance, comme Indurain, fait des merveilles à La Mongie, comme dans le Ventoux, et dans les Alpes. Virenque et Botero l'ont chatouillé un moment, mais c'est Jalabert, qui pour ses adieux au Tour endosse un second maillot à pois. Jaja a 34 ans, Lance seulement 30, et déjà un œil sur 2003.

J'avoue que les cent ans du Tour, ça fait quelque chose, même à un vieux crocodile comme moi. Cent ans, c'est la quatre-vingt-dixième édition, et à ce moment-là, à mon petit compteur limousin, j'en ai quand même quarante… Cette année-là, Lance veut doublement entrer dans l'histoire, il est tellement intouchable qu'il surmonte une sortie de route à la sortie des Alpes, où il coupe à travers champ comme un cyclo-crossman, et même une chute dans la montée sur Luz-Ardiden.

Rien ne peut l'atteindre, et même si l'écart avec Ullrich, qui est de retour, est mince, tout est sous contrôle ; ce n'est pas la Nasa, mais presque. La fusée Armstrong voulait ses cinq étages et elle les a. Le premier Français est Virenque, il est seizième et meilleur grimpeur. Malade en 1975, j'avais terminé dix-neuvième ! Souvenirs, souvenirs. La fête serait belle avec tous ces quintuples vainqueurs, s'il ne manquait pas Anquetil… Merckx, Hinault, Indurain, et maintenant Lance, c'est beau.

Et maintenant que peut bien vouloir l'ambitieux Texan, qui dit avoir voué sa vie au Tour ? Faire mieux. À l'américaine. Malgré Cancellara, Basso, Klöden, Virenque et le petit Thomas Voeckler, qui me fait très plaisir, en tenant le maillot jaune jusqu'aux Alpes, Armstrong se déchaîne alors, reprend son maillot jaune, et le cimente même en enlevant trois étapes de rang, comme jadis Faber ou Christophe, les très grands. Après avoir dompté les grimpeurs, il découpe en rondelles

les rouleurs allemands à Besançon. Klöden et Ullrich sont à 6 et 8 minutes. Il faut un Américain pour domestiquer le sortilège de la sixième victoire. Lance le fait, et ses victoires sont consécutives. Qui pourra faire mieux ? Comment a-t-il fait ? La réponse est simple : il a gagné six étapes, et mis ses dauphins à 6 minutes exactement. Je vous dis ça de mémoire, mais vérifiez. Ce genre de chiffres me touche. Ce coup-ci, le premier Français, Christophe Moreau, sera douzième. Le cyclisme français est en progrès, persifle mon voisin, qui oublie que Moncoutié a décroché son étape, et Virenque, son septième et dernier Grand prix de la montagne.

Lance aura 33 ans en 2005, et sept est désormais son chiffre. Il veut mettre son palmarès à une hauteur impossible. Son équipe s'appelle Discovery Channel, mais ça ne change rien au film. On est dans le septième art. Ce coup-ci, il aurait bien aimé porter le maillot jaune de bout en bout, mais il échoue de justesse, pour 2 secondes à cause de Zabriskie, un ancien équipier. Le maillot, ne serait-ce une échappée de Rasmussen et Voigt dans les Vosges, il ne l'aurait plus perdu. Du coup, il contrôle tout et élève le débat, on va très vite. À l'arrivée, ça fera plus de 41 km/h et une passe de sept victoires de rang après un récital contre-la-montre à Saint-Étienne. On n'a jamais vu ça. Il peut se retirer, il y a trois Américains dans les dix premiers, plus un Kazakh, Vinokourov, et un Australien, Evans, dont on reparlera. Rasmussen, un Danois, triomphe en montagne, et Hushovd, un Norvégien, au sprint. Le Tour est devenu un événement mondial et cette mainmise d'Armstrong, que mon malicieux voisin qualifie de grise, n'y est pas étrangère.

Elle se serait d'ailleurs prolongée en 2006 avec Floyd Landis, ancien équipier de Lance, si un contrôle trois jours après l'arrivée sur les Champs n'avait brisé la magie d'un Tour avec un trop-plein de rebondissements, d'échappées impossibles et de retours improbables. Finalement, c'est l'Espagnol Óscar Pereiro, qui s'était glissé dans une échappée fleuve, qui voit son flair récompensé. On a vu avec Indurain que le fil espagnol pouvait être solide, il le sera jusqu'en 2011, à quatre reprises, le temps qu'une décision du tribunal du sport lui enlève après plus d'un an de procédure un anneau, celui d'Alberto Contador en 2010, et le donne à son dauphin Andy Schleck. Sans cette première grande marche arrière, les Espagnols auraient ainsi gagné quatre fois ; leur reste quand même 2007 et 2009 avec Contador, et 2008 avec Sastre. En 2007, l'adversaire de Contador sera l'Australien Evans, qu'il ne battra que de 23 secondes, et en 2009, ce sera son propre équipier Lance Armstrong, qui fait son grand et terrible retour. 2007 sera marqué par l'exclusion de Vinokourov, pour autotransfusion, et par le départ volontaire mais forcé de Rasmussen, le grimpeur en jaune, qui n'a pas été positif, mais s'est soustrait à des contrôles avant le départ. Une zone de turbulences et de tracas, qui épargne le second Tour de Contador, on le sait, mais pas le troisième. En 2008, Carlos Sastre forgera heureusement sa victoire dans L'Alpe d'Huez, et échappera ainsi à tous les miasmes générés par les abus et folies de Ricco, de Piepoli ou de Kohl, le grimpeur autrichien.

Beaucoup d'avatars, au moment où le film du même nom fait un tabac. Heureusement, les spectateurs du Tour restent fidèles. Ils font la part des choses, et sont attachés à la nostalgie, quand le présent les chagrine. Les orages passés, ils savourent les exploits de Cadel Evans en 2011 et de Bradley Wiggins en 2012. Le petit Australien contrôle joliment les frères Schleck dans le Galibier, avant de dépasser Andy dans le contre-la-montre de Grenoble. Avec Cadel, c'est la consécration d'un coureur régulier, complet, qui me ressemble un peu. Mark Cavendish nous fait frissonner aux arrivées, tout en nous émerveillant, mais ceux qui touchent le plus, ce sont nos petits Français, les hommes verts d'Europcar : Pierre Rolland et Thomas Voeckler. Ce dernier nous refait le coup en jaune de 2004 et donne l'impression de pouvoir aller au bout, mais il se grise un peu et finit quatrième. Son bonheur, il nous le fait partager avec son ami Pierre, qui s'envole à L'Alpe d'Huez. Comme le vététiste Jean-Christophe Péraud est neuvième, ils sont tous les trois dans les dix premiers. Depuis combien de temps on n'avait pas connu pareil tir groupé ? En tout cas, moi, j'en étais à mon cinquantième Tour, et je n'avais jamais dédicacé mes vingt mille cartes avec autant d'allégresse. Seul un petit chien nommé « Poulidor » était aussi heureux que moi.

En 2012, l'année des Jeux olympiques de Londres, on sentait que les Anglais voudraient marquer le coup. Comment ? Avec qui ? Ce serait avec l'équipe Sky et Wiggins et Froome et Cavendish. Ce Tour, ils le préparaient en fait depuis que Bradley Wiggins avait terminé quatrième en 2009. Il n'était qu'à 6 minutes de Contador, le grimpeur, et 6 minutes, c'est quoi pour un double champion olympique de poursuite individuelle et triple champion du monde ? Bradley se mit donc en tête de perdre le poids superflu (neuf kilos) pour améliorer ses capacités de grimpeur et grignoter son handicap. En 2011 déjà, il avait progressé, mais une chute le contraignit à l'abandon. Ce coup-ci, avec les Jeux, à 32 ans, il sentait que l'heure était arrivée. Cet ennemi proclamé de la drogue et du dopage contrôla tout de bout en bout. Le plan prévu fut respecté à la lettre, même si Froome, le lieutenant, eut parfois envie de devenir capitaine, tant il marchait bien. Limitant les écarts en montagne, Bradley écrasa les deux contre-la-montre et put enfin réaliser son rêve sur les Champs-Élysées. Il devenait le premier Anglais à gagner le Tour, et aussi le plus grand, puisqu'il mesure un centimètre de plus qu'Indurain. Sur les Champs, je pensais à Tom Simpson, son compatriote, qui lui avait ouvert la voie, en étant le premier à porter ce fameux maillot que je n'ai jamais eu… C'était en 1962, je faisais mon apprentissage sur la Grande Boucle. Hier. Aujourd'hui, je n'ai plus 75 ou 76 ans, mais 51 Tours…

2012-2019

VOUS AVEZ DIT 60 ?

En 2011 et 2012, c'est le premier et le seul Tour de Cadel Evans et de Bradley Wiggins, puis c'est le premier de Froome, puis le premier et l'unique de Nibali. Le Tour bouge, se mondialise, la seule constante humaine depuis cinquante ans, c'est lui, Monsieur Poulidor, notre Poupou, votre Poupou. Il était entré dans la « grande boucle » en 1962, par effraction, comme un Arsène Lupin, avec une main plâtrée, et il avait fini troisième… Il n'en est plus sorti… Dans ce chaudron magique, bien d'autres étaient tombés, mais ils se sont envolés, Tom Simpson ou Antonin Magne en tête. Longtemps sont restés dans la caravane le journaliste Jacques Augendre, et le patron de *L'Équipe* et du Tour, le vénérable Jacques Goddet, le phare, l'homme en bermuda et casque colonial, la plume aux éditos flamboyants et parfois dérangeants. Le temps a passé, et eux aussi sont passés de l'autre côté de la colline… non sans avoir établi de fabuleux records de longévité, d'assiduité sur le Tour déjà évoqués… Les chiffres tanguent un peu, 52 ou 53 pour le second, qui nous a quittés en 2000, 55 pour le premier qui, né en 1925, reste un observateur attentif du peloton… Attentif, certes, mais forcément en retrait à 90 ans et des étincelles.

On vous le dit, le seul qui soit vraiment resté au contact, c'est Raymond. Pourquoi ? Parce qu'il avait une double qualité, si l'on ose dire, il n'était pas journaliste, et c'était un ancien coureur jouissant d'une notoriété jamais vue... Si on avait écrit qu'il avait une double casquette, vous nous auriez demandé si elle était bien de traviole. On vous rassure, mais vous l'avez vu, elle l'était bien... les rares fois où il la mettait... C'est Sophie Moressée-Pichot qui témoigne comme personne de cette relation unique qu'elle a eue avec Raymond Poulidor, son ambassadeur, et l'ambassadeur extraordinaire du Crédit Lyonnais puis du LCL entre 2001 et 2019... Justement, surtout à partir de 2012, année où Poulidor avait arrêté de se confier dans notre première édition. Sophie a bien voulu prendre un petit relais, de manière informelle, même si, championne olympique d'épée par équipes en 1996 (avec Laura Flessel et Valérie Barlois) et championne du monde en 1998, elle en connaît aussi un rayon en matière de relais.

Retiré du peloton, ne voulant plus courir chez les Indépendants, comme il se l'était promis dans une première vie, ne voulant pas non plus être trop près de la course, comme directeur sportif ou autre, Raymond franchit carrément le pas, et tout en restant dans la course passa chez les caravaniers, le signe avant-coureur et coloré de l'arrivée du peloton... Coursier, caravanier, ça commence par la même lettre, et la fatigue et les bonheurs sont souvent partagés.

Raymond avait donc pris le parti d'être toujours là, en mouvement, et il avait donc contribué à la notoriété de plusieurs marques, on l'a vu, jusqu'à ce que, en 2001, le Crédit Lyonnais se l'accapare sérieusement sur un coup de poker, qui allait devenir un coup de génie. Là, c'était vraiment solide, et cette cohabitation et entente avec Sophie (intégrant le service sponsoring la même année) a duré dix-neuf ans, un an et demi de vie pleine, entière et partagée, nous confirme la sportive heureusement reconvertie en chargée de communication sur le terrain, ou plus exactement sur la route, celle des épreuves cyclistes et du Tour en particulier, où notre

Raymond était la tête de gondole de la banque lyonnaise. En 2012, au moment où nous lui faisons prendre le relais, elle côtoie le Limousin depuis dix ans, et plus que sa patronne, c'est sa marraine et sa première admiratrice.

En 1962, Poulidor avait 26 ans quand il débute dans le Tour, et la même année naissait quelque part du côté de Sissonne une petite Sophie. Qui aurait pu penser que leur route se croiserait un jour, et se croiserait joliment pendant dix-neuf ans, pour leur plus grand bonheur respectif, et que le champion bouclerait même son dernier Tour avec elle en 2019 ?

Championne, compétitrice et organisatrice hors pair, Sophie pilote donc pleinement en 2012 ce commando LCL fort de cinquante personnes. Et en 2012, la relation entre les deux champions, entre ces deux belles et fortes personnalités, trouve un rythme de croisière reposant sur une confiance totale et réciproque. La preuve : il n'y aura jamais de contrat entre Raymond et la banque que représente Sophie. Une tape, une poignée de main et une bise reconductibles tous les ans suffiront. C'est rarissime à ce niveau, ça va bien à Poulidor, car bien dans l'esprit campagnard, qui est le sien…

Ce qu'on ne vous a pas encore dit, mais qu'on peut préciser, au moment où comme chaque année l'ambassadeur pédalant reçoit son paquetage, presque comme un soldat partant en campagne, c'est qu'il y a toujours un peu de « recordite » dans l'air. En dehors du plaisir d'être toujours de la fête, toujours dans la guirlande, toujours reconnu et acclamé, Raymond rêve quand même un peu de devenir « le recordman du Tour », de faire mieux que ses amis Augendre et Goddet… Et ce sont justement ces années qui vont peut-être lui permettre de les doubler.

Et donc il s'applique, il est omniprésent, il est accessible, il déploie des trésors de patience et de gentillesse pour faire plaisir à toutes et à tous. Et ils sont nombreux au village départ à venir faire la queue, pour le voir toujours souriant dans sa chemisette jaune signer et signer les milliers de cartes photo de la banque avec son portrait. Ça dure trois semaines, trois longues et fatigantes semaines… Et il est d'airain, exceptionnel, ne se couchant jamais trop tard, se levant tôt comme Sophie, qui raconte ce qui leur permet de se retrouver joyeusement pour le rituel petit déjeuner matinal avec des céréales, du café au lait… « Il arrivait détendu, en chaussons… Ensuite, il s'apprêtait, et on fonçait au village, où l'on arrivait trois quarts d'heure avant l'ouverture. Il mettait un point d'honneur à être toujours à l'heure, ce n'est pas lui qui aurait raté le départ d'un contre-la-montre comme Delgado. Sous notre tente, dans son coin, à sa table, il épluchait toute la presse, à commencer par *L'Équipe*, ne se privant pas de souligner à haute voix une petite erreur d'appréciation, un manque… car son expertise, son sens de la course et sa connaissance des coureurs étaient toujours étonnants… Et s'il écoutait la radio dans la voiture pour rallier l'arrivée, il enregistrait tout, ne se privant pas d'un retentissant "Qu'est-ce qu'ils racontent là ?" s'il n'était pas d'accord. » Et Sophie de sourire… On le devine, la bonne humeur était de mise… « Au départ, comme sur la route, ou au traditionnel pique-nique du déjeuner… on faisait ça à deux voitures, se souvient, émue, la patronne, comme si elle y était toujours. Il donnait volontiers un coup de main, et si on avait du melon, il se déchaînait, en offrant même à des supporters, qui le suivaient encore dans ces moments-là !!! Ensuite la caravane reprenait la route, et fonçait à l'arrivée, il avait son poste d'observation tout près de la ligne, là sur un téléviseur de l'espace Club, il savourait sur l'écran le final de la course se déroulant six mètres devant lui, lâchant des commentaires, une expertise que quelques mordus ou professionnels venaient toujours chercher… »

Et on arpentait ainsi la France, les étapes se succédaient, il allait rejoindre les deux Jacques qu'il avait en ligne de mire… Au fil des éditions, 2012, 2013, 2014, 2015 et 2016, les copains venaient, ils faisaient souvent une animation dans l'agence locale, Raymond signait des cadeaux pour tous les collaborateurs, avec un mot gentil, en veillant bien à l'orthographe des prénoms… Fringant comme une truite de ses ruisseaux d'enfance, les jours de repos, il fonçait dans une librairie ou une grande surface pour dédicacer ses livres… C'était son truc… Il signait comme pour lutter contre l'oubli, pour faire un mur avec ses livres le préservant du néant, qui guette toujours, même si le fait de s'être hissé au rang de ces rares vainqueurs moraux comme la dramaturgie du Tour en a toujours eu besoin avec les Eugène Christophe, puis René Vietto, ne lui garantissait pas une réputation dorée. Sa martingale, sa chance après beaucoup de malchance, cela avait été de pouvoir bondir dans une caravane qui n'avait pas le même impact du temps de Cricri ou du roi René…

Parfois, après une séance de dédicaces, une petite confidence empreinte de fierté filait : « J'ai fait mieux que Hinault !!! » Quelque part dans sa tête, il courait toujours. Et je partageais un peu cette notion de challenge qui le poussait toujours de l'avant, par exemple, quand parfois on descendait de voiture au moment des déviations, et qu'il fallait deux cents mètres pour rejoindre la tribune d'arrivée, il nous épatait par son grand pas de paysan… Il nous lâchait assez vite, et les spectateurs qui le reconnaissaient alors déclenchaient les applaudissements, les « Merci Poupou », « Vas-y Poupou », « Poupou, éternel »… Le roi n'était pas son cousin… On sentait qu'il était sur un nuage, et derrière on freinait un peu pour qu'il profite seul de ce moment de bonheur… Comme il le disait souvent : « Le jour où l'on ne me reconnaîtra plus, le jour où je ne viendrai plus sur le Tour, ce sera la fin… »

Là, il faisait encore des étincelles, et nous en avions aussi dans les yeux. Oui, ces moments de plénitude nous réchauffaient, je l'avoue.

Malgré tout ça, cette poupoularité restée intacte, pas d'exigence, pas de caprice, chez Raymond… En Bretagne, toute l'équipe était hébergée dans un camp de vacances, mais pour Raymond, j'avais trouvé un bel hôtel plus confortable. Eh bien, il était chagrin de ne pas être avec nous, de ne pas partager notre inconfort… La complicité s'était installée, nous étions d'une même équipe…

Avec parfois des moments un peu plus difficiles, il est vrai. Ainsi, nous avons eu la compagnie toute une journée durant d'un monsieur très malade, qui avait gagné à un concours, une journée avec Raymond. Ce fut très beau, très émouvant, le monsieur, qui était accompagné par son fils, était un vieux supporter de Raymond, et le côtoyer ainsi, ça relevait du rêve, du bonheur absolu. Il était tellement ému qu'il s'isola pour pleurer… À quelque temps de cela, on apprit sa disparition, Raymond lui avait procuré une de ses dernières grandes joies…

Raymond, Poupou, M. Poulidor, Raymond Poulidor, c'étaient des clefs magiques. À l'étape à Rodez, peut-être en 2015, il fait tellement chaud que j'ai peur que Raymond ne soit malade. Et j'essaie de lui trouver un ventilateur pour le soulager. Quand j'en trouve enfin un, le patron me dit : « Trop tard, il est vendu… » Quand je lui dis que c'est pour Raymond Poulidor, il va le chercher, me le prête : « Vous me le rendrez… » Et quand on est en Corse, il retrouve un supporter, je ne me souviens plus de son nom, mais il me dit en l'étreignant : « Ce n'est pas un copain, c'est un frère… » Et nous voilà partis pour une grandiose invitation à déjeuner, où valsent maillots et souvenirs… Car c'était aussi un conteur, notre Raymond, et un conteur subtil…

Tellement il était assailli, sollicité, débordé, fatigué, il lui est bien arrivé deux ou trois fois de s'énerver un peu, mais il se rattrapait toujours, s'excusait, et à compter du moment où le présumé coupable était vaillant, il avait même droit à une indulgence plénière. Vaillant, c'était un mot, qui revenait souvent dans sa bouche…

Au fil des ans, sa notoriété s'était un tout petit peu émoussée, mais à peine, changement de générations oblige…

Les spectateurs changeaient un peu, les coureurs aussi, mais il s'adaptait toujours, il travaillait ses revues de presse et ses contacts, car il avait une excellente mémoire… Et quand Sagan, où Voeckler venait le voir à notre table départ pour lui parler de Mathieu Van der Poel, le cadet de David, son petit-fils, qui commençait à montrer qu'il avait un merveilleux potentiel, il devenait intarissable… Son apparition lui aura redonné un second souffle, très perceptible…

Mais un de mes plus beaux souvenirs, c'est quand un soir d'étape, on se retrouve dans un grand hôtel de Berck, qui accueille une quantité de curistes d'un certain âge. Certains ont reconnu leur Poupou, et ça bruisse à plusieurs tables. Voyant cela, Fred, précieux membre de l'équipe LCL et fan inconditionnel de notre ambassadeur, lance au début du dîner, pour être tranquilles : « Mesdames et messieurs, Raymond Poulidor… Il pourra signer quelques autographes à la fin du repas… » Nous avons été tranquilles, et puis arrivés au dessert, une vague… C'était la génération qui avait connu les grandes années de Raymond, et c'était du délire.

Je peux le dire sans trahir de secret : les derniers Tours de Raymond ont été difficiles. En 2017, il était assez fatigué, et on l'avait ménagé au mieux, même quand il ne voulait pas trop s'économiser. En 2018, il allait mieux, beaucoup mieux, et avait retrouvé une partie de sa cadence et de sa bonne humeur de 2012… En 2019, ce fut plus difficile, mais il ne voulait pas lâcher. Le record était battu, mais il savait, il nous l'avait répété…

Depuis, dire qu'il nous manque est peu dire, il y a un énorme vide dans notre équipe… On pense à lui, on se le raconte… Demain, sa fille Corinne fera quelques apparitions chez nous, pour parler aux vieux supporters… Ça restera discret et digne… Il y aura un « Merci, Raymond » sur sa table… Et Mathieu continuera d'animer le Tour, avec Raymond sur son épaule.

Avec et grâce à la bienveillance et à la complicité de Sophie Moressée-Pichot, les derniers Tours de Raymond n'ont plus de secret, qu'elle trouve ici l'expression de notre vive gratitude. Comme nous, elle a aimé Raymond…

2021

LA PROMESSE DE MATHIEU VAN DER POUPOU

Mathieu Van der Poel, le petit-fils de Poupou, rêve de décrocher le maillot jaune et de venger son papy qui n'a jamais pu l'endosser. Au départ de Brest, pour son premier Tour, toute son équipe décide de porter un maillot violine, comme celui de Mercier, pour placer cette première étape dans le souvenir de Poulidor.

Tonnerre de Brest, ce Tour donne la chair de poule ! Pour la première fois, le petit-fils de Raymond Poulidor est au départ. Mais ce n'est pas un départ comme les autres. Retenez la date : vendredi 25 juin 2021. Dix-neuf mois déjà que Poupou s'est envolé, parti rejoindre Jacques, son ami plus que son rival. Mathieu et David, ses deux petits-fils qu'il chérissait comme un grand-père comblé par leur affection et leurs exploits cyclistes, lui avaient adressé un dernier adieu.

Mathieu et David, il les aimait tant. Chaque fois qu'il les voyait, il les serrait longtemps dans ses bras, lui, le champion devenu un papy aux cheveux blancs, il se faisait tout petit sous leurs bras qui l'enserraient, il se blottissait contre eux et, les yeux mi-clos, il savourait le temps béni de cet instant.

David, le plus âgé, spécialiste du cyclo-cross, champion des Pays-Bas, plus doué pour les terrains de boue que pour la route, même s'il a remporté plusieurs étapes sur le Tour du Brabant flamand en 2020 et en 2021. Poupou l'affirmait, David était fait pour les épreuves de champs et de labours.

Et Mathieu, le jeune prodige. Il sait tout faire, il a pratiqué les trois disciplines cyclistes (cyclo-cross, VTT et route) en devenant à chaque fois champion des Pays-Bas, seul coureur néerlandais à réussir ce challenge. Il ne lui manque plus que de tenter la piste…

Les deux enfants suivaient la voie toute tracée de leur… père, Adrie, professionnel pendant dix-neuf ans, excellent cyclo-crossman (champion du monde en 1996) avant de briller sur la route. Les deux garçons ont hérité de ses qualités. Adrie leur a montré la voie. Mathieu s'y est engouffré en remportant à cinq reprises l'épreuve mondiale de cyclo-cross, avant de venir hanter les courses sur route.

« Voilà mon petit phénomène », disait Poupou devant les journalistes, en présentant Mathieu. Il le prenait par l'épaule et l'annonçait comme le futur vainqueur du Tour de France…

Dans l'église en larmes de Saint-Léonard-de-Noblat, Corinne, la femme d'Adrie, la fille de Poupou, la maman des deux jeunes champions, avait lu les mots écrits par Mathieu, incapable de les prononcer, submergé par l'émotion et les larmes.

Ces mots avaient résonné comme une promesse : « Salut papy, j'espère que tu vas bien là-haut. Tu me manques déjà. Toi, toujours si fier d'être mon grand-père, et moi, encore plus fier d'être ton petit-fils. Tu es mon plus grand champion, je t'aime. »

Pas un adieu, une promesse.

Pas un adieu, un rendez-vous. Sur le Tour. Pour des retrouvailles, avec le public, avec *son* public, et lui, Mathieu, symbole de cette renaissance.

Retour en arrière, quelques jours avant le grand départ à Brest. Mathieu et Poupou prennent la même pose. Le petit-fils imite le grand-père, dans une ressemblance troublante, comme une incarnation de tout son être, un retour dans le passé en souvenir de son papy. C'est une fiction. Un montage.

D'abord l'original : Poupou, maillot Mercier violine, casquette blanche, est assis sur le capot avant de la 404 Peugeot. Derrière lui, l'ombre d'Antonin Magne, son directeur sportif, vêtu de son inséparable blouse blanche et de son béret noir. Poupou a la jambe gauche appuyée sur le phare, le bras droit posé sur son cuissard noir. Son regard scrute l'horizon, il esquisse un léger sourire. On imagine qu'il attend le départ d'une course. Détail important : il tient dans sa main gauche un quart *Perrier*, « la boisson des champions », dit la réclame des années 1960, il le tient comme on boit une canette dans un moment de détente. Image démodée, il ne manque que la baguette de pain pour définir la France profonde des années Pompidou. Encore un détail : ses chaussettes blanches sont courtes, ses gants en peau, percés, attachés par une simple pression sur son poignet. D'une élégance fine, Poupou symbolise sur ce cliché toute la réussite du fils de paysan devenu un champion populaire. Une icône.

Maintenant l'imitation : Mathieu a pris la même pose, même regard porté au loin, mêmes gestes, sauf qu'il ne tient pas un quart *Perrier* mais un flacon, ses chaussettes sont hautes, à mi-mollet, ses gants en lycra. Détail important : Mathieu a imposé la couleur violine, la couleur du maillot de son grand-père sur son maillot Alpecin Fénix. Soixante ans ont passé, mais la ressemblance est touchante. La ressemblance ? On observe les deux visages, celui du grand-père et du petit-fils et l'on se dit que ces deux-là ne se ressemblaient pas seulement, que ces deux-là fusionnent tout leur amour dans cette attitude.

« Qu'est-ce que tu me ressembles, quand j'étais jeune… C'est incroyable », lui répétait Poupou, admiratif de ses exploits. Il se projetait en lui, Mathieu incarnait sa seconde jeunesse. Sa revanche sur le sort, sur la malchance, sur toutes ces maudites chutes qui l'avaient mis à terre. Mathieu, c'était sa fierté, et chaque fois qu'il en parlait, les yeux embués d'émotion, il ne tarissait pas d'éloges. Son jeune âge, sa réussite précoce, ses facultés à exceller sur tous les terrains, route et cyclo-cross, le rendaient heureux. « Tu te rends compte, disait-il, il gagne partout. C'est un surdoué, je suis sûr qu'un jour il gagnera le Tour de France. »

Il y avait dans les paroles de Poupou un souhait non caché, l'attente de cette éclosion au grand jour : son petit-fils roi du Tour.

La fougue de Mathieu, ses démarrages assassins, ses victoires qui lui semblaient faciles, toutes ces qualités exceptionnelles étalées sous ses yeux, sous nos yeux de fans, nourrissaient la plus belle espérance. Un jour, Mathieu disputerait le Tour, et ce jour-là, il vengerait son grand-père…

Mathieu l'avait bien compris et son souhait de porter le maillot Alpecin transformé comme par enchantement en maillot violine, c'était pour lui une façon de se mettre dans la peau de son grand-père. Mais c'était plus encore. Il y avait dans cet amour enfantin qui l'avait poussé à exiger de tout son staff et de ses équipiers d'endosser ce maillot rétro une force de conviction immense, peut-être la même que celle qui le faisait gagner si souvent. Ce que Mathieu voulait, il l'obtenait. Mais là, il ne s'agissait pas simplement de pédaler. Il avait fallu obtenir l'autorisation de l'UCI, l'aval du Tour de France, en principe une équipe part avec ses couleurs traditionnelles et ne change pas en cours de route. Il faut croire que Mathieu et tous les autres étaient sur la même onde, tout le monde souhaitait honorer Poupou, 14 Tours de France, 8 podiums, 3 fois deuxième, 7 victoires d'étapes, et… pas un seul jour en jaune. Ainsi, dès la veille du départ, au moment de la présentation des équipes, Mathieu rendait un immense hommage à son grand-père et plaçait le Tour sous le signe de la « poupoularité », superbe néologisme si bien inventé par le génial Antoine Blondin.

Il se présentait pour la première fois au départ de la plus grande course du monde à 26 ans, comme son grand-père lorsqu'il avait pris le départ à Nancy en 1962 avec une main plâtrée. Déjà la légende du malchanceux le marquait dans son corps, dès son premier Tour. Cette année-là, le Tour passait aussi par Brest, et ce fut son équipier Robert Cazala qui s'imposa.

Mathieu annonçait la couleur : « Je viens en mon nom pour venger celui que le destin a privé de la plus belle des récompenses, je viens pour colorer de jaune toutes ses années de sang, de bosses, de galère et de soumission. »

De là-haut, Poupou souriait.

Poupou avait longtemps songé à ce mage, ce diseur de bonne aventure, qui était entré par hasard dans la ferme familiale – mais y a-t-il vraiment des hasards ou sont-ce des fragments du destin qui se manifestent ? – et qui était venu annoncer la bonne nouvelle à ses parents. Raymond n'avait que 8 ans, ce n'était encore qu'un enfant et l'oracle leur avait promis qu'un jour, grâce à lui, « on entendra parler de Poulidor, il rendra votre nom célèbre ».

Dans un moment de confidences, Poupou m'assura avec une grande conviction que cet homme était un voyant, et que, bien plus tard, il l'avait vu tourner autour de lui au départ d'une étape du Tour de France. Poupou avait senti le fluide d'une personne qui ne lui était pas inconnue, il avait réalisé que le mage rôdait autour de lui, il semblait vouloir lui parler, mais lui, soumis à toutes les obligations populaires, n'avait pas pu lui adresser la parole. « Avant le départ, j'étais happé par le public, je ne m'appartenais plus ! » Il avait recherché du regard cet homme, sans le retrouver, et m'avait confié avec franchise : « C'est le grand regret de ma vie, j'y pense tous les jours ! » Poupou avait un secret, il se questionnait sur cette annonce faite alors qu'il n'avait que 8 ans, alors que rien ne laissait supposer qu'il ferait du vélo. Rêvons un peu : et si l'homme qui cherchait à lui parler avait voulu lui annoncer la vengeance de son petit-fils, la promesse qu'à travers lui, il endosserait enfin ce maillot jaune si convoité ? Fragment du destin…

L'hommage que Mathieu veut rendre à son papy, c'est celui de la France entière, encore chagrinée par la disparition de son héros malheureux, celui dans lequel elle s'identifiait, se reconnaissait, s'enthousiasmait.

Mathieu vouait une très grande admiration à son champion de papy. « Mon grand-père a reconnu très tôt ma joie de faire du vélo et il a toujours dit que David et moi étions plus doués que lui. Aujourd'hui, j'aimerais qu'il puisse être là et vivre ce moment avec notre famille. Il en rêvait depuis longtemps, mais je suis sûr qu'il est fier comme il l'a toujours été. Je me réjouis que nous puissions l'honorer d'une manière aussi passionnante et que nous puissions dire tous ensemble : "Merci Poupou." »

Cet hommage, Mathieu aurait pu le rendre à son père, ancien professionnel, vainqueur du prestigieux Tour des Flandres (en 1986 devant Sean Kelly), de la course reine aux Pays-Bas, l'Amstel Gold Race (en 1990), de la Doyenne des classiques, sans doute la plus dure, Liège-Bastogne-Liège (en 1988). Mathieu aurait pu honorer son père, dont la carrière l'a inspiré, sinon encouragé. Adrie avait même réussi à porter le maillot jaune, une seule journée entre Béthune et Cergy Pontoise lors de la 5e étape du Tour 1984. Mais justement, Mathieu veut venger ce grand-père adoré, il ambitionne de porter ce maillot jaune à sa place, et c'est LA raison pour laquelle il a demandé à toute son équipe de rouler avec le maillot violine. Ce Tour, il sera pour Poupou, même s'il sait déjà qu'il ne le finira pas, pas cette année en tout cas, puisqu'il veut se préparer pour les Jeux olympiques et l'épreuve de VTT.

Ce qui le rattache (encore) à son grand-père légendaire, c'est sa façon de courir. Il n'a pas besoin d'ordre dans les oreillettes, il court à l'ancienne, comme son papy, à l'instinct, mais lui semble bien mieux inspiré dans ses choix. Lorsqu'il décide d'attaquer, de passer la vitesse supérieure, épaules en avant, dos courbé, toute la puissance de son pédalage le propulse et personne ne peut lui résister. Et puis, il y a son mental, un esprit fort, qui ne connaît pas le renoncement. Est-ce que Poupou abdiquait lorsqu'il se relevait le visage en sang ? Non, il remontait sur sa bécane, il luttait. Poupou tombait, mais, à chaque fois, il se relevait et cette faculté du champion à rebondir stupéfiait ses supporters. Il était bien le plus méritant.

Mathieu sait tout ça, il veut effacer les souffrances de son papy, montrer toute sa détermination et, dans ce registre, sa victoire dans l'Amstel Gold Race, en 2019, son premier grand succès, fut un chef-d'œuvre, sous son maillot rouge et blanc de l'équipe Corendon-Circus.

Souvenez-vous : à 600 m de la ligne d'arrivée, deux hommes vont se disputer la victoire finale, le Français Julian Alaphilippe et le Danois Jakob Fuglsang. Ils n'ont que quelques mètres d'avance, derrière eux le Polonais Michał Kwiatkowski revient comme un boulet de canon. Kwiatko, comme on l'appelle, connaît bien cette course, il l'a déjà gagnée en 2015, a terminé deuxième en 2017, il sent la victoire sous ses pédales. Alaphilippe et Fuglsang temporisent, ils jouent aux pistards alors qu'ils devraient foncer, c'est incroyable mais Kwiatkowski les a rejoints. L'ex-champion du monde à Ponferrada en 2014 est un requin, il ne lâche jamais sa proie, ne doute jamais de lui. Maintenant il lance le sprint. Les deux autres sont déjà battus dans leur tête, mais ce que l'on croyait impossible est en train de se réaliser : de l'arrière, Mathieu Van der Poel, tête baissée, épaules puissantes, ramène un petit groupe. Il ne se pose pas de questions, ne cherche pas à économiser ses forces, peu importe si l'Australien Simon Clarke, l'Allemand Maximilian Schachmann, les petits Français Romain Bardet et Laurent Madouas bien placés dans sa roue profitent de son aspiration et n'espèrent que le dépasser. Mathieu donne tout, il vient de rejoindre le trio de tête déjà lancé dans son sprint, à 200 m de la ligne, et à son tour il se dresse sur ses pédales, le vent dans le dos le propulse à une vitesse aéronautique, il les bat tous dans un ultime coup de reins.

Mathieu n'en revient pas, il porte la main droite à sa tête, puis sa main gauche contre son casque, comme s'il se demandait ce qui lui arrive, il se gratte le crâne dans un geste de stupéfaction, mais il a réussi un grand exploit. Le voici couché à terre, exténué, son vélo Canyon rouge sang à ses pieds. Il vient de dompter tous ses adversaires, de décrocher un monument. Désormais, on ne le regarde plus de la même façon : c'est un *winner*, un sacré *winner* !

Poupou était heureux.

Il l'attendait depuis longtemps ce grand moment. Il souriait. *Un jour sur le Tour*, pensait-il secrètement, *Mathieu refera la même chose, et au bout, il endossera ce maillot jaune que j'ai tant désiré. Un jour, il le fera à ma place, pour moi.*

Nous y sommes.

Première étape : Brest-Landerneau (197,8 km).

Tout le monde attend Mathieu.

Va-t-il s'emparer du maillot jaune dès la 1re étape, à la faveur de la côte de la Fosse aux Loups, 3 km à 6 % de moyenne, un final idéal pour ses qualités de puncheur ? Avec son équipe, il s'est installé dans un hôtel tout proche et a reconnu cette ascension. Il l'a dit à son père : « J'aime cette montée avec ses passages à 10 %, c'est là que je dois attaquer si je veux m'emparer du maillot jaune. Mais pour y parvenir, ce sera une bataille bien avant le bas de la difficulté, je serai aux avant-postes, prêt à défendre ma chance. »

La tâche n'est pas facile, trois boulets de canons rêvent du même exploit : Julian Alaphilippe le spécialiste des démarrages explosifs, ce diable de Wout Van Aert, excellent sur tous les terrains, et le petit prodige du XXIe siècle, Tadej Pogacar, le vainqueur du Tour sortant.

Julian a le moral au plus haut depuis la naissance de son fils, il a même abandonné le Tour de Suisse pour aller l'accueillir. Au passage, il a décroché sa troisième victoire dans la Flèche Wallonne et s'est classé deuxième de Liège-Bastogne-Liège… derrière Tadej Pogacar.

Wout a remporté le championnat de Belgique, Gand-Wevelgem et l'Amstel Gold Race, puis il a été opéré de l'appendicite en mai, il n'a pas toutes les cartes en main.

Tadej fait peur à tout le monde. Son début de saison est époustouflant, une entame à la Merckx : victoire au Tour des Émirats arabes unis, puis à Tirreno-Adriatico, et surtout dans Liège-Bastogne-Liège, faisant de lui le plus jeune vainqueur de l'épreuve.

Et Mathieu ? Il est en pleine forme. Il a commencé par remporter son quatrième titre de champion du monde de cyclo-cross, en janvier (devant Wout Van Aert), puis il a enfourché son vélo de route pour s'imposer sur les routes poussiéreuses des Strade Bianche, a raté de peu la victoire sur le Tour des Flandres, battu par le Danois Kasper Asgreen. Mais surtout il s'est imposé à deux reprises dans Tirreno-Adriatico, d'abord dans Monticiano-Gualdo Tadino (devant Wout Van Aert !), puis avec la manière, dans l'étape Castellalto-Castelfidardo, après 52 km d'échappée en solitaire. Il semble pouvoir gagner quand il le veut et comme il veut, ce qui fait de lui un phénomène du cyclisme.

La Fosse aux Loups se dresse devant eux. On attend le démarrage de Mathieu. C'est Julian Alaphilippe qui prend l'initiative. À 2,3 km de l'arrivée, il place une attaque fulgurante comme il sait le faire. Personne ne parvient à coller à sa roue. 2,3 km d'ascension, c'est terriblement long, on laisse le Français s'épuiser seul à l'avant, mais on le craint. Avec ce diable de puncheur, allez donc savoir de quoi il est capable, d'autant plus qu'il porte le maillot de champion du monde et ambitionne d'être le premier maillot jaune de ce Tour. Tadej Pogacar et Primoz Roglic tentent de revenir sur lui,

Pierre Latour semble tout près d'y parvenir, mais aucun des trois n'a la force suffisante. Au contraire, Julian augmente son avance avec un nouveau démarrage à 1,9 km de l'arrivée. Il y croit, il le veut ce maillot jaune.

Et Mathieu où est-il ? Que fait-il ? À 1,6 km du final, on aperçoit son maillot violine, Mathieu revient sur le trio en chasse. Et puis, plus rien, les forces lui manquent. « Je n'avais pas les jambes », dira-t-il tout simplement.

Est-ce un acte manqué ? Est-ce le poids du stress, de l'inhibition due à l'émotion, de l'envie de trop vouloir y parvenir qui l'a empêché de s'habiller de jaune ? Tout au long de l'étape, il a entendu les encouragements du public, il a été poussé par cette affection populaire et elle ne l'a pas quitté. Il portait le maillot de son grand-père et la foule le saluait comme s'il était Poupou. Il le sait, ce cri du cœur des spectateurs qui l'applaudissent, ce bonheur qui l'envahit, il vient de papy. Il ne faut pas le décevoir.

Julian enfile son maillot jaune, vingt ans après Christophe Moreau, premier leader du Tour à l'issue du prologue de Dunkerque. Pour Mathieu, le rêve en jaune est reporté au lendemain.

Ce sera dans le Mûr-de-Bretagne. Promis papy.

Deuxième étape : Perros-Guirec-Mûr-de-Bretagne (183,5 km) : Mathieu ne porte plus le maillot violine, il a enfilé son maillot bleu et rouge traditionnel de l'équipe Alpecin-Fénix. Est-ce un signe ? Il a retrouvé ses jambes, son punch, comme s'il était libéré d'une charge trop lourde pour lui. Aujourd'hui, il va tenir sa promesse. Dès le premier passage dans le Mûr, il s'attribue la bonification de 10 secondes. Il fait ses comptes : il ne lui manque plus que 8 secondes pour ravir le maillot jaune à Julian Alaphilippe. En cas de victoire, il empochera 10 secondes de bonification et il fera coup double, l'étape et le maillot, et il a bien l'intention, cette fois-ci, de ne pas laisser passer sa chance.

Sa promesse se concrétise dans les deux derniers kilomètres d'ascension du Mûr-de-Bretagne.

Le Colombien Nairo Quintana lance les hostilités à 1,3 km du final. Mathieu réagit aussitôt et le rejoint. Il surveille tous les mouvements, aujourd'hui, c'est lui le patron. À 900 m, l'Italien Sonny Colbrelli débouche sur la droite, Mathieu stoppe cette offensive. Il est fort. Pogacar a sauté dans sa roue, lui aussi veut gagner. Plus que 750 m. Mathieu saisit le bon moment, il attaque sur la gauche, le voici dressé sur ses pédales dans un démarrage fulgurant. Coudes écartés, il appuie avec une force phénoménale, tout d'un coup, il creuse un trou énorme sur ses poursuivants comme à l'arrêt. Il serre les dents, tire sur ses avant-bras dans une détermination féroce. Le secret de Mathieu se cache dans ses muscles du dos, des coups de bulldozer à défoncer un mur et son avance qui augmente de façon spectaculaire.

Il accomplit les 600 derniers mètres tout seul, à 40 km/h, les autres sont impuissants, ils courbent l'échine devant ce Mûr infranchissable, devant ce champion imbattable.

Les cris du public, entendez-vous les cris du public déchaîné, il scande des « allez Mathieu » comme il s'égosillait avec ses « allez Poupou », tous les fans du Tour l'encouragent, l'instant est trop beau, trop grand, le petit-fils venge son papy : sur la ligne, Mathieu lève les yeux au ciel, pointe son index vers là-haut, il l'agite comme pour lui dire : « Tu vois, papy, je te l'avais promise, cette victoire, ce maillot jaune, c'est pour toi ! »

Il s'écroule sur l'asphalte, les mains posées sur les yeux, comme s'il se relevait d'un rêve, il est en pleurs.

« Je n'ai pas de mots, c'est incroyable, ce qui m'arrive. J'ai pensé à lui, à mon papy, s'il avait pu voir ça… J'imagine comme il aurait été fier. S'il avait été là, on aurait fait une photo ensemble, cela aurait été la photo de ma vie, avec toute l'équipe de LCL, qui était heureuse d'avoir mon papy comme ambassadeur, tout habillé de jaune. »

Les larmes de Mathieu coulent sur son visage, il n'arrive plus à parler, l'émotion le submerge, c'est trop de souvenirs, trop de chagrin, trop de pression, trop de joie qui jaillissent dans son esprit.

Demain, il portera le maillot jaune sur la route de Pontivy, à la place de son papy.

Il le portera six jours au total, juste avant la première étape de montagne, juste avant de quitter le Tour, comme il l'avait dit, pour préparer les JO.

Mission accomplie.

Coïncidences troublantes, Mathieu s'habille de jaune à 26 ans, l'âge où Poupou avait disputé son premier Tour, comme lui, et il s'en empare au sommet du Mûr-de-Bretagne, là même où Poupou s'était imposé, il y avait soixante ans, dans la dernière étape de la Mi-août bretonne. Ainsi, le rendez-vous attendu, la promesse faite se réalisaient à l'endroit même où Poupou avait levé les bras en vainqueur. Mathieu le vengeait en lui offrant le maillot jaune, ce paletot couleur paille qui le fuyait, se refusait à lui, et d'une certaine façon avait contribué à sa légende.

De là-haut, Poupou souriait.

Il y a des bonheurs que l'on ne veut pas oublier.

Le poids d'une promesse réussie a valeur de retrouvailles.

Mathieu et Poulidor unis, comme sur la photo d'avant Tour dans une ressemblance troublante.

Ce soir, Mathieu Van der Poupou ne dort pas…

ANNEXES

Poupou, façon puzzle

Vous connaissez forcément cette expression, nous la reprendrons volontiers ici, pour compléter par six touches discrètes – autant de lettres qu'à puzzle – tout ce que vous savez sur Poupou, sur tous ses Tours, comme enfant, comme coureur, comme suiveur. Nous avons pensé qu'il aurait aimé ce petit titre, parce qu'il était un fervent amateur de puzzles, grands ou petits, et plutôt grands que petits… 3 000 pièces ? Pourquoi pas… Et si on poussait jusqu'à 10 000 ? Il serait toujours là. Il était patient, subtil, et avait gardé un peu, beaucoup, de cette belle sagesse paysanne, qui lui faisait se souvenir du nom de deux bêtes de la ferme, qui avaient bercé son enfance, la Rouzeaud et la Cailla. Amateur de jeux de cartes, comme de mots croisés, aimant partager de bons moments avec les copains, Raymond, que jadis les compagnons du Tour de France auraient volontiers baptisé « Raymond la bonne franquette », était adoré par beaucoup. Pourquoi ? Parce qu'avec lui tout le monde était de plain-pied d'emblée, en confiance. Oui, tout le monde ou presque l'adorait. Dans les dédicaces, certains ont même confié qu'ils avaient l'impression qu'en fait, il s'amusait à tartiner une tranche de bon pain. Avec quoi ? De la tendresse, de la sincérité. Sacré gaillard que ce Raymond « qui a eu la chance d'être malchanceux », comme il le disait lui-même. Et cette chance lui a servi pour la deuxième mi-temps sur le Tour, ou le match retour, comme vous préférez. Certains ont prétendu qu'il devait en grande partie cette notoriété durable au fait que l'absence de vainqueur français depuis Hinault en 1985 avait préservé une petite musique nostalgique sur laquelle il a pu jouer. Peut-être. Ce qui est sûr, c'est que Raymond était resté Raymond, et que longtemps les ans n'eurent pas de prise sur sa bonne humeur, sur son sourire engageant et bienveillant. Attention, cela ne l'empêchait pas de s'interroger sur la vie, la mort, car il avait aussi un côté mystique, comme le souligne son ami Claude Louis.

C'est cet homme évident et insaisissable que nous avons essayé d'intercepter quelques instants de plus pour vous, pour prolonger un petit bonheur... C'est l'homme à la Mercedes, l'homme à la casquette de traviole, l'homme au maillot violine, qui ne laissait personne indifférent. Et ceux qui l'aimaient et qui l'aiment sont encore nombreux. Avec lui, la victoire à tout prix, ça n'existait pas. Ce chapitre est un peu un fourre-tout, vous avez raison, mais il ressemble quand même aux calendriers d'antan, vous savez, ceux qui avaient un soufflet, une poche sur le devant dans laquelle on mettait mille petites choses, comme la maman de Raymond... Il y avait un dé, un écheveau, deux épingles à linge, un crayon, une petite paire de ciseaux, un vieux carnet de timbres, et parfois quelques pièces perdues d'un... puzzle introuvable.

PUZZLE UN

Le puzzle des puzzles, un ensemble de pièces qui peuvent paraître disparates mais qui procèdent, elles aussi, de la Poulidorie...

Le cher Jacques Augendre, exceptionnel doyen des journalistes sportifs (il a fêté ses 98 ans le 28 avril) et ami de la première heure de Raymond, aime à répéter cette anecdote impliquant et l'Auvergnat Raphaël Géminiani (qui lui a fêté ses 98 ans le 12 juin) et le Limousin Raymond Poulidor… C'est forcément à l'issue d'un repas entre coursiers que Gem épingle Poupou, en le taquinant sur sa radinerie proverbiale et pas forcément justifiée. Moyennant quoi, il s'attire cette réponse : « Mon cher Gem, quand un Auvergnat n'a plus de cheveux, il vend son peigne, dans la même situation, un Limousin, un compatriote, lui, il achète un chapeau… »

Quand des amis et des poulidoristes bien intentionnés se penchent sur le palmarès de Poupou, « l'éternel second », les uns comme Claude Louis s'arrêtent au chiffre coquet et quasi officiel de 189 bouquets ! Une paille pour quelqu'un qui n'a jamais gagné ! D'autres, plus mordus, plus fouineurs, vont même jusqu'à recenser 203 victoires comme l'excellent Serge Brard, qui précise avec tous les critériums. Le grand collectionneur Guy Puyraud dit mieux avec 214… Et on nous a parlé d'un Champollion, qui en zieutant la pierre de rosette poulidorienne serait à 222 ! Peut-être avec des courses de classement de clubs ?

Ce jeu de piste aux allures de bataille navale témoigne en tout cas du rayonnement du champion et de son enracinement…

Sur son bureau, Louis de Funès avait une photo de Raymond Poulidor… Quant à Brigitte Bardot, on a dit qu'elle aimait Poupou à compter du jour où elle l'a entendu dire à la télé : « Je couche chez mon chien… »

« À la Grange Rouge, c'était peut-être la misère noire, mais la famille Poulidor respirait malgré tout le bonheur… » Un vieux voisin.

Des superstitieux ont prétendu qu'il fallait voir un signe quand Kurt Stoepel, l'Allemand, deuxième du Tour 1932, est décédé en 1997, l'année où un autre Allemand, Jan Ullrich, gagnait enfin le Tour pour la première fois. Passage de relais entre esprits pédaleurs ? À ce compte, d'autres ont cru voir une parenté entre la disparition de Fausto Coppi début 1960 et le passage dans les rangs professionnels de Raymond ! Une drôle de coïncidence, même si ce sont deux des champions qui ont inspiré le plus de livres (ndlr : plus de 60 pour le *campionissimo*), et qui continuent de le faire, comme le prouvent les dernières œuvres du giboyeux Palois Christian Laborde. En effet, l'ami de Claude Nougaro s'est fendu de pas moins de deux essais sur notre Limousin : un remarquable spectacle théâtral, qu'il joue lui-même, et un long poème sur la journée historique du « 15 juillet 1974 »… Il y a aussi une émouvante BD, en attendant la production 2023. Quant à Philippe Bouvet, un ancien de *L'Équipe*, il en a régalé plus d'un avec *Nos années Poulidor* en 2020. Autre pilier de *L'Équipe* et ami du champion, Jean-Luc Gatellier avait, pour sa part, piloté en 2020 un hors-série du grand quotidien sportif, parti à plus de 30 000 exemplaires.

PUZZLE DEUX

MONSIEUR 200 000 VOL… UMES !!!

Poulidor et la littérature, Poulidor et l'édition ! Sacré sujet, non ? Totalement imprévu, inattendu, saugrenu… Que vient faire dans cet univers un coureur qui n'a même pas gagné un seul Tour de France ? Qui n'est ni Merckx, ni Anquetil, ni même Hinault ? Justement, lui, son succès, il le forgera *a contrario* dès son premier livre, pari gagné, qui annonce la couleur : *La Gloire sans maillot jaune* de Dirand et Joly, paru en 1968, chez Calmann-Lévy, juste avant un Tour qu'il aurait pu et dû gagner, et qui aurait mis un terme à cette curieuse gloire *a contrario*. Heureusement et malheureusement, il n'en a rien été, et la folle sarabande a continué, les éditions de ce livre se sont multipliées, et c'est devenu un best-seller, avec quelque chose comme 100 000 exemplaires. Et du coup, Poupou est un peu apparu comme un intrus, un usurpateur, comme le disait joliment Antoine Blondin, « un éléphant, dans un magasin de porcelaine »... Jusqu'à ce que sa gentillesse sans faille, sa sagacité, sa vaillance et sa longévité lui tissent une légende digne de celle qu'il aurait peut-être pu avoir avec LE maillot, et peut-être même supérieure, comme il l'admettait lui-même. Car sa carrière arrêtée, grâce à Jean-Paul Brouchon et quelques amis, qui avaient du flair, il est devenu un phénomène de communication... Un des derniers épisodes nous revient en mémoire à propos de porcelaine, et forcément de Limoges, double capitale et de la spécialité et de notre cher coureur. C'est Claude Louis, copain d'entre les copains, pilier de la garde prétorienne de l'homme au maillot violine, qui le raconte : « Nous étions à la brasserie *Le Versailles* à Limoges, forcément, peut-être en 2015, et Raymond qui d'habitude faisait honneur à l'omelette aux cèpes, comme à la tarte aux myrtilles ou à l'omelette norvégienne, était un peu coincé, ce jour-là... "Que se passe-t-il, Raymond, ça ne va pas ?" lui demandai-je. Sa réponse me sidéra : "J'ai du mal à manger, parce que j'ai un terrible mal au bras..." À mon regard perplexe, l'explication fusa : "Hier, dans une grande surface de Vélizy, j'ai dédicacé 450 livres dans l'après-midi ! On m'avait dit que le record de signatures était détenu par Charles Aznavour, et je me suis piqué au jeu." »

Oui, il avait battu Aznavour ce jour-là, mais il en aligna bien d'autres, nous confirme amusé son éditeur légendaire Louis de Mareuil, qui le suivait depuis 2003 chez Jacob-Duvernet, depuis que, chez lui, il avait préfacé cette année-là *Les Merveilleuses Histoires du Tour de France* d'un certain Jean-Paul Brouchon. Le courant passa tellement que Poulidor accepta même, à la surprise générale, de se lancer dans un *Poulidor par Raymond Poulidor* préfacé par Eddy Merckx. À ce moment-là, il vend encore un peu des vélos France Loire à sa griffe dans les centres *Leclerc*, son record étant à Saint-Étienne, capitale du cycle et de la marque, la vente de quasiment un semi-remorque avec 380 vélos dans la journée ! Une popularité, un succès, qui incite forcément à corser avec quelques petits livres, sortes de mode d'emploi de cette réussite souriante. Et donc aux 40 ou 80 vélos qu'il vend en moyenne par jour, on ajoute des livres, il en signe 70 à 100, surtout le week-end.

Progressivement, les vélos seront éclipsés par les volumes, et tout bout à bout, il en partira quelque 80 000, dont les deux tiers à la faveur des séances de dédicaces qui s'enchaînent dans les grandes librairies, les petites, chez des copains… Il est partout, le Raymond, et il retrouve des copains de l'armée, et il a toujours un mot gentil pour celui qui est venu montrer à son fils, ou à son petit-fils, le champion avec qui il a jadis couru… À Vaires, en banlieue, chez Denis Queuille, un de ses copains de la garde rapprochée, qui le suivait jadis en DS avec son oncle, sur tous les critériums de Corrèze ou du Cantal, il fait 240 livres dans l'après-midi, dîne et couche ensuite chez son hôte, « sans chichi, à la bonne franquette ». Il est encore là, pour ses 80 ans, et à Ydes, au fond du Cantal, où il est venu pour faire plaisir à Denis, dans son village de 1 200 habitants, il paraphe encore 100 bouquins !

Tout le monde est sidéré, ravi, comblé, personne n'avait jamais été ainsi de plain-pied d'emblée avec un tel champion.

Il parle, entre dans les confidences… C'est familial, comme au Salon du livre du Neubourg (27), où l'a encore entraîné Denis, « on couche chez le cousin, après qu'il ait été le seul à épuiser tout son stock »… Incontestable roi de la dédicace, il fait même tirer la langue au pourtant très médiatique Dr Michel Cymes. À côté de lui, au Salon du livre de Toulon, le bon docteur ne peut tenir la roue du champion. Et ensuite, en 2007, c'est le *Poulidor intime*, après un passage mieux que réussi à l'émission de Thierry Ardisson, *Tout le monde en parle*, assorti d'un smack à Poupou, les ventes s'envolent… Ce titre n'est pas un doublon, ou une resucée, là, on entre dans la coulisse… Il est naturel, à l'aise, et, une fois encore, il touche tout le monde. Bilan : 15 000 exemplaires !!! Et même quand les circonstances veulent qu'il y ait un match à trois, car l'éditeur a également publié Hinault et Thévenet, le vieux se faufile et colle à la roue du Breton… Si le Blaireau fait 70 exemplaires, le Limousin fait du 60… Jamais une panne de stylo, ou de petits papiers pour faire ses bâtons permettant de compter les ventes… C'est un vrai pro. Au Salon de l'agriculture, il est presque aussi bien que Chirac… Au Salon du livre, pareil… Il fait le tour des stands, serre des mains, et, comme dit un admirateur, ému longtemps après, « quand il vous serre la main, on n'est pas près de l'oublier »…

En 2005, il fait ainsi un saut au stand des éditions de *L'Équipe*, où il est à l'honneur dans les *Cols mythiques*, en particulier dans un chapitre consacré à son ascension du puy de Dôme en 1964. Raymond a pris la peine de légender gracieusement, avec l'ami Micaud sur son épaule, la bagatelle de 30 photos inédites découvertes par notre regretté ami Philippe Le Men. Il est prévu à 18 heures, la queue est déjà là… À 18 heures, ce roi de la ponctualité arrive du stand Jacob-Duvernet accompagné par une cohorte d'admirateurs. Après les politesses d'usage, il se met au comptoir, stylo en main… On lui passe les ouvrages et, entre deux, des mordus ne pouvant acheter le livre lui font signer un bout de papier, un programme, une photo… En trente minutes et des poussières, contrat rempli, il a signé plus de 80 volumes. Il n'y en a plus. Il est heureux, une fois de plus, il a rendu des gens heureux. *Le Poulidor*, illustré lui, va s'envoler à plus de 20 000 exemplaires, malgré un prix de l'ordre de 30 euros. Et c'est lui qui est, répétons-le, l'artisan majeur des ventes… On pourrait aussi parler des bonnes échappées, les livres dans lesquels Poupou n'est pas la vedette, mais où, sans le vouloir, il finit par tirer la couverture à lui. C'est le cas du très beau *Cyclistes de légende* de Pierre Lagrue et Philippe Lorin, paru en 2021, aux Éditions de Paris. Il y a 30 portraits de champions, dont ceux de Christophe, Bartali, Gaul, Bobet, Indurain, ou Merckx. Mais qui fait donc la une ? Je vous le donne en mille : notre souriant Poupou.

Ces chiffres délirants sont ceux des éditions cumulées, bien entendu, car parfois, des tirages et retirages se chevauchent, et il peut ainsi dédicacer plusieurs titres en même temps. S'il y a un creux dans la file, ce qui est très rare, il fait des mots croisés, les plus difficiles, ceux de François Latour, ou bien, il lit et relit *L'Équipe* ou *La Montagne* du jour, qu'il garde à portée de main, car il est toujours en prise avec l'actualité sportive, et pas seulement à cause de la famille vélo…

Poupou est parti, mais il reste bien placé dans des milliers de bibliothèques ou sur des étagères à l'ancienne, et ses livres n'en finissent pas de réchauffer des fidèles… Plus de 200 000 se sont envolés, et sur la moitié ou presque, un mot gentil, écrit avec le cœur, réconforte encore ceux qui les ouvrent…

PUZZLE TROIS

POUPOUMANIA OU POULIDORMANIA ?

Comme toutes les figures mythiques et emblématiques du sport, Poupou a suscité bien des reliques, des souvenirs à collectionner, à chérir. Et ce, qu'ils soient liés au champion proprement dit ou à son équipe, à son environnement chez Mercier, Gan ou en équipe de France.

Cela va des revues aux affiches, en passant par les stylos, les calendriers, les plaques dorées, les peintures, les chansons, les disques, les médailles ou les assiettes, les masques, les timbres et, bien entendu, les photos, les journaux, et les « outils et accessoires », genre maillots ou vélos, casquettes ou bidons...

On pourrait aussi évoquer les signes extérieurs de richesse, comme les rues ou vélodromes portant son nom, souvent la récupération est plus poétique, parfois un peu folle et très informelle... On a donné son nom à des chiens, à des chats, à des perroquets, à des patrouilles de scouts... Une dame voulait être enterrée avec ses photos, un mordu lui écrivait tous les ans pour lui dire que lui s'était LE vrai second, qu'il savait ce que c'était, puisqu'il s'appelait « Second » !

Reste qu'il rayonne dans le monde comme « l'éternel second », « c'est un Poulidor »... Les reprises sont mondiales, et même les personnalités s'en servent, chansonniers en tête : « Demander à Jospin la recette pour gagner, c'est comme si on demandait à Poulidor ce qu'il faut faire pour gagner le maillot jaune... »

Bref, Poulidor, c'est un monstre sacré et, chez lui, une association – Arpad, les Amis de Raymond Poulidor et André Dufraisse (Mairie, 87400 Saint-Léonard-de-Noblat ; adhésion libre) – est dédiée à la préservation de son souvenir et de celui de son compatriote et autre grande figure cycliste, André Dufraisse… Les têtes pensantes en sont deux piliers de la garde rapprochée : Claude Louis (président) et Jean-Pierre Micaud (secrétaire)… Avec bientôt une centaine d'Amis, ils ont sauvé, préservé et mis en valeur une foule de souvenirs, de machines, de maillots, de documents, de valises, avec lesquels de manière parfaitement désintéressée ils montent ou participent à des expositions, genre « Poulidor et le train »…

Un musée serait l'idéal pour préserver et présenter ces trésors, la situation n'est pas encore mûre. Peut-être que le prochain passage du Tour sera le déclic, et que dans le musée Gay-Lussac, autre gloire de Saint-Léonard, on fera une petite place à notre Poupou. En attendant, les mordus, qui passent par Saint-Léonard et qui veulent prolonger leur plaisir, peuvent pousser une pointe jusqu'à Arnac-la-Poste. À moins d'une heure de route, dans l'ancien *Hôtel moderne* amoureusement réaménagé par Hélène et Jacques Beyly, ils découvriront deux belles salles (Henri Deglane, Bernard Gauthier) où le cyclisme, son histoire et ses champions ont la part belle. Après avoir exposé un peu partout en France pendant cinq ans, ils se sont posés à Arnac, et sur 300 m^2, ils vous régaleront avec des affiches anciennes, des photos, du matériel (vélo de stayer, derny, Hirondelle), et des souvenirs de Luc Leblanc, Laurent Biondi, Marion Rousse et, bien entendu, Poupou. Ambiance chaleureuse, prix modique, sur rendez-vous. Les Vélos de Jacques, c'est 12 rue du Tilleul à Arnac-la-Poste (87160)… Mail : museeduveloduhautlimousin@gmail.com, tél. : 06 63 67 91 78.

Comme cette mise à jour a aussi un côté pratique, vous l'avez compris, nous avons posé quelques questions à un collectionneur poulidoriste sur sa Poupoumania… Peut-être que cela vous incitera à prendre sa roue… De bons moments de cueillette et de recherche en perspective. Il s'appelle Guy Puyraud.

a) Tu commences quand et comment ta collection ?

J'ai toujours aimé le sport, en particulier le vélo, et habitant à une soixantaine de kilomètres de Raymond, il est devenu très vite mon idole, aussi à l'âge de 10 ans j'ai acheté mon premier *Miroir du cyclisme* d'octobre 1964, espérant y trouver des photos de Raymond. En découvrant une superbe couverture de Morelon et Trentin gagnant les médailles aux Jeux olympiques de Tokyo, je suis un peu déçu mais ceux-ci deviendront vite mes préférés de la piste. J'ai bien sûr continué avec les revues *Miroir Sprint*, et *Le Miroir des sports*. Tout en les conservant précieusement pour immortaliser les exploits de Raymond, j'ai aussi pendant plusieurs années confectionné des cahiers avec des photos et les résultats sportifs. Hélas, je ne les retrouve plus. J'étais déjà un grand supporter de Raymond et, comme c'était le temps des critériums, j'ai pu le voir courir en Limousin, notamment à Oradour-sur-Glane, où il gagne en 1972 devant une foule en délire ! Puis monté pour travailler à Paris, j'achète chaque jour *L'Équipe*, que je continue d'acheter et de garder. À Paris, j'ai ensuite découvert *Le Sportsman* dans le 15e arrondissement, c'était une véritable caverne d'Ali Baba pleine de revues.

b) Des pièces majeures ? Touchantes ?

J'ai surtout constitué ma collection en fonction de mes champions préférés en essayant d'avoir des collections complètes. Toutefois, mes pièces les plus touchantes restent bien sûr celles concernant Raymond et, pour faire simple, je collectionne tout sur Raymond : journaux nationaux et régionaux, *L'Équipe*, *Le Parisien*, *France-Soir*, *L'Humanité*, *Le Populaire du Centre*, *L'Écho du Centre*, et toutes les revues et tous les livres sur Raymond, les photos de presse, les assiettes, les affiches, les maillots, les vidéos... En fait, tout ce que je peux trouver sur ses deux cent quatorze victoires, sa cinquantaine de deuxième place et toutes ses courses professionnelles et amateurs.

c) As-tu rencontré une ou plusieurs fois notre Raymond ?

J'ai eu l'immense plaisir de le voir courir à l'occasion de critériums en Limousin, j'étais aussi à l'arrivée du Tour de France 1974 à la Cipale et, après sa carrière, je l'ai encore vu lors de ses dédicaces de livres ou de différentes manifestations. Je l'ai rencontré une dernière fois pour l'anniversaire des 90 ans d'André Darrigade à Narosse au printemps 2019.

d) Connais-tu d'autres collectionneurs avec qui tu fais des échanges ?

Je connais plusieurs collectionneurs avec qui je peux acquérir ou échanger. Avec certains, aussi inconditionnels supporters de Raymond que moi, nous discutons beaucoup de ses victoires, de sa malchance et nous refaisons même ses courses perdues après des duels épiques avec Jacques Anquetil. Un admirateur du Normand est même devenu un véritable ami. Ça ne s'invente pas.

e) La pièce dont tu rêves, et celle de ta collection qui est peut-être une folie douce ?

Je rêve surtout de trouver ou de partager des choses rares et inédites sur Raymond, comme l'assiette parue sur Raymond pour son soixante-dixième anniversaire, les journaux régionaux du *Populaire du Centre*, de *L'Écho du Centre* décrivant ses courses, ainsi que de belles photos de presse anciennes d'époque. Mais mon grand rêve serait de voir la naissance d'un musée Raymond-Poulidor dans sa ville de Saint-Léonard-de-Noblat permettant à ses nombreux admirateurs de continuer à lui rendre hommage. Trouver une banderole des années 1960 du Grand Prix de la montagne serait pour moi un sommet.

f) Une collection sur Poupou, autour de Poupou, j'ai l'impression que c'est plus qu'une collection, un moyen de le faire toujours courir, est-ce que je me trompe ?

J'ai commencé très jeune à collectionner autour de mon idole Poupou et je pense qu'au fil des années, c'est devenu une véritable passion lui permettant d'être toujours présent parmi nous et de continuer à nous faire rêver comme il l'a toujours fait pour ses milliers de supporters.

Quand je suis en Limousin, j'ai aussi la chance de pouvoir rouler dans la rue Raymond-Poulidor à Oradour-sur-Vayres ainsi qu'à Saint-Laurent-sur-Gorre sur le circuit où Raymond devint champion du Limousin en 1959, année où il a accumulé les victoires en amateur en Limousin avant de passer professionnel et de devenir notre Poupou !

On ne saurait mieux dire, si ?

PUZZLE QUATRE

POUPOU ET LES ARTISTES…

Si le grand public est touché par un champion, les artistes le seront à plus forte raison. C'est ainsi que la fabuleuse carrière de Poulidor a inspiré une multitude d'artistes et donc généré bien des œuvres. Un petit survol vous fera sûrement sourire.

Les premiers à avoir eu le crayon chatouillé par Poupou sont forcément les caricaturistes de presse, comme Pellos et Déro qui, pour *Le Miroir du Cyclisme*, *Miroir Sprint* et, bien entendu, *L'Équipe*, ont commencé à le croquer dans des fresques ou des saynètes. Pellos, c'étaient les grandes fresques et les duels avec Anquetil... La joute chevaleresque se disputait sur un ring ou sur la lice moyenâgeuse, et nos deux champions armurés en chevalier en décousaient alors sous l'œil des nobles Jacques Goddet et Félix Lévitan, parfois croqués en héros d'armes... Après le Paris-Nice de 1966, Pellos prête à Anquetil des phrases montrant l'acuité de la situation : « Ce sera la guerre totale entre nous. Il ne terminera même plus deuxième. » Heureusement derrière surgit le tandem de la réconciliation. Aimar en 1966 et Merckx en 1969, piègeront Poulidor et prolongeront cette immense saga.

Le Limousin surgit ainsi sur des dizaines de scènes de ce genre, de véritables petites merveilles d'humour et de connaissance profonde de la vie des pelotons et des courses signées Pellos. Avec Déro, le zoom se porte carrément sur Poupou, on dénombre ainsi plus de cinq cents dessins dans *L'Équipe* ou dans des titres cousins (*Cyclisme magazine*, *Vélo*, *Le Miroir des sports...*). Déro adore Poupou et excelle dans des représentations où la France l'aime et lui fait un bisou, où sa notoriété est telle qu'en cours d'histoire, il est assimilé à un mois du calendrier républicain (Messidor, Poulidor). La plus belle réussite du maître de Cajarc sera pourtant cette tête de Poulidor tricotée uniquement avec des 2, à la manière d'Arcimboldo. Son image du duel du puy de Dôme, où Anquetil et Poupou sont représentés attachés l'un à l'autre, tellement leurs épaules se touchent, sera reprise un peu partout, y compris à la une du programme du Salon des dessinateurs de Saint-Just-le-Martel. Déro tournicotera aussi sur le côté « vieux grognard » de Poupou, sur les retours victorieux (Arc de Triomphe)...

Bref, avec les seules œuvres de Pellos et Déro, on pourrait faire un musée évoquant toutes les facettes de la carrière du Limousin. Des œuvres, qui furent même déclinées en cachet philatélique, où les joues et la bonne mine de Poupou remplissent tout.

Sans avoir d'aussi larges tribunes, à leur tour, Siro, Lem, Solo, Cabu, Teel, ou Pic chatouilleront aussi notre favori. Pic, en particulier, l'avait en ligne de mire affective, et pouvait le représenter trente fois dans des situations différentes et toujours joyeuses lors d'un déjeuner des anciens, ou pour des couvertures de *Vélo star*, voire sur des enveloppes porte-bonheur envoyées à ses amis. Jean-Michel Linfort, le sous-préfet qui jongle avec les pastels et les têtes de champion, ne l'a pas loupé non plus, et son duel au puy de Dôme vaut le détour. Comment ne pas citer aussi (et pardon pour les nombreux oubliés) le portrait de Philippe Lorin, qui illumine la couverture du *Cyclistes de légende* coécrit avec Pierre Lagrue ?

Oui, ils sont ainsi des dizaines à avoir mis en scène les exploits de Poupou, on pourrait en faire un album royal. Mais Raymond ne voudrait pas qu'on aille trop loin, aussi mentionnons pour conclure deux artistes, qui méritent un coup de casquette. Philippe Cazaban, pour ses bustes violines, grandeur nature, en carton mâché, qui donnent une densité au champion permettant de l'étreindre en le déplaçant. Quant à son Ventoux balayé par le vent de la légende poulidorienne, il en a fait frissonner plus d'un. Enfin, une œuvre de 2007, sérigraphiée et numérotée de Jean-Philippe Sanfourche (1929-2010), qui fut un des beaux artistes de l'art brut, et un voisin et ami de Poupou à Saint-Léonard-de-Noblat, résume tout… Une poignée de supporters de base au bord d'une route improbable, les yeux ronds d'admiration, pousse un cri unanime : « M. Poulidor, merci… »

Qu'ajouter…

PUZZLE CINQ

UNE ASCENSION MIRACULEUSE

Quand il raconte l'anecdote plus de vingt ans après, Marc Silvera en est encore tout secoué. Pour sa série de documentaires *Les Grands Duels du sport* qu'il produisait pour Arte, il tournait donc en 2002 sur le Tour, dans les Pyrénées, un sujet sur Raymond Poulidor, un des deux héros du projet « Anquetil-Poulidor » : « J'étais dans la Fiat Multipla du Crédit Lyonnais, Raymond était devant, et moi derrière. On nous avait répété et répété les consignes très strictes, nécessaires au bon fonctionnement de la caravane, a) "on ne s'arrête pas" ; b) "on garde les glaces bien fermées" ; c) "on fait très attention dans les cols, car les spectateurs ont tendance à balancer n'importe quoi sur les suiveurs, et quand on dit n'importe quoi, ça veut tout dire"...

Fort de ses recommandations, notre bon chauffeur attaque l'ascension d'un grand col, peut-être le Tourmalet, on ne va pas très vite, et les spectateurs sur plusieurs rangs, souvent fiévreux, justifient un peu le discours initial, ils sont chauds, agités... En fait, la montagne était complètement orange, car tous ces mordus étaient des Basques venus pour soutenir l'équipe Euskadi. Le hic, c'est qu'ils étaient nombreux à avoir reconnu Raymond. Et autour de la voiture, à plusieurs reprises, ils amorcèrent une danse du scalp, invoquant Poupou comme le manitou... On ralentit encore plus. Touché, Raymond demande au chauffeur de s'arrêter. Consigne enfreinte !!! Et à notre grand dam, il descend de voiture, et va se jeter dans la gueule de ce loup aux mille et mille bouches. On n'a pas le temps d'être inquiets, de lui crier "Remontez", il est au milieu de la vague orange des spectateurs, en fait de supporters, qui n'ont pour lui, à notre grand étonnement que des gestes de tendresse. Certes, on n'attendait pas des fauves, mais des gens un peu "bouillants", oui, et ne voilà-t-il pas qu'ils scandent son nom par dizaines "Poupou, Poupou"... On lui tend un programme, une casquette, un journal pour qu'il signe, et puis, il y en a dix, quinze, cinquante, et Poupou signe à tour de bras sous les acclamations, les applaudissements, il s'applique. C'est véritablement magique, voyez, j'en frémis encore. Un vrai petit miracle. Et mission accomplie, supporters comblés, il remonte dans la voiture sous un nouveau tonnerre d'applaudissements, tranquille, comme Baptiste, comme si de rien n'était. Deux kilomètres plus loin, le manège recommence dans le mur orange. Il descend sans rien dire et c'est un nouveau délire.

On avait gardé les glaces fermées, et pourtant c'était lui qui faisait fondre les spectateurs. Nous étions assaillis, assiégés, et même la voiture qui devait rouler au pas tanguait. Et il recommença encore une ou deux fois, avant le sommet. Nous étions sidérés, assommés, lui se tâtait le bras tellement il avait signé de reliques. Et il souriait, souriait, le chauffeur aussi, et Poulidor répondait encore et toujours d'un petit geste de la main à l'affection de ces milliers de supporters amoureux. Personne ne pourra jamais dire qu'il a été déçu ce jour-là au Tourmalet, que "le Poupou, eh, il était trop fier !". Au sommet, pour boucler cette journée en apothéose, on a même envisagé que ce soit lui qui remette le maillot jaune au vainqueur, mais l'organisation n'a pas pu déroger à son protocole. Dommage. Reste, reste que je ne suis pas près d'oublier cette ascension prévue sans arrêt et toutes vitres fermées au milieu de supporters, paraît-il, irresponsables, imprévisibles et dangereux... »

PUZZLE SIX

Toute la vie de Raymond aura été marquée par le fait qu'il était plus copain que patron, ou leader. Il aurait fait un joli touriste-routier des années 1930, coureur indépendant et solitaire, se moquant des contraintes d'équipe. Quand il pédalait, ça lui a peut-être joué de mauvais tours, mais heureusement de très bons après… C'était le Lucky Luke de la pédale… Un pote oui, un despote, non. Ce n'était pas forcément en phase avec les mœurs du peloton.

LE TEMPS DES COPAINS…

Avec Raymond, c'est à une étonnante prolongation du temps des copains que nous vivons, et dont nous sommes les heureux témoins. Quand il était coureur, il pouvait désorienter ses équipiers par son absence de sens du commandement. En fait, cette hiérarchie lui était étrangère, et elle pouvait d'ailleurs insupporter les intéressés eux-mêmes, qui auraient bien aimé être dirigés. Du coup, comme ils l'aimaient bien, ils pouvaient prendre des initiatives auxquelles il était étranger, comme négocier en course. Et ensuite le lui reprocher parfois d'ailleurs. Il voulait des copains, pas des équipiers, et les intérêts de la course ont parfois provoqué des frictions, des malentendus, en sa faveur, ou souvent contre lui. Alliés de circonstances ! La belle affaire, dans le Tour 1964, comme dans le Paris-Nice 1966, deux épreuves qu'il aurait dû gagner, il s'est refusé à ces fameuses tractations, pour lui des bassesses, qui lui étaient étrangères. Étrangères aussi à son mentor, M. Antonin Magne, qui jadis avait refusé de pousser Lapébie dans les Pyrénées.

On a imputé cette indépendance à sa « parcimonie », et si tout simplement « les combines, ce n'était pas son truc, il écoutait quand on lui proposait, mais lui ne proposait pas, n'achetait pas », dit un ami sous le sceau de la confidence. Il aimait être dans des relations apaisées, et s'il était souvent bien placé dans la course, c'était grâce à son seul talent, car pour lui la course d'équipe n'a jamais vraiment existé. Du coup, il pouvait ne pas apprécier à sa juste valeur « personnelle » le dévouement d'un équipier, qui après tout ne faisait que son boulot…

Quand Marc Silvera, le documentariste, le rencontre alors qu'il vend ses vélos dans une grande surface de banlieue, et qu'il lui propose d'entrer dans la série des *Grands Duels*, c'est lui qui lui demande de combien pourrait être son contrat, et Raymond de répondre : « Ce que vous me donnerez sera bien… »

Il faisait confiance, Raymond, et c'est bien ce que beaucoup ne digéraient pas dans le peloton, et c'est bien ce qui, hors vélo, lui valut une belle poignée de copains avec qui il était de plain-pied : sa garde rapprochée avec qui il partageait l'essentiel, comme un bon moment en évoquant les bons souvenirs, car avec lui-même les pires, les chutes, les drames devenaient des miracles. Il était tombé, certes, il avait perdu le Tour, mais cela aurait pu être pire, il aurait pu être paralysé, mourir. Cette sagesse irritait les gagneurs frénétiques, et touchait les autres. Nous.

Bref, il s'était ainsi constitué une garde rapprochée et fluctuante, qui faisait que, dans tous les coins de la France, il avait toujours deux ou trois copains, voire plus, qui surgissaient comme par enchantement. Le noyau dur, car il existait, était double, l'un était à Paris, avec les Cattaneo, Letendre, Arnal, Isaac, Sudres, et l'éditeur Louis de Mareuil, les journalistes Jacques Augendre, Jean-Paul Brouchon ou Émile Besson, et Dejouhannet, un ancien coursier, avec qui il faisait aussi du ski. L'autre en province à Régnié-Durette avec Paul Cinquin, à Marseille, avec les frères Bertrand, à Limoges avec Claude Louis, Jean-Pierre Micaud, et Gaby Quintanne, Denis

Queuille, le Corrézien, étant la tête de pont pour Paris. Entre, il y avait un tissu de copains tout aussi chaleureux, mais un peu moins « suivi », des restaurateurs, des chefs, des gens des Halles, des fonctionnaires hauts ou petits, des libraires, des anciens condisciples de l'armée, voire des inconnus. On l'épaulait, on l'accompagnait, on le rassurait, car il était dévoré par le doute et avait essentiellement besoin de se sentir en pays ami pour s'épanouir. En échange, les copains partageaient alors son bonheur et sa joie de vivre, celle d'un enfant ou presque. C'était ça le pain de l'amitié. Dans ce peloton de copains aux dimensions de la France, l'un se détache, sans le vouloir, il s'appelle Jean-Pierre Micaud, il va sur ses 82 ans, et c'est un copain depuis 1955. J'allais écrire depuis un beau jour, c'était effectivement un beau jour, mais pas n'importe lequel, il s'en souvient comme si c'était hier : « C'était le 15 août 1955, la course de la fête du village de Moissannes en Limousin, chez moi. Je n'avais pas 15 ans, mon oncle venu en voisin de Champnétery m'avait emmené. À l'époque, on ne jurait, moi le premier, que par Louison Bobet, qui venait d'enlever son troisième Tour de rang. Et là, j'avais découvert un adolescent pétillant de fraîcheur, j'étais sous le charme de ce vainqueur que mon oncle m'avait présenté, il nous avait dit : "Il faudra venir me voir." Je l'entends encore. Le deuxième était Hubert Fraisseix, qui avait un an de plus, et qui est toujours là. De ce jour, je n'ai plus quitté Raymond, allez donc savoir pourquoi. Certes, c'était un "pays", mais bon. Je l'ai suivi de loin quand il faisait son armée, quatorze mois en Allemagne, puis autant en Algérie. Revenu avec des kilos en trop, car il n'avait pas touché le vélo, il gagne malgré tout sa première course de classement. La moelle et le talent étaient là. Fin 1959, je le vois battre Fernand Picot pour le titre de champion de France des Indépendants, et j'échange encore là-dessus avec le fils Picot, qui est dans la région. Raymond passe pro en 1960 et, à partir de là, vous savez tout, sauf peut-être deux petites choses, qui me tiennent à cœur, et qu'on oublie toujours : devenu Poupou, c'est bien Raymond qui tient à bout de bras presque tous les critériums d'après-Tour, qui permettent à bien des coureurs de vivre. Et à l'époque, il y en a des critériums, dont il est la tête d'affiche. Autre précision, quand trois coureurs de chez Mercier sont sur le point d'être licenciés, c'est lui qui demande une réduction de salaire pour les conserver. Je crois qu'il s'agissait d'Alban, de Corbeau et de Coquery. Pour un radin, c'est pas si mal, non ? Je le suis encore et toujours surtout quand je reviens au pays, et quand je me pose définitivement à Saint-Léonard, chez lui, et chez moi, il y a une bonne vingtaine d'années, on ne va plus se quitter ou presque. Je le suis dans toutes les célébrations et dédicaces locales, car il prête volontiers son concours à toutes les fêtes et œuvres, et bénévolement, j'insiste. J'ai donc le plaisir et l'honneur de l'accompagner à une bonne vingtaine de dédicaces ou fêtes, à Paris, ou ici, car je donne un coup de main, à M. Alain Gabeau, le patron de la maison de la presse. Raymond, qui va y chercher *L'Équipe*, tous les jours, très tôt, y est comme un poisson dans l'eau, et là, en quelques heures chaleureuses, il signe chaque fois 120-130 exemplaires de ses nouveaux livres…

Sa simplicité, sa gentillesse conquièrent tout le monde. C'est une bonne pâte, comme on dit chez nous, la capitale du massepain. Et je le suis de loin sur tous les Tours qu'il éclaire pour le Crédit Lyonnais. Et la fatigue et la maladie venues, je le visiterai tous les jours pendant les quarante-cinq jours où il sera soigné à l'hôpital de Saint-Léonard. Il n'y a que les quatre derniers jours où, vous comprendrez pourquoi, je ne lui porte plus son *Équipe*. Quand il s'éteint le 13 novembre 2019, c'est un mur et bien davantage qui me tombe sur la tête. Depuis, depuis, la fêlure est là. On continue de penser à lui, avec l'Arpad, l'association des Amis de Raymond Poulidor et André Dufraisse, de faire des expositions, d'évoquer les bons souvenirs. »

Ce que ne dit pas Jean-Pierre, comme l'appelait Raymond, qui le tutoyait, c'est que, tous les deux jours, il va se recueillir sur la tombe de son copain au Jardin du Souvenir. Quand le petit coureur, qui trône au sommet, est couché par le vent, il le fait réparer par le fossoyeur, un autre copain. Quand des visiteurs sont perdus dans Saint-Léonard en quête d'un dernier hommage à leur champion, il joue encore les guides avec le sourire. « Et ils sont nombreux, de toute la France et même de l'étranger, et avec le prochain passage du Tour, ils seront encore plus nombreux, et ça fait plaisir… », ajoute Jean-Pierre en nous quittant.

Quant à ceux qui n'ont pas la chance d'être sur place, à Saint-Léonard, ils se consolent autrement, avec des photos, des revues, un maillot violine, ou une vieille musette, dont le contenu a été écrasé par une chute, c'est le cas du dessinateur Desclozeaux qui, dans son antre de la rue d'Alésia, vénère aussi un copain, qui était accessoirement un champion. Sur une étagère, il a les bougies du soixante-dixième anniversaire que Poupou lui avait offertes lors d'un inoubliable déjeuner. Inoubliable, c'est bien ce que disent tous ceux qui ont croisé Poupou, et qu'il a transformés en copains.

POUPOU, COPAIN, OUI ; LEADER, NON

Deux témoignages peuvent éclairer cette double dimension de Poupou, copain, mais pas leader. Un malentendu d'où surgiront de grandes incompréhensions. Francis Lafargue, l'ancien mentor d'Indurain, homme des pelotons d'hier et d'aujourd'hui, témoigne : « Il y a quelques années, quand on se voyait à la première heure au village départ, Poupou interrompait sa revue de presse pour prendre régulièrement au téléphone des nouvelles de Robert Cazala, son ancien équipier, qui avait des soucis avec son fils. D'un autre côté, il s'était mis en froid avec Robert Poulot, un bon coursier pyrénéen, qui avait été son équipier dans le fameux Tour 1964. Tant et si bien, qu'en 2018, année où le Tour faisait escale à Lourdes, tous les rugbymen du coin, Gachassin, Dintrans, Garuet, et Armary, étaient là, Poulot s'était joint à eux, et n'osait pas s'approcher du coin Crédit Lyonnais, où Poupou jouait les messieurs bons offices. Que s'était-il passé jadis ? Qui avait tort ? Qui avait raison ? Toujours est-il que Raymond, qui avait Gachassin sur les genoux, était ravi quand il vit Poulot, et de lui dire : “Robert, tu es un vrai sauvage, je pense à toi depuis si longtemps, quand je suis dans les Pyrénées, mais je ne te vois jamais...” »

Le grand routier breton Jean Gainche, qui fut son équipier plusieurs années, et partageait même sa chambre, peut-être parce qu'il était taiseux, ne jouait pas aux cartes et dormait bien, nous confie par le biais de sa fille : « J'ai claqué la porte de chez Mercier, à cause de Raymond. Antonin Magne menait son équipe en bon père de famille, et c'est peut-être ce qui a freiné Poulidor. » Il se rappelle que, dans le Tour 1964, « Bahamontes – qui finit troisième – avait demandé à Raymond de faire alliance pour lui permettre de gagner. Il semblerait que Poulidor se méfiait de ce deal et a donc refusé. À l'instar d'Anquetil, il n'était pas stratège et moins “magouilleur” et il était rarement dans les mafias. Fin de citation ». D'autres versions disent qu'avant le Puy-de-Dôme, Raymond n'avait qu'un mot ou qu'un chiffre à dire à Jiménez, et à Bahamontes, les deux Espagnols, qui n'attendaient que ça. *A contrario*, donc, ils terminèrent les premiers et prirent les bonifications, qui auraient permis à Raymond de faire la différence. On a aussi dit qu'ils avaient été approchés par ailleurs. Reste qu'il n'a pas bougé, notre Raymond. Ce n'était ni un magouilleur ni un leader, certes, et il était sûrement loin d'être parfait, le hic, c'est que le peloton avait sa dure loi, et que les petits copains y étaient rares. Surtout à l'époque où la condition de coureur et les salaires étaient loin d'être mirobolants.

LE PUY DE DÔME PAR CŒUR

Celui qui était aussi un bon copain de Raymond, c'est Jean-Jacques Maréchal, fils de l'ancien champion et trésorier de l'Amicale des anciens du cyclisme. Il a pris un malin plaisir à apprendre par cœur les vingt premiers de cette terrible étape du puy de Dôme, et quand on lui dit, c'est Poulidor qui a gagné, ou autre chose, lui, qui est épris de vérité historique, prend un malin plaisir à remettre les choses à leur place. Étonnant, non ? Poulidor était troisième derrière Jiménez, Bahamontes et devant Adorni, Anquetil, et les autres…

Composition réalisée par
Nord Compo à Villeneuve-d'Ascq

Imprimé en France par
CPI Bussière
en mai 2023
N° d'impression : 2071695
Dépôt légal : avril 2023